透過照片看四・三

「我們走在路上，試圖尋找四・三的痕跡。曾經，對於某些人來說，這條路是荊棘叢生，通往死亡的道路。現在，這條路上遊客絡繹不絕。儘管走在路上的人，看不見四・三，但那一天的記憶，仍然存在這條路上。」

「偶來小路第一號路線」城山日出峰前的豁口屠殺遺址。

在月郎峰附近的「多郎休洞窟」，發現了十一具受難者的遺骸。

連結「偶來小路第十九號路線」咸德海水浴場至犀牛峰的道路。

「偶來小路第十號路線」的西卵峰「事先拘禁」屠殺遺址。

因「焦土化」掃蕩而成為「消失村落」的舞童洞，位於西歸浦市安德面東廣里。

濟州市禾北洞、坤乙洞海岸的「消失村落」，現在只剩下遺跡。

玄基榮的小說《順伊三寸》，描繪了北村里的四．三悲劇，人們為了紀念，在此設立了「順伊三寸文學碑」。

「軍人點燃了火
蔚藍大海成一片血色
坤乙洞成了『消失村落』
北村里槍聲此起彼落
三百多人同一天慘遭屠殺
逃往漢拏山的東廣里居民遭槍擊身亡
人們造起空墓」

因未能找回遺體而建造的東廣里受難者空墓。

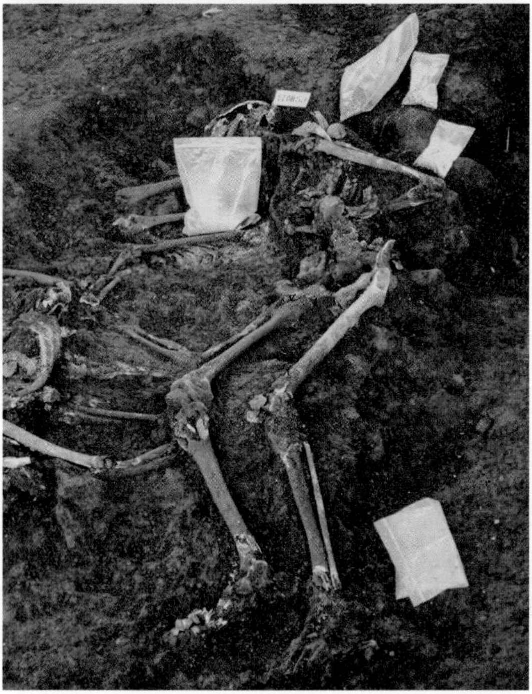

從濟州國際機場（也被稱為正德勒機場）所挖掘出的受難者遺骸。

「當年遭屠殺並被秘密埋葬於濟州國際機場的受難者，在經過六十年後的二〇〇七年九月，他們的遺骸終於重見天日。遺骸控訴著一個『暴力』與『喪心病狂』的時代，生者與亡者在此相聚。」

遺屬從濟州國際機場移出受難者的遺骸。

「觀德亭一直都是濟州歷史的一部分。一九四七年三月一日，人們結束在濟州北國民學校的三·一獨立運動紀念大會後，開始展開街頭遊行，之後逃散的起點也是這裡。隨後傳來的數十聲槍響，澈底改變了整個濟州社會的命運。」

濟州歷史流淌交會之地——觀德亭。

二〇〇八年，遺屬舉辦法事，超渡被帶往「陸地」監獄等地的受難者魂魄。

「曾為禁止出入之地的漢拏山，於一九五四年解除了禁令。但悲劇並沒有就此結束。對於濟州島居民而言，四・三是一個不能忘記，必須牢記於心的歷史。」

漢拏山頂白鹿潭北側山脊上的「漢拏山開放平和紀念碑」。

二〇一八年於日本大阪統國寺揭幕的「濟州四・三犧牲者慰靈碑」。

位於西歸浦市中文教堂（後被指定為「四・三紀念教堂」）內的「四・三紀念十字架」。

「一九八〇年代以後，在政界首位直接提出四・三問題的政治家就是金大中，他後來也成為總統。四・三特別法在金大中任內的二〇〇〇年一月十二日制定公布。此後，終於得以著手調查過去被扭曲、誤導的事件真相，而受難者與倖存者的回復名譽工作亦逐漸展開。」

一九九二年十二月十一日，時任總統候選人的金大中，在濟州島舉行選舉造勢活動時，提出制定四・三特別法等相關政見。

「我作為負責國家事務的總統，在此為過去國家公權力所造成的錯誤，向遺屬與濟州島民們誠摯地表達道歉與慰問之意。我們在此追悼無辜受難的英靈，祈願他們能夠安息。」

盧武鉉前總統參加二〇〇六年四月三日舉行的第五十八週年慰靈祭。

「盧武鉉總統當年以國家元首的身分，首次承認了國家對於四．三的責任，他也參加了慰靈祭，向受難者、遺屬與濟州島民們致以深切的歉意。今天，我承諾將在這一基礎上，堅定不移地朝著澈底解決四．三問題的目標前進。對於查明四．三真相與回復受難者名譽的努力，絕不允許再有中斷或走回頭路的事情發生。與此同時，我要宣布四．三的真相是非常明確的歷史事實，任何勢力都無法否定這一點。」

二〇一八年四月三日，前總統文在寅與金正淑女士出席在濟州四．三和平公園舉行的追悼儀式，並參拜了失蹤受難者的石碑。文前總統分別在二〇一八年、二〇二〇年與二〇二一年共參加了三次的四．三追悼儀式，他特別關切並致力解決四．三問題。

四．三時期最具代表性的集體屠殺事件遺址。刻於北村里「瑙芬松伊」四．三紀念館內的受難者之名（譯註：「瑙芬松伊」，濟州話為磐石之意）。

位於濟州市奉蓋洞的濟州四・三和平公園。

濟州四・三和平公園內的失蹤受難者石碑。

濟州四・三和平紀念館
在昏暗的洞窟盡頭，置放著一塊白色的石碑
透過頂部灑落的陽光，石碑明亮
這裡什麼字也沒刻上
這是「白碑」
說明文字這樣寫道：

「四・三白碑，一段無法命名的歷史」

濟州四・三和平紀念館內的展示物「白碑」。

濟州四·三

跨越沉默，讓眞相走向世界

許湖峻／허호준——著
鄭乃瑋——譯

4·3,
19470301 –
19540921

기나긴 침묵
밖으로

目次

不要回來」，祖母對長孫的遺言／「不想對殺害母親的人低頭」，在日本隱姓埋名的故事／「記憶太深刻，從未曾忘記」，現在仍舊憤怒的在日韓僑

第十章　痕跡三——飄落於漢拏山雪上的紅色山茶花　241

那年冬天，十二歲少女的漢拏山／深夜爬上漢拏山的少女／突如其來的苦難開端／被羅織為脫逃者家屬的家人，父親中槍倒地／「饒命啊！饒命啊！」母親最後的哀求／逃了又逃，收容所，再次相遇的弟弟／無數個接連湧現的回憶，歲月的刑求／南原面十一歲少年的漢拏山／「一個星期過後就能迎來和平」，跟著長輩去到漢拏山／靠菩提果維繫生命，十一歲上山，十二歲下山／二十歲的漢南里青年，仰賴漢拏山的野玫瑰葉存活／在收容所裡被判處十五年徒刑，死裡逃生的他七年半後回到故鄉

第十一章　「代殺」——代替逃亡的親人受死　266

「代殺」，替人受死／站在國政監查現場的四．三證人，「射殺親人的人就是警察嗎？」／為親人逃亡付出代價的人們／奇蹟般的倖存，一生飽受創傷／「哪怕只救活一個子孫也行」，說完這些話就離去的下道里父母／「饒命啊，饒命啊」，苦苦哀求的弟弟妹妹／因警察刑求而被迫逃亡的哥哥，留下來的家人成為脫逃者家屬／屠殺脫逃者家屬，國家暴力

附錄

四・三

「以一九四七年三月一日為起點，延續至一九四八年四月三日發生的騷亂事件，一直到一九五四年九月二十一日為止，在濟州島上所發生的武力衝突及其鎮壓過程中致使人民受難的事件。」

——《濟州四・三事件真相查明及受難者名譽回復特別法》

四・三主要遺址地圖

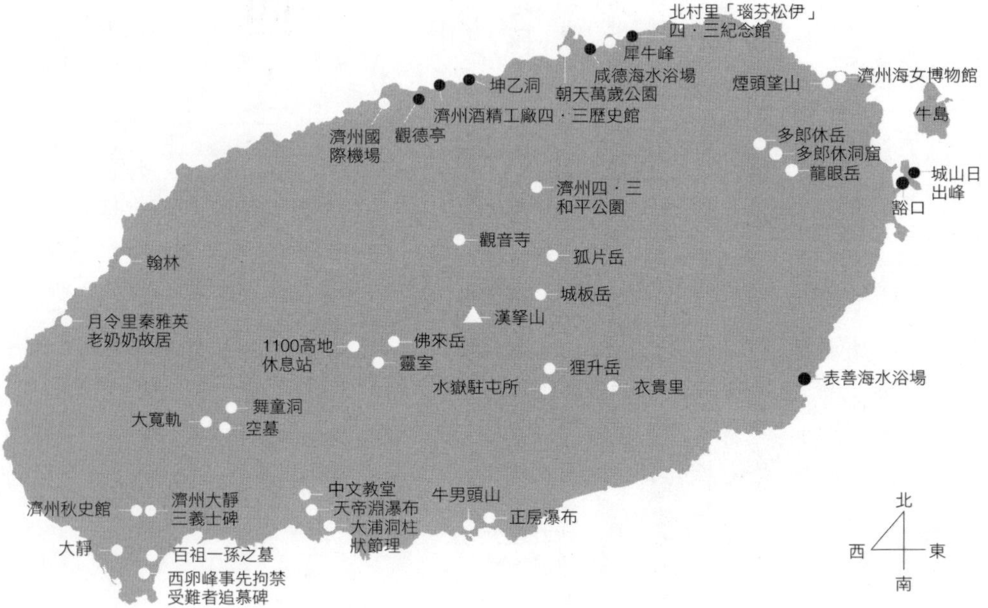
北村里「瑙芬松伊」
四・三紀念館
犀牛峰
咸德海水浴場
朝天萬歲公園
坤乙洞
濟州酒精工廠四・三歷史館
濟州國
際機場
觀德亭
煙頭望山
濟州海女博物館
牛島
多郎休岳
多郎休洞窟
龍眼岳
城山日
出峰
豁口
濟州四・三
和平公園
觀音寺
孤片岳
翰林
城板岳
漢拏山
月令里秦雅英
老奶奶故居
1100高地
休息站
佛來岳
靈室
狸升岳
水嶽駐屯所
衣貴里
表善海水浴場
舞童洞
大寬軌
空墓
中文教堂
天帝淵瀑布
大浦洞柱
狀節理
牛男頭山
正房瀑布
濟州秋史館
濟州大靜
三義士碑
大靜
百祖一孫之墓
西卵峰事先拘禁
受難者追慕碑
北
西
東
南

推薦序

台灣與濟州的交流情誼

朱立熙（知韓文化協會執行長）

二〇二三年四月，我帶了一團十位高中人權教師、十名選拔自全台各高中的學生、兩位國立高中校長、三位學者，還有國立台南女中音樂班自費參加的五位師生，一共三十一人到濟州島見學，也參加了濟州四・三事件七十五週年的追悼儀式。台灣人權師生團是最大的團體，也是唯一的外國團體，深受感動的濟州道知事吳怜勳特別走到台灣團席位前向我們致謝。

儀式結束後，在四・三和平公園裡四千多座「有名無骸」的空塚追墓碑前，國立台南女中弦樂四重奏演奏「無法入眠的南島」，這首濟州四・三大屠殺的紀念曲。四名學生以大、中、小提琴拉出悠揚的樂音，濟州島的居民聚集圍觀聆聽。在強風吹襲下，間或飛來幾隻烏鴉，嘎嘎的叫聲跟弦樂有些不搭調，但又像是空塚裡幽魂的回應，聽得讓人感到很淒切。「無法入眠的南島」歌詞如下：

「孤獨大地的旗幟　這片沸揚的土地／穿越黯鬱而綻放的　染血的油菜花啊／在暗紅的落日餘暉下　即使花瓣凋謝了／在流逝的歲月中　那香氣更加濃郁／啊　啊　啊　叛逆的歲月啊／啊　痛哭的歲月啊／啊　無法入眠的南島　漢拏山啊／啊　叛逆的歲月啊／啊　痛哭的歲月啊／啊　無法入眠的南島　漢拏山啊／啊　叛逆的歲月啊／啊　痛哭的歲月啊／啊　無法入眠

的南島　漢拏山啊／啊　叛逆的歲月啊／啊　痛哭的歲月啊／啊　無法入眠的南島　漢拏山啊」（朱立熙譯）

台南女中林宜貞主任把這一段演奏放在YouTube上[1]，我每看一次他們哀怨的演奏，就會落淚一次。這首曲子蘊含了多少濟州人內心的痛，四十年無法說出口的痛。七十年之後即使他們可以大聲吶喊：「為四・三正名，給歷史正義」，也在首爾的大韓民國歷史博物館展出「濟州四・三現在是我們的歷史」特別展，但是長期被汙衊的四・三事件，在極端保守的右翼人士的認知裡，仍被視為「南朝鮮勞動黨煽動的暴動」。但是那麼多無辜的老弱婦孺喪命，全家人被滅口，北村里無數村莊被屠村，又該怎麼解釋呢？這是二戰後南韓最血腥又慘烈的國家公權力濫殺人民的悲劇。

繼一九八五年韓國政府「文化公報部」（相當於台灣當年的「新聞局」）邀請駐韓的外籍記者去濟州島旅遊（當然沒有帶我們去參觀四・三大屠殺的遺址）之後，我再次造訪濟州島已是二十二年後的二〇〇七年了。這次濟州之行，是與「二二八事件紀念基金會」去跟「濟州四・三研究所」簽署交流合作備忘錄，兩個人權受難團體從此建立了相濡以沫的感情。

簽約儀式後的晚餐會上，濟州一家媒體的年輕記者來採訪我，希望我能介紹一下台灣的二二八事件。台灣的二二八只比濟州四・三早一天發生（濟州四・三是以一九四七年三月一日的開火事件為引爆點，隔年的四月三日才揭竿起義），論時間點、論死亡人數，以及當時冷戰與反共的國際環境，這兩個蹂躪人權的事件有太多的相似之處。這個記者很想寫一篇深度的報導，對比這兩個事件的異同。

他至少問了我三次，二二八事件受難的十歲以下孩童佔了多少比例？我告訴他「好像沒有」，有的話有可能是在母親肚子裡還沒誕生的胎兒吧。看著他沒有得到答案的失落表情，我感到有些歉疚。後來才得知，濟州四・三大屠殺十五歲以下的孩子、六十歲以上的老人一共佔了十四・五％（《濟州四・三追加真相調查報告書》發表的數據，二〇二〇年三月），他們都是在全家被滅口或屠村時犧牲的。十幾歲的孩子他們懂什麼是「共產黨」、「共產主義」？但是只要這戶人家出了一個共產黨員就會全家被滅口，絕不能留下活口傳下孽種。人命在這個意識形態掛帥的時代，就像螻蟻一樣；人權是什麼，應該也沒有人知道。這位記者可能想要透過兒童的受難的數字，來類比台韓的人權蹂躪何者更為殘忍，但是他失望而去。

我就是在這次的濟州之行，認識了本書的作者許湖峻先生，以及他的姊姊許榮善女士（前媒體人、詩人、作家，「濟州四・三研究所」前所長）。簽約儀式之後，四・三研究所特別為我們二二八訪問團一行安排了四・三遺址的踏查，雖然有隨團的解說員，但熱心的許湖峻一路陪同我們做補充說明，我們交換了很多對人權與轉型正義的看法。跟他們姊弟的關係，從此變得非常熱絡。

後來我連續三年又去了濟州島。二〇〇八年「濟州四・三和平財團（基金會）」在國家的預算補助下正式成立，這一年剛好是四・三事件六十週年，占地十二萬坪的四・三和平公園落成啟用。我在四・三六十週年的學術研討會上，代表各國的貴賓用韓語致詞，讓韓國與外國的人權團體代表得以認識台灣的二二八，大家也都認為亞洲的人權團體有必要建立更密切的結盟與交流（當年是右

1 請見：https://www.youtube.com/watch?v=UdL-gBP1its。

派保守的李明博總統剛上任，人權團體開始受到打壓，他們稱為「文人獨裁」）。

在研討會的休息時間，我結識了第一位記述濟州四．三慘案的名著《順伊三寸》（「三寸」在濟州意指高自己一輩的男女親族長者）的作家玄基榮先生，以及一生都在繪製四．三慘案畫作的姜堯培畫家，這兩位對四．三事件能夠公開傳世貢獻最大的人物，他們都先後罹患了「創傷後症候群」（PTSD）。

二〇一九年玄基榮在台北的講座時透露，他得知北村里大屠殺之後，寫下了順伊三寸的故事，一九七八年小說集出版後隨即被查禁，隔年他遭到中央情報部逮捕羈押了幾個月，受盡刑求的迫害，後來雖然沒有被起訴，但此後一年多的時間幾乎每天借酒澆愁，成天渾渾噩噩無所事事，直到有一天順伊三寸身穿白衣出現在他的夢境中，叫他要振作起來，才讓玄基榮醒悟過來，也從此走出創傷後症候群的陰霾，更加潛心於四．三事件不同題材的小說、新詩等文學創作。《順伊三寸》流出到日本後，日文版引起了日本人與旅日韓僑的重視，直到一九八七年南韓民主化之後才重見天日，至今南韓的書店還可以買到這本濟州四．三的經典作品。

回到六十週年研討會開幕時，當天姜堯培以主辦單位「濟州四．三研究所」理事長身分上台致詞，但是他卻喝得酩酊大醉，他的致詞讓人不知所云。後來才知道，他畫了一輩子的四．三慘案，壓抑了多少悲憤與痛苦，紀念六十週年的契機，讓他用酒精來宣洩濟州島人說不出口的痛。清醒之後，他送了我一本剛出版的畫冊《冬柏花凋謝》，每一幅畫作都是那麼怵目驚心，像是被大火燒紅的村落，一片火紅的血海，可以想見繪製的過程對他是多麼揪心的煎熬。

二〇〇九年春從韓國學成歸國的本書譯者鄭乃瑋（現任「二二八事件紀念基金會」第一處處

長），一返國就到基金會上班。許榮善寫的報導文學書《濟州4.3》，正好剛由「韓國民主化運動紀念事業會」（KDF）出版，我建議乃瑋跟KDF交涉，取得中文版的翻譯授權，讓台灣人可以作為認識濟州四．三大屠殺的入門書。所以鄭乃瑋算是台灣研究濟州四．三並傳播「濟州學」的第一人者。後來與濟州四．三和平財團的國際交流就由乃瑋接棒，我退居第二線，只在台灣接待濟州來的貴賓參訪北高等地的不義遺址。

跟許湖峻再次見面是十年後的二〇一七年，他隨四．三和平財團一行來台參加二二八七十週年中樞紀念儀式，看到蔡英文總統親自出席在二二八和平公園舉行的儀式，除了致詞還頒授名譽回復證書給二二八受難家屬，讓濟州島來的人權鬥士們大為感動。許湖峻還去了一趟天馬茶房也看到路上的大遊行，回韓國後在他服務的《韓民族日報》寫了一整版的報導，可說是韓國媒體上歷來對二二八事件最深入的記事。

當年正好也是濟州「三．一節開火事件」七十週年，我應邀在四月三日舉行的研討會發表二二八與四．三轉型正義的報告，與榮善、湖峻姊弟再度相遇。事實上在此之前的三月間，我去了一趟大阪跟旅日韓僑一起研討四．三事件，當時台灣剛通過「促轉條例」，我就以此為主題向韓日的人權專家報告，相信對四．三受難的濟州島遺族有相當的啟發。在大阪也是先跟許榮善所長相逢，在大阪韓國街的烤肉店把酒言歡，十年間的交情已經是真正的「親舊」了。

二〇〇九年之後相隔八年才到濟州，四．三和平公園比起草創期景致美麗了許多，路邊栽種的冬柏花到四月間仍鮮紅地掛在樹梢上。和平財團理事長李文教特別陪我站上祭壇，對著英靈碑上香獻花致祭。為我一人舉行的祭拜儀式，也非常慎重其事，司儀唱名、奏樂等行禮如儀，備受尊崇。

接著，在二〇一八、二〇二三年我又帶了三團高中人權老師、死忠的臉友到濟州。二〇二三年十一月，我跟政大民族系名譽教授林修澈老師專程去參訪「濟州學研究中心」，請教他們如何保存與復育瀕臨消失危機的濟州語。同樣是媒體人出身的金順子中心長，馬上通知許榮善所長說朱某人來到濟州，所以下午我們去濟州四・三和平財團拜訪時，許氏姊弟已經在會客室等著我們的到來，老友相見喜出望外，那分相知相惜的感情，外人實在難以體會。

認識湖峻近二十年，他是我僅見的這麼用功又認真的韓國記者兼學者，而且是駐在濟州的地方記者，台灣大概沒有一個地方記者像他一樣，忙碌的採訪工作之餘，還能潛心研究取得博士學位並且寫書出書，窮盡三十多年的時間，為自己的家鄉事、家鄉鄉親蒙受的苦難，留下珍貴的紀錄。

後來再看到湖峻的消息，是二〇二二年十二月他跟隨兩位和平財團的前後任理事長梁祚勳與高喜範到華府，在威爾森中心與美國學者舉行「濟州四・三人權研討會」，要求美國為屠殺濟州人負起責任，這是繼二〇一九年六月在聯合國總部對各國外交官舉行研討會之後，再次在美國本土追究美國與駐韓美軍在四・三大屠殺的責任，濟州四・三和平財團如此鍥而不捨追究的精神，確實讓人敬佩。湖峻就以史料與他的查證研究，提出美國介入四・三大屠殺的證據。不過，參與研討會的美國學者大多是極右保守派，他們對濟州島人的訴求恐怕難以認同吧。

儘管如此，不入虎穴焉得虎子，韓國現代史上至少兩次重大的人權災難：濟州四・三與光州事件，美國都難辭其咎，未來雙方如何較勁還值得世人觀察。如果能夠像一九五〇年韓戰爆發一個月後發生的「老斤里良民屠殺事件」一樣，最後換來美國總統柯林頓發表「深感遺憾」的聲明，也算討回一些公道而功不唐捐了。

直到寫這篇序文時，我才知道湖峻他們姊弟也是四．三事件的受難家屬。他們未曾謀面的叔叔，就是三．一節開火事件中最年輕的罹難者許斗瑢，當時他只是小學五年級。濟州四．三大屠殺，其實可以說是一次「種族滅絕」（Genocide）的慘案，死難者占了濟州島人口的十分之一，說它是戰後亞洲的「猶太大屠殺」（Holocaust）並不為過，幾乎每個濟州家庭都有人直接或間接在四．三大屠殺受難。

今天很開心能夠在台北捧讀濟州摯友許湖峻的新書，更開心與榮幸能為這本書寫推薦序。他在書中對四．三事件已做了很深入又詳盡的敘述，所以我的序文就不再重複這些悲慘的情節，而以我跟他的交情為主來論述。作為近二十年的摯友，盡這分棉薄也是應該的！

推薦序

從濟州四・三重新認識自己

阿潑（文字工作者）

還在喝奶的孩子也被槍殺了？
因為目的就是滅絕。
滅絕什麼？
共產黨。
——韓江，《永不告別》

與發生在一九八〇年的韓半島進而成為韓國民主反抗印記的光州事件相比，二戰結束不久，在南方小島上爆發的那場名為濟州四・三（제주4.3）的血腥衝突，就顯得遙遠而陌生，非但世人不知，就連韓國人自己也不甚明白。

小我十多歲、民主化時期出生的韓國朋友S便是如此。她就讀中學時，歷史教科書裡並不存在「濟州四・三」這一筆，就連光州事件都是潦草幾句。但她對這些歷史並非完全無知，「因為，我的高中老師有在課堂上提到，他說這是國家對人民行使暴力。」

S上高中那年，即二〇〇〇年，正好遇上《四・三特別法》公布施行。當時的總統是金大中，他在光州事件發生後被逮捕，險成為獨裁者槍下亡魂，但這個全羅南道出身的知識分子，從一九八七年投入總統大選開始，卻是將查明濟州四．三真相掛在嘴邊，視為重要政見。金大中正是韓國歷史上第一位提出解決四．三問題的政治人物。

而《四．三特別法》是如此定義這段歷史的：「以一九四七年三月一日為起點，延續至一九四八年四月三日發生的騷亂事件，一直到一九五四年九月二十一日為止，在濟州島上所發生的武力衝突及其鎮壓過程中致使人民受難的事件。」

事件的發生，最遠可追溯到濟州島民的反抗基因，最近源於人們對戰後時局的不滿、瘟疫、貧窮和貪官汙吏，語言隔閡加上美軍政的傲慢，乃至帝國強行摧毀熬過漫長殖民統治的人民，那渴望統一獨立的希望……，種種因素加乘，激發民眾反抗，但執政者卻以武力回應——這事件和發生在台灣的二二八時間一致，連背景原因也相差無幾。

濟州島本來就是個隔絕的孤島，加上冷戰時局，讓這長達七年七個月的國家暴力鎮壓，在美國及南韓政府合力封鎖下，沒有任何消息能夠傳出去。即使有，也是李承晚與杜魯門政府給予的標籤：「赤色島嶼」、「朝鮮的小莫斯科」。既是如此，對當時「對抗共產主義的自由世界」而言，無論他們遭遇什麼，都是咎由自取了。

那段時期，在反共法和連坐法的箝制下，四．三事件的親歷者、倖存者和遺族，自是沒有辦法替自己訴說冤屈，更不能公開祭祀。但在韓國文化裡，若無祭祀，不僅哀傷無法得到平撫慰藉，亡者也未能安眠，遺族只能偷偷摸摸祭悼，濟州話稱這是「가매기모른식게」，意指在連引渡死者靈魂的烏鴉都不知道的情況下舉行祭祀的日子。而這樣壓抑創傷的日子，有四十年之長。

隨著一九八七年六月民主抗爭的熱潮，過往一直遭到壓制的濟州四．三事件調查與平反聲音，方能泛開，成為行動。如前所述，濟州四．三事件的真相調查與平反，直到金大中當選後，才以政府的立場，依據法律職權執行——而這也是韓國政府針對特定歷史事件進行真相調查的首例。

不過，在此前，已有若干知識分子和作家，或在海外，或在韓國境內，嘗試書寫四．三議題與故事，就算因此違反國家安全法，遭到逮捕、刑求或拘禁，都無法阻擋有志者接力傳遞這段歷史記憶。

二〇二四年，韓國作家韓江因對國家暴力的書寫，獲得諾貝爾文學獎。她在得獎前一年出版的作品《永不告別》，便細緻刻畫這場血腥的內在肌理：

美國軍政府命令，就算殺死居住在濟州島上的三十萬人，也要阻止這個島嶼赤化。……海岸被封鎖、媒體被控制，把槍對準嬰兒頭部的瘋狂行為不但是允許的，甚至還受到獎勵。未滿十歲就死去的兒童有一千五百名之多。在鮮血未乾之前，韓戰爆發，按照之前在濟州島上所做的，從所有城市和村莊中篩選出來的二十萬人被卡車運走、囚禁、槍殺、掩埋，誰也不許收拾殘骸。因為戰爭並沒有結束，只是停戰而已。因為停戰線的另一端敵人依然存在。因為被貼上標籤的遺族、在開口的那一瞬間，就被汙衊和敵人是同一陣營的其他人，都保持沉默。直到從山谷、礦山和跑道下，發掘出一大堆彈珠和穿孔的小頭蓋骨為止，都已經過了數十年，但骨頭和骨頭仍然混雜在一起埋在地下。

那些孩子，

為了必須全部滅絕而殺掉的孩子。

*

「在濟州市舊左邑月郎峰附近的多郎休洞窟裡，有十一具遺骸被人發現。」《韓民族日報》（한겨레）記者許湖峻（허호준），在一九九二年採訪撰寫了這個新聞。這是這位在濟州島南邊西歸浦生長的年輕人第一次寫下的濟州四．三報導，而這些遺骸發現的消息，促使濟州四．三調查運動得以開展。

這十一具遺骸，是一九四八年十二月十八日，遭到軍、警、民聯合討伐隊殺害的受難者，其中不僅有年齡分布從小到老的女性，還有九歲的孩子。儘管當局仍然力阻消息傳出，避免形成輿論，但越是掩蓋，多郎休洞窟的悲劇就越受注意，不僅濟州當地的真相調查與回復名譽工作因此成形、共同慰靈祭也終於能夠舉辦。許湖峻也就跟著這個歷史議題的發展，一路採訪下去，一寫就是三十幾年。

《濟州四．三：跨越沉默，讓真相走向世界》正是許湖峻累積三十餘年研究與採訪的作品——不僅有親歷者的見證、濟州島的歷史背景，真相調查與平反的歷程，還有國際政治框架的論述。其中，親歷者與遺族口述，多曾在二〇一八年濟州四．三事件七十年由他撰寫的「借問茶花」系列專題中出現。

我正是在二〇一八這一年為了參與濟州四．三七十週年紀念儀式第一次踏上濟州島的。誠實地說，即使我帶著對這起事件的認識前往儀式場地，但那所謂的認識，也不過就是皮毛而已。當時的中文世界對這起歷史事件的轉譯寥寥無幾，以我的語言能力，只能依靠英文和日文資料，但也讀得辛苦。在這窘困時刻，讓我抓到浮木攀爬的，就是那些衝出網海的零星中文字——《韓民族日報》的報導中譯。當時我注意到，濟州四・三事件七十週年特別企劃報導，都由許湖峻這個記者獨力撰寫。幾年下來，我所閱讀到韓國自產的四・三報導，也多是出於許湖峻之手。

正因如此，當我得知由許湖峻執筆的《濟州四・三：跨越沉默，讓真相走向世界》繁體中文版即將出版時，是抱著見到「老師」、「老朋友」的心情閱讀這份書稿的。

許湖峻是濟州島土生土長的知識分子，他於一九八九年成為記者，並在一九九二年以多郎休洞窟遺骸報導為起點，投入濟州四・三的研究與追蹤，從而探究這起歷史事件的真相和意義。他不僅整個記者生涯都浸淫在這個議題上，甚至還以美國和濟州四・三之間的關係，並延伸到同時期希臘的類似處境為題的研究，取得政治學博士學位。

濟州島現有人口有七十萬，官方認定的濟州四・三遺族就有十萬人，從這個角度來看，可以說，幾乎整座島的人都和這起歷史事件有所關聯。我雖不清楚本地出身的許湖峻和濟州四・三事件是否有直接的關係，但他在《濟州四・三》這本書中自陳，一九七九年或一九八〇年之時，老師曾在課堂上問他們是否知道「正房瀑布」發生過什麼事？而當時就讀高中的許湖峻，對這個地方只有當志工撿垃圾，以及和朋友拍照留念的印象——當然，還包含連我都知道的，這是秦始皇指派出海求取長生不老藥的徐福經過的地方。

「我說你們，你們知道四・三事件的時候有多少人死在正房瀑布嗎？他們在正房瀑布上頭，用竹槍刺死那些暴徒，這樣，像這樣。」許湖峻記得老師模仿用竹槍刺人的表情。這正是是老師親眼目睹的屠殺現場。

除了這段敘述，許湖峻並沒有提到自己接觸四．三的往事，僅強調自己是當了記者後才深入追尋事件的樣貌。

儘管他的第一篇四．三報導刊出時，距離事件發生已有四十多年，真相調查的工作卻才剛開始進行而已，但根據許湖峻在媒體的自述，他越是進行四．三的研究和報導，就越投入其中，「這是攸關人們生死的大事，這個事件至今仍是這個地方的集體創傷，至今也還持續造成創傷。我懷疑，還會有比這更重要的事嗎？」

他能深入濟州四．三的課題，也是因為《韓民族日報》願意給他舞台。許湖峻曾在媒體上直言：雖然濟州當地記者會報導四．三，但中央媒體並不會給予關注——以濟州四．三事件七十五週年那年為例，中央綜合性報刊只有《韓民族日報》和《京鄉新聞》有報導而已。而他自己也會常常思考：如果濟州四．三發生時，外界知道濟州島正在經歷什麼的話，是不是就不會有這麼大的傷亡？「所以，媒體很重要。」

專注在四．三議題三十餘年的許湖峻，在長官、編輯的鼓勵下，將多年的採訪與研究書寫成書，於二〇二三年，濟州四．三七十五週年之際，以《濟州四．三：跨越沉默，讓真相走向世界》為名出版。即將退休的許湖峻認為，「現在是整理的時候了，那怕只是為了讓自己在記者這份工作上，沒有感到虛度、白活。」

《濟州四．三：跨越沉默，讓真相走向世界》可以說是一本證詞錄，但也超過證詞。書中不僅納含許湖峻歷年來採訪過的上百位事件親歷者、倖存者與遺族的陳述，也充分運用文獻資料與檔案核對論證、勾勒背景，雖說如此，許湖峻也不無遺憾表示：在地方村里恣意的下令者與行為者，很多仍是無法確認或查找出來的。

無論如何，許湖峻以此書標記四．三事件真相調查所遺留下來的任務、未竟之業，以及這段歷史背後意義的成果，毋庸置疑。

我認為，這本書不僅有清楚的時代脈絡和歷史論述，還對悲劇背後的結構進行剖析，並以當代的視角探究事件發生的原因，並引領我們重新檢視真相調查、平反與補償的轉型正義思路。如果台灣讀者因為政治歷史或語言文化隔閡，對進入四．三的問題脈絡有所障礙，我相信，許湖峻跟這本書，將會給予清晰的指引，讓你不會迷途。

而對四．三有點認識的人來說，這本書也可以補足更多過往沒想過的角度。而在我看來，其重要價值之一，便是許湖峻以在地人的優勢，提供濟州島民何以反抗，又為何成為冷戰體制下犧牲者的「土著觀點」，而這樣的解釋，能讓濟州島民的臉孔、性格，以及日後隱忍的狀態，顯得立體而清晰。像是他援引《大韓日報》記者李志雄的說法：濟州島民面對外來勢力時，會透過革命性的反抗來阻止，這也表現在日本帝國強佔時期對日帝的反抗上。還有當和平遭到蹂躪時，他們也會展現無所畏懼的抗爭力量。

「大部分的島民透過論辯證明，此座島嶼的精神，代表倭政下不該存在思想犯，島民在歷史上不可避免地對政府抱持著反感（朝鮮時代大多數人流放於此），我們不能忘記他們在自由被束縛、和平遭受蹂躪時，那無所畏懼、一躍而起的特性。」

我們無法斷言所有濟州島民都有同樣的性格基因，畢竟那些為日帝工作、協助李承晚政權的警察，也是同個土地出生的，但，無數個抵抗運動因著時代層層疊疊出現在濟州島，那麼，像四·三這樣的事件，發生在捱過戰爭結束又遭強國脅持的濟州島上，也就不難想像。

這本書的另一個閱讀重點，就是美國在濟州四·三事件中扮演的角色——許湖峻正是以此研究命題，取得博士學位，因此，與其他同題材著作相比，《濟州四·三》在探討美國角色、責任，以及分析杜魯門時期展開的冷戰體制，更為豐厚深入，也讓這本書更有價值。

杜魯門政府對韓國的重要性如此界定：「韓國是對抗共產主義的實驗舞台，將成為阻止共產陣營擴散的火炬。」這意味著：韓半島是冷戰時期意識形態的戰場，而濟州島的位置則被美國視為西太平洋的「直布羅陀」，必須加以控制才行。

於是，當一九四七年三月一日獨立紀念日當天的衝突後續，引發美軍政的逮捕、羈押，又因隔年四月三日游擊隊的攻擊，全島遭到鎮壓；繼而當濟州島不服從美國劃定的五月一日南韓選舉，三個選區有兩個選區投票率不過半使得選舉無效時，美軍政便決定教訓濟州島：「我對追究原因沒有興趣，我的使命就是鎮壓，只要兩週，就能平定。」

即使八月十五日大韓民國成立後，戒嚴與焦土化政策表面上都由李承晚政府執行，但也不能忽視美軍的介入和支援——美方不僅給足武器資源，讓韓國軍警清剿濟州，甚至直接參與行動，助長屠殺惡行。李承晚甚至在一九四九年一月二十一日的國務會議上證實美國跟濟州島鎮壓之間的因果關係：「美國意識到韓國的重要性，並對此深表同情，但唯有澈底根除濟州島、全羅南道事件的影響衝擊，他們的援助才會積極，我要求用嚴厲手段進行鎮壓，以示法律的尊嚴。」

許湖峻從杜魯門自傳還有美國國務院檔案中確知，美國政府清楚地知道這是一場大屠殺。

二〇一八年，我首訪濟州島時，便得知四．三相關團體對美國提出負起責任的要求——他們將有十萬九千九百九十六人簽名的請願書寄到美國駐韓國大使館，結果如投石入海；隔年，我再訪濟州島，濟州四．三和平基金會研究員稱：調查小組前往美國公布一份檔案文件，其中包含美國軍政府和軍事顧問對朝鮮半島和濟州局勢的看法，以及美國高層的記錄；二〇二三年五月，韓國國會提出決議案，呼籲韓國政府和美國進行聯合調查並採取負責任的行動，以在國際上解決濟州四．三問題。

二〇二四年，我再次前往濟州島參加紀念儀式當天，讀到一則新聞，新聞中提到美國國務院回覆韓國記者來信，表達對濟州四．三的意見：「一九四八年濟州事件是一場可怕的悲劇，我們永遠不應該忘記毀滅性的生命損失。作為致力於促進民主價值和人權的親密盟友，美國與韓國一樣決心共同努力，防止此類悲劇未來在世界任何地方發生。」

儘管美國官方未正面承認其責任，盡是陳腔濫調，但仍引起媒體關注，因為，這是美方首度針對濟州四．三事件做出表示。看到這則新聞，我不免好奇查了一下是哪位記者寫信給美國國務院，要求他們表示意見？毫無意外，就是《韓民族日報》的許湖峻。

許湖峻不僅在意美國，也重視同時期，冷戰體制下其他國家的遭遇。在這本書中，他偶爾提到希臘的案例，也沒有忽略台灣的二二八，他寫道：一九四七年發生在濟州島的「三．一事件」前一天，即二月二十八日，台灣發生了二二八事件，這也是一場屠殺事件，甚至引發了一九五〇年代開始的「白色恐怖」，此後無數台灣人被迫在反共名義下，在持續四十多年的政治壓迫中，呻吟掙扎。

我很喜歡許湖峻的觀點，他說，四．三不該只被視為發生在特定時間與地點的悲劇，還應該被銘刻於，每當遭受外部勢力不當侵略之際，就會勇於站出來抵抗的傳統之中。而且，四・三不該只是一件發生在濟州島，專屬濟州人民的悲劇，它更是國際冷戰體制與南北韓分裂下的產物。

二戰時期德國納粹屠殺猶太人的殘酷，讓聯合國在一九四八年底於巴黎召開會議，通過《種族滅絕公約》和人權宣言，但是同時期，距離巴黎近萬公里遠的濟州島跟台灣，都在承受國家殺戮，許湖峻如此感嘆：島民與外部世界隔絕，並被惡意抹紅，「一個又一個在漢拏山裡，在山腰地區與海岸邊死去。對於當時的濟州島人民來說，什麼《種族滅絕公約》、人權、和平之類的，那都是其他國家的事情。」

我們之所以關心其他國家的歷史、曾發生的悲劇，又或者想要了解濟州四・三的背後，並不是因為這段歷史或其他國家與我們有多大關係，又或者藉此增加話題。很多時候，其實是從他人的遭遇中，回望自己、重新認識自己，如此而已。不論是逃亡到日本的濟州島歷史老師在一九七八年寫的濟州四・三，或是韓江在二〇二一年出版的小說，乃至於許湖峻的著作，都帶到了台灣的二二八事件，他們可能看到可類比性，或許也只是感嘆都是殺戮悲劇，無論如何，作者們並不將視角固著在自己腳下而已，這也提醒我們，要以更開闊的眼界看他國看似遙遠的歷史。

其實不分國籍，我們都一樣，眼前的挑戰也都相同。一如許湖峻所說：「四・三所代表的意義遠不止於此。我們必須重視透過查明真相與回復名譽運動，跨越矛盾與對立，創造和解、共生與包容的價值。這就是為什麼我們應將濟州島歷史視為我們所有人的歷史，並好好審視的原因。」

台灣版序

給紅山茶與白百合的獻詞

沉默，曾經漫長無盡。冬日的寒意籠罩了整座島嶼，冰封了一切。「莫出口，勿聲張」、「裝作不知，才能存活」，人們即便滿腹冤屈，也無處訴說。

「속솜허라」（安靜點）。

生存於那個時代的濟州人，用濟州方言告誡著彼此。

然而，記憶其實從未消逝，相反地，在國家公權力強加的沉默中，它悄然擴展於濟州人的內心。那些曾低聲囑咐「安靜點」的人們，最終親手打破沉默，走出了這漫長且失語的寂靜。

二〇二五年二月。南韓的最高峰漢拏山，靜臥於島嶼中央，被皚皚白雪覆蓋。圍繞著漢拏山的群峰亦被點綴上片片雪白。灰黑與純白交織，勾勒出水墨畫般的意境。每至此時，我總會想起那些為了躲避死亡威脅，或為了堅守信念而逃入這座深山裡的濟州島民。沒有像樣的衣物與鞋履，也缺乏糧食的他們，究竟為何選擇隱入山中？我不斷找尋，試圖找出他們踏上這條路的答案。

這本書不僅記錄了發生在韓半島最南端濟州島的「四・三」，包括其結構性原因、國家暴力與無謂的犧牲，更承載了那個時代濟州島民為生存而奮鬥的血淚。

*

一九四七年二月二十七日，台北街頭響起槍聲。這一聲槍響，成為動搖整座島嶼命運的暴力序章。

一九四七年三月一日，在距離台灣千餘公里之外的濟州島，同樣響起了槍聲。這聲槍響，亦成為澈底顛覆島嶼未來的信號彈。

當讀者發現四·三與二二八之間竟如此相似時，或許會感到震驚。台灣的現代史與韓國的現代史在冷戰、反共與威權統治的軌跡上，真有許多相似之處。兩國同樣經歷過日本的殖民統治，在二戰結束，脫離殖民統治後，卻未能順利邁向自主的近代國家建設，長期遭受到外來勢力的干預。在冷戰與反共體制之下，兩地都經歷過獨裁與落實民主化的曲折歷程，而四·三與二二八的爆發、經過，乃至於其後的深遠影響，更是如同鏡像般，映襯彼此。

這本書雖然講述的是濟州四·三，但它同時也觸及了台灣人經歷二二八事件的記憶。國家暴力如何摧毀個人與共同體？而在漫長的沉默之後，又如何踏上追尋真相的旅程？儘管兩邊的歷史脈絡有所不同，但卻又能彼此呼應。四·三映照著二二八，二二八亦照映著四·三。

*

四·三既是地方性的，也是國際性的歷史事件。這場悲劇發生於二戰結束後，冷戰體制逐步成形之際，也是美軍政府統治南韓的時期。一九四五年九月，美軍進駐南韓，並自此實施軍政統治，直至一九四八年八月十五日大韓民國政府成立。

一九四七年三月一日，濟州舉行了「三・一獨立萬歲運動第二十八週年」的紀念大會。當群眾沿街遊行之際，六名駐足旁觀的無辜市民，卻不幸成為警槍下的犧牲者。而這一天，就是台北爆發二二八事件的次日。這場流血事件，後來被稱為「三・一事件」。市民們要求查明真相、懲治兇手。然而，警方卻聲稱開槍是「正當防衛」，並開始大規模逮捕參與集會的人士。「濟州四・三」便是從這一刻拉開序幕。

三・一事件之後，來自「陸地」（濟州人對南韓其他地區的稱呼）的美軍政府警察與右翼青年團體對濟州島民展開了殘酷鎮壓，這使濟州島民的憤怒逼近了臨界點。自脫離殖民統治後所累積的政治壓迫與對社會經濟的不滿，如今將濟州島民逼入了無路可退的絕境。

一九四八年四月三日，武裝起義爆發，為的是反對單獨選舉與單獨分治政府的建立。南韓的政治主導勢力，以及來自「陸地」的軍隊、警察與右翼青年團體，皆將濟州視為一座「赤色島嶼」，美軍政府亦不例外。在武裝起義爆發後，美軍政府並未試圖解決事件的根本原因，而是選擇以強硬鎮壓應對。一九四八年八月十五日，大韓民國政府正式成立，同年十一月，「焦土化」掃蕩隨即展開。無數的濟州島民被指控為共產主義者或暴徒，在島嶼的各個角落遭到屠殺。其中，大部分的屠殺發生於一九四八年十一月至翌年三月之間。濟州四・三直至一九五四年九月解除出入漢拏山的禁令為止，歷時整整七年又七個月。在這場災難中，濟州島總人口的十分之一，約二萬五千至三萬人，或遭屠殺，或下落不明，消失在這片染血的土地上。

然而，事件並未就此結束。四・三動搖了整座島嶼的根基，使共同體徹底崩毀。這場悲劇不僅使無數家庭支離破碎，更使濟州島民在毫無合理依據的殘酷迫害之下，無端承受肉體與精神的摧殘，卻連最基本的抗議都無從發聲，只能屏息苟活於恐懼之中。四・三的創傷跨越世代，至今仍如暗影般籠罩著濟州。對於倖存者而言，被強加的沉默本身，亦是另一種國家暴力。

*

台灣在擺脫日本長期的殖民統治後，迎來了來自中國大陸的國民黨政權。然而，與台灣人期待相反的是，在一剛開始負責統治台灣的陳儀政府，以大陸來台人士為核心，建立行政機構。他們以財政穩定為名，透過專賣局嚴格管控酒類、香菸等重要物資，同時縱容殖民時期遺留下來的腐敗行徑。其結果，便是造成台灣社會物價飆升、失業人口增加、通貨膨脹加劇等，種種社會經濟問題，讓民怨日益累積。

一九四七年二月二十七日，在台北市南京西路靠近延平北路的「天馬茶房」附近，一名販賣香菸的婦女遭到專賣局查緝人員的暴力對待。目睹此景的市民群情激憤，紛紛上前抗議，隨即與查緝人員發生衝突，過程中，一名旁觀市民遭到流彈波及，於翌日身亡。二月二十八日，憤怒的群眾湧向陳儀的行政長官公署前，展開激烈抗議，二二八事件自此爆發。隨著抗議浪潮迅速蔓延全台，蔣介石政府自中國派遣軍隊，以殘暴的手段鎮壓台灣民眾，執行大規模的屠殺與打壓。據估計，這場血腥鎮壓造成約一萬八千至二萬餘人受難。二二八事件後，台灣接著進入「白色恐怖」時期。自一九四九年戒嚴開始，直至一九八七年解嚴為止，期間發生約二千九百多起與白色恐怖相關的案件，超過十四萬人遭到逮捕，其中約三至四千人更在草率的軍事審判下遭到槍決。與韓國社會相仿，反共意識形態在台灣亦成為統治工具，形成製造恐怖氛圍，封鎖挑戰國家體制的手段。

＊

我第一次認識二二八，是在一九九七年於台灣舉行的東亞和平人權研討會上。當時，我與研究者及社會運動參與者們齊聚一堂，深入探討二二八事件與白色恐怖的歷史，並親身踏訪那些見證時代傷痕的遺址，這段經歷彌足珍貴。此後，我數次參加二二八事件紀念儀式，見證台灣人民以不同的視角凝視這段沉重的歷史。

二〇一七年，我參加了在台北舉行的二二八事件七十週年中樞紀念儀式，在那裡我目睹一位二二八受難家屬流下了淚水，那畫面至今仍深深烙印在我的心底。儘管語言不同，環境迥異，然而，那滴淚中所流轉的悲痛，卻讓我想起每年四月三日，在濟州四・三和平公園舉行的四・三追思儀式上，遺族們靜默落下的淚珠。

四・三的記憶，如同台灣的二二八事件一般，不僅映照著克服歷史傷痕的軌跡，更提醒人們反思人權、正義與民主的價值。曾經在四・三的黑暗歲月裡掙扎求生的濟州人民，他們的記憶與生命歷程，與經歷過二二八事件及白色恐怖的台灣人民，實乃一脈相承。這兩場歷史傷痕的真相調查與回復名譽之路，宛如一面鏡子，映現出東亞民主與人權的歷程，同時也為探索和平與和解的可能性提供了契機。更重要的是，它也讓我們看到超越國界，共同尋求團結與合作的可能性。

＊

「살암시민 살아진다」這句話，是濟州島的方言。經歷四．三並倖存下來的濟州人，時常以此言相慰，這句話代表的意思是：「活著，終會找到出路。」這簡單的一句話，卻蘊含著他們經歷喪心病狂的時代，搏鬥於驚濤駭浪中的生存意志。對於那些親歷四．三的人們來說，當他們回望過去時，這句話絕非意味著屈從、妥協，或者是自暴自棄，反而是展現出，當面對獨裁與反共的巨大壁壘吞噬著一切時，濟州人仍然懷抱著「必須活下去」的堅韌生命力。「살암시민 살아진다」這句話的意義，對於曾經歷二二八事件與白色恐怖的台灣人民而言，或許亦是如此深切。

願這本書能為台灣的讀者提供一個機會，使大家對四．三的真相能夠有所理解。同時希望這能成為一次契機，讓我們重新思考——為何面對過去、記憶歷史、實現正義，始終如此重要。此外，我由衷感謝譯者鄭乃瑋先生，辛苦將這本包含許多艱澀濟州方言的書籍，譯成台灣讀者能夠理解的語言；也感謝出版社的相關人士，是他們搭起了這座橋梁，讓這本書得以呈現於台灣讀者面前。

願有朝一日，濟州紅山茶與台灣白百合之魂相遇，共同迎來春日的自由氣息。

二〇二五年四月三日，濟州四．三第七十七週年 作者敬筆

前言

終於完成了。

內心首先湧上的是羞愧與歉意。二〇一七年，我開始構思書寫關於四・三[2]的內容，正式著手採訪，不知不覺間已經來到了第七個年頭。為了寫這本書，除了濟州島全境之外，我還到了釜山與京畿道的高陽等「陸地」都市，也到了東京與大阪等地，拜訪了住在日本，而且還記得四・三的爺爺、奶奶、「三寸」以及相關人士。光是這段期間拜會且有深入交談的人們，估計就超過了一百多人。濟州人把濟州以外的地區稱為「陸地」，並稱那些比自己年紀大的人為「三寸」，這是一種帶有親近語感的稱呼。

四・三當時，他們還只是個剛學會走路的孩子，或者只是個小女孩、小男孩，時至今日卻已經白髮蒼蒼。還記得四・三情景的他們，時而哽咽，時而憤怒，吐露著四・三所帶來的肉體與精神上的痛苦。他們每個人都說：「如果要寫成文章的話，我的故事可能得寫成一本小說。」每個故事都十分真切。對他們來說，四・三不是過去完成式，而是現在進行式。

這本書基本上是以訪談紀錄為骨幹所寫成的，訪談對象則是四・三的倖存受難者與遺屬們。我以這些訪談作為基礎，再從我的角度概括了四・三的整個過程，這當中包含了在脫離殖民統治前夕、太平洋戰爭之際，那如風中殘燭般的濟州，以及從一九四七年三月一日觀德亭槍聲響起的四・

三首日，延續至一九五四年九月二十一日漢拏山解除「禁足令」的最後一天為止，當然也包括四·三之後的今日。在這裡，我努力記錄我所關心的四·三與美國的關係，以及在當時世界情勢的潮流中，四·三爆發的原因與背景，努力把這些內容描述得淺顯易懂。因為我希望寫出一本不僅是成年人，就連高中生也能閱讀的書籍，我努力讓內容不那麼難以理解。

*

書的架構首先從四·三本身的歷史，還有四·三之後到今天的歷史來開啟序幕。之後，沿路探訪濟州島各處留下的四·三痕跡。沿著深受眾人喜愛的偶來小路[3]行走，就能看到濟州人極為艱難的歷史。淒美的土地——城山浦的豁口，彩虹色水花落於西歸浦的正房瀑布，這裡是悲劇歷史的現場。摹瑟浦阿爾德勒機場（舊日軍機場）一帶不僅有四·三，還顯露著日本帝國侵略與韓戰的傷痕。翰林月令里則是四·三當時慘遭討伐隊槍擊下巴，一輩子生活於痛苦深淵中的棉布老奶奶秦雅英的居住地。

在曾為血海的別刀峰下，繞過海岸小鎮坤乙洞的偶來小路，就可以看到淺綠色的水光，雖然美

2 譯註：四·三目前還存在著名稱的爭議，作者也在第十三章特別說明有關「正名」的議題，所以全書在翻譯上決定捨棄台灣人習慣的「四·三事件」，而用「四·三」來稱呼。不過，特別法的名稱、盧武鉉總統的致詞稿，以及部分受訪者自身的表述，都使用了「四·三事件」的用法，這些地方則保留該名稱。

3 編註：偶來小路是濟州島上的環島徒步路線，總長約四百三十七公里，分為二十一條主要路線及數條支線，可遍覽島上風光。

麗，但卻令人感到悲傷。經過咸德海水浴場，再繞過犀牛峰，這條通往北村的美景之路，一度曾是死亡道路。

包含觀德亭在內，濟州市區內有眾多歷史現場，今天也都還在原本的位置上。為對抗日本帝國的壓迫，曾爬上日本島司（相當於現在的道知事）座車的海女們，當年她們高喊著萬歲的煙頭望山也還在原地，留存著殺戮場域的記憶。但時至今日，人們卻不知道或早已忘記了繚繞於此地的悲鳴。

談到四·三，就不能不提到美國。這也是為何需要單立專章討論的原因。在這個章節中，我想聊聊從冷戰體制形成後，美國會特別注意濟州島的時代背景，並深入瞭解美國具體介入的原委。

在四·三留下的傷痕當中，不能不提到「離散」二字。當時，由於討伐隊恣行縱火與殺戮，導致整個村莊消失，有些人在離開家鄉濟州之後，卻再也回不去自己的故土；也有一些人為了逃離殺戮現場延續性命，而前往了「陸地」與日本；另有人被抓到「陸地」的監獄後，在韓戰期間再次被帶往北韓去；更有人在前往日本後，也輾轉去到了北韓。每當與倖存受難者或他們的遺屬們，在他們家裡、茶館、受難地，或遠離家園的異國他鄉，聊到他們的故事時，都會讓我深切感受到，那種必須得繼續研究與學習四·三的迫切感。對他們而言，生活本身就是個印記，代表著四·三離散與國土的分裂。他們講述了過往心中曾感受到的恐懼、害怕，與不管在任何地方都絕不能提起的故事。如果說，讓世界知道他們的故事，這件事深具意義的話，那麼我的努力就有價值了。

一九四七年三月一日曾在觀德亭現場，目擊被稱為「四·三武裝起義信號彈」現場的地方耆老，以及當日不幸罹難的受難者家屬，還有熟識受難者的長輩們，我透過與他們的會面，聽他們描述著當日的情景；我也聆聽北村里居民述說著，在一九四九年一月十七日一天之內，幾近滅村的回憶。這些故事，我都盡可能平靜客觀地記錄下來。

另外，本書也特立專章探討女性們所經歷的苦痛，與她們在事件之後所要承擔的人生。我參考了隸屬於國務總理室的「濟州四・三事件真相查明及受難者名譽回復委員會」（以下簡稱「四・三委員會」），其於二〇〇三年出版的《濟州四・三事件真相調查報告書》，親自拜訪了書中所提到的幾位人士，以她們的故事作為撰寫的基礎。

*

濟州人總是望著漢拏山歡迎清晨、迎接夜晚。即便經歷過四・三，卻未曾離開過濟州島的父親與母親們，他們這一輩子的生活都離不開那座山。

一九四八年冬天，漢拏山下起了大雪。在那白雪覆蓋的山谷裡，有一些「三寸」們藏身於洞穴中躲避討伐隊。在山腰深處的洞穴裡，為了躲避隨時都有可能逼近的討伐隊，他們屏息生活。在這裡，曾經發生母親因擔心嬰兒哭聲會傳到洞外，而使勁捂住嬰兒鼻嘴，導致嬰兒沒了呼吸的憾事。倖存下來的人們，多虧了當年結實格外繁多的菩提樹果實，才得以維繫生命。曾有個年僅十一歲的少年，身上沒有像樣的衣服與鞋子，在積雪的漢拏山裡徘徊，他用小手抓起菩提樹果實，放進嘴裡，延續生命。而另一個十二歲的少女，原本和她一起行動的人一個一個死去，獨留她在漢拏山下，她反覆地自言自語：「我該去哪裡？」「我該怎麼辦？」突然間她被響起的槍聲嚇了一大跳，躲進了樹林裡。那是一個超乎你我想像的世界。

經歷過那段苦日子的島民們，都還記得當年的雪。許多的少年與少女們，後來都死了。好不容易活下來的人，連哭聲都乾涸了。都是倖存下來的錯，害得他們得再次生活於充滿恐懼與恐怖的世界裡。他們激烈地與生存鬥爭。十來歲的少年與少女們，用他們的小手在山上砍樹蓋房，養活倖存下來的家人。就這樣，村子勉勉強強地恢復生機。濟州島得以一步一步重建。

這樣的悲劇在世界歷史上也屢見不鮮。把目光轉向東南歐的希臘，這裡是世界神話的源頭，民主的發祥地，那裡也有類似「四・三」的事件。二戰時期納粹德國佔領希臘後，德國將希臘山區村莊視為抵抗勢力的根源，為了澈底擊垮抵抗勢力，山區村莊被暴力摧毀。後來在德軍撤退後，重獲自由的希臘卻陷入了內戰。這當中也有美國介入的影子。希臘人成了左、右兩派對立的代罪羔羊。就像濟州島人後來被帶往「陸地」監獄一樣，希臘人也被帶到了某個島上的收容所。一九四七年「三・一事件」發生的前一天，也就是二月二十八日，台灣發生了所謂的「二二八事件」。這是來自中國的外省人無差別屠殺台灣本省人的事件。這一事件導致了戒嚴令的發布，也引發了自一九五〇年代開始的「白色恐怖」。此後，無數的台灣人被迫在反共的名義下，在持續了四十多年的政治壓迫中，呻吟掙扎。

*

四・三不該只被視為發生在特定時間與地點的悲劇，還應該被銘刻於，每當遭受外部勢力不當侵略之際，就會勇於站出來抵抗的傳統之中。而且，四・三不該只是一件發生在濟州島，專屬於濟州島人民的悲劇，它更是國際冷戰體制與南北韓分裂下的產物。正如同文在寅前總統在二〇二〇年四・三第七十二週年追悼儀式上所說的：「在脫離殖民統治的土地上，南北成為一體是韓民族的夢想。」濟州島人很早就有這個夢想。因此，四・三的歷史定位，只有在南北韓和平統一後才能確立。

四・三所代表的意義遠不止於此。我們必須重視透過查明真相與回復名譽運動，跨越矛盾與對立，創造和解、共生與包容的價值。這就是為什麼我們應將濟州島歷史視為我們所有人的歷史，並好好審視的原因。為了避免再次發生像二戰時期德國納粹屠殺猶太人的憾事，聯合國於一九四八年十二月九日，在法國巴黎召開會議，通過了《防止及懲治危害種族罪公約》，即所謂的《種族滅絕公約》。第二天，也就是十二月十日，通過了以保障人類普遍人權為宗旨的《世界人權宣言》。但就在此時，於距離法國巴黎九千三百多公里外的濟州島，軍警討伐隊正恣行著「焦土化」掃蕩。島上的人們與外部世界完全隔絕，他們被惡意「抹紅」，一個又一個在漢拏山裡，在山腰地區與海岸邊死去。對於當時的濟州島人民來說，什麼《種族滅絕公約》、人權、和平之類的，那都是其他國家的事情。

*

為了銘記四・三哀痛的歷史，並真心祈願和解與共生，二〇〇八年在濟州市奉蓋洞完成了濟州四・三和平公園的建造。在公園裡的失蹤受難者石碑上頭，刻著那年冬天，消失於漢拏山與山腰地區的人們名字。這當中包含出生沒多久，連名字都還來不及取的「金〇〇之子」，與刻著「朴名不詳」的無名新生兒，這種呈現名字的方式，令人感到無盡悲傷。還有許多人被帶往「陸地」的監獄後，就再也沒能回到故土來。這片石碑上的人名就將近四千位。隸屬國務總理室的「四・三委員會」，其所審定通過的受難者共有一萬五千多位，石碑上的人名就佔了其中的百分之二十七，代表著島上有那麼多的人下落不明。從石碑區走出來，再經慰靈祭壇走下來，就能看到圍成橢圓形，如同一座島嶼模樣的「刻銘碑」。一萬五千多位受難者的名字，按照村落區分，刻於上頭，無聲傳達著四・三這場悲劇，以及它的沉痛。

在軍事獨裁政權時期，四・三是禁忌與鎮壓的對象。幸運的是，在過去三十多年來，查明真相和回復名譽取得了相當大的成果。尤其是自四・三第七十週年，也就是二〇一八年以來，最近的五年之間，回復名譽取得了相當大的進展。這背後的推動力就是結盟的力量。

過往當濟州人民起身反抗外部勢力的橫行與掠奪時，我們總是能在其反抗基礎中，看見島民們的團結。當年曾報導過四・三的《獨立新報》、《湖南新聞》、《京鄉新聞》、《大韓日報》等媒體，在回顧了二十世紀伊始所發生的「李在守之亂」與日本帝國強佔時期的海女鬥爭等民族解放運動時，就從當年人民的團結與鬥志中，找到了濟州島對抗外部侵略的力量。

四・三也是一樣。抵抗外部勢力掠奪的團結意志，也在《濟州四・三事件真相查明及受難者名譽回復特別法》（以下簡稱《四・三特別法》）制定過程，以及應對保守勢力「扭曲四・三史實」時，如實地展現出來。公民社會所具有的凝聚力與鬥志，是從許久以前就延續至今的。自一九八七年「六月民主抗爭」以後，凝聚力量來查明四・三真相與回復名譽的另一個名稱，就是「結盟」。從一九八〇年代後期至一九九〇年代初期，當年要求制定《四・三特別法》，看似不可能實現，但後來不僅逐步落實，還在國會朝野協商之下順利通過，而這都得力於濟州社會中穩固的結盟力量。另外，二〇二一年國會順利通過《四・三特別法》全面修正案，這也是仰賴結盟的力量。這種傳統綿延貫穿了整個濟州島的歷史。

＊

一九八〇年代以後，在政界首位提出解決四・三問題的政治人物，就是後來成為總統的金大中。在一九八七年底，他作為平和民主黨的總統候選人，承諾當選總統後將調查四・三的真相。而盧武鉉前總統也在二〇〇三年正式對國家公權力所造成的傷害道歉，並於二〇〇六年參加了四・三第五十八週年的慰靈祭。另外，文在寅前總統除了於二〇一八年參加了四・三第七十週年的追悼儀式之外，二〇二〇年第七十二週年與二〇二一年第七十三週年之際，他也出席參加了四・三追悼儀式。時任總統的他，總共出席了三次追悼儀式，除了哀悼受難者之外，他也藉此慰問了遺屬與濟州島民們。而四・三的平反工作一直延續到了二〇二二年開始執行的國家補償。就這樣，四・三的歷史逐步向前進展。經歷過暴力與喪心病狂的時期，再到鎮壓與禁忌的年代，最終開啟了查明真相與回復名譽的時代。走到國家補償為止，四・三已經過了七十五年的時間。

＊

這本書以採訪倖存受難者、遺屬的內容為基礎，從四・三的背景記錄到今日發展的歷史、經歷過那個時代的人們故事，以及在濟州島各處所留下的痕跡。希望透過這本書，得以讓濟州島的人們，還有「陸地」的讀者們，思考一下四・三的歷史與意義。更希望讀者未來至濟州島觀光時，亦能夠想到至今仍留存於歷史現場的痕跡。在書名上寫出四・三的第一天與最後一天的日期，這也是有原因的。我希望大家看著陌生的數字，能夠抽點時間好好想想，四・三不是件只有一兩天的事情，實際上，它持續了這麼長的時間。我希望人們能夠將這件事情銘記在心。

＊

我想向很多人表達我的謝意。

首先要感謝的，是不管多麼困難，都願意勇敢說出內心深處那段四・三經歷的爺爺、奶奶與「三寸」們。如果沒有您們的證言，這本書是不可能存在的。

這本書能順利出版，也要感謝我的服務單位，《韓民族日報》的部門負責人李珠賢與部長李世榮。二〇一八年，適逢四・三第七十週年，我曾以「借問茶花」為題，在報紙與網路上連載了二十篇報導。雖然一直有人跟我說，只做成報導有些可惜，但我一直都不敢有出書的念頭。然而就在二〇二二年，一個偶然的機會之下，他們兩人積極鼓勵我將其出版成書，但當時我還是沒能下定決心。光是想到出書得花費許多時間與精力，我就覺得疲累。若真的要出書的話，我就必須放棄日常的生活，完全投入其中，但從實際層面來考量，我實在是沒有自信自己能夠做到這一點。正當我猶豫不決與苦惱發愁之際，這次輪到出版社開始聯繫我，而此次，我再也沒有退路。

事情就這樣開始了。我本來以為用五年前所寫的報導作為基礎，只要再稍微修改一下內容就可以，但後來很快就意識到自己失算了。我必須從頭開始寫，我不能單靠七十週年當下的資料，我還得重新查找，在那前後所訪問的四・三見證者影音檔案以及相關史料。我越寫越覺得困難重重。每當這種時候，「惠化一一一七」負責人李賢華卓越的推動、企劃與組織能力，都幫助我甚多。她對濟州的熱愛，更甚於我這個土生土長的濟州人。

書就這樣問世了。在此，特別向三位表達心中的感謝。

*

從二〇二二年初冬到二〇二三年初春，我在心愛女兒小殷的陪伴之下，在某家咖啡廳裡，度過了這段時光。我一直很想與女兒一起寫書。所以當決定要出書時，我就下定決心要這麼做。我永遠不會忘記，當我為了撰寫七十週年特別報導，而剛好到女兒學校拜訪時，小殷帶著燦爛笑容朝我奔跑過來的樣子。在小殷曾坐過的椅子上與桌子前，邊想著女兒喜歡寫作的面容，邊寫下這些文字。現在，冬天過去，春天來臨。我要把這本書獻給我的女兒，我的天使許殷。

在二〇二三年初春之始　許湖峻

凡例

一、本書是作者三十多年來的採訪記錄，也是集作者研究成果之大成。部分內容曾刊載於二〇一八年《韓民族日報》的「濟州四．三第七十週年企劃——借問茶花」連載報導中。

二、書中出現的倖存受難者、遺屬、見證者與相關人士的證言紀錄，全都是由作者親自採訪或透過官方檔案等所取得的，其中部分人名依當事人的要求以化名而非真名標記。

三、為避免變更所引述的證言內容，有關行政區域、機關名稱與相關用語等，必要時會以當年的名稱來標示。例如：濟州市→濟州邑、朝天邑→朝天面、小學→國民學校。

四、首次出現的用語或想要強調的內容，在首次出現時會使用引號來標示，之後則盡可能地省略引號。然而在認為有必要時，仍會重複使用引號。

五、專有名詞、人名、地名等外來語，均依國立國語研究院的外來語標記法進行標記，但有時也使用當時檔案中經常出現的標記方式。

第一章　歷史——從那天開始的二千七百六十二天

太平洋戰爭漩渦，圍繞著濟州島

這個世界的運轉，有時與自身意志無關。在日本帝國強佔時期末期，對於飽受徵兵、徵用、獻納之苦的濟州島人來說，也是如此。一九四四年下半年後，濟州島迅速陷入了太平洋戰爭的漩渦之中。隨著戰況日益惡化，日軍於一九四五年三月二十日，指示駐朝鮮第十七方面軍加強濟州島的防禦，準備「決七號作戰」。該作戰計畫是預設一九四五年八月以後，美軍將有可能經由濟州島或群山方向，進攻日本九州，因此日軍打算死守濟州島。為了準備此次作戰行動，原先駐紮於滿洲的關東軍、日本本土兵力，以及受徵召的朝鮮人等，大規模地向濟州島移動。在脫離殖民統治之際，包括一萬五千多名受徵召的朝鮮人在內，駐屯於濟州島上的日軍兵力達到了六萬五千多人。濟州島的居民當時被全面性、經常性地動員於建設日本的軍事設施。

獻納是令人痛苦的回憶。地面上所有的東西都要奉獻出來。除了農作物之外，還有松樹分泌的松脂、家裡頭飼養的豬、祭祀用的銅碗全都被搶走。有誰敢聽到命令卻不配合交出東西呢？如果膽敢隱匿一整年揮汗收穫的穀物，或未能達到該繳納的額度，就會受到日本警察和面書記[4]的各種侮辱與刑求。年幼的子女們只能看著父母跪在被碾碎的海螺殼上，受棍棒毆打的模樣。

一九四五年四月一日，美軍登陸沖繩，同月十四日美國海軍尖額帶魚號（TIRANTE）潛艇進入濟州翰林港附近，擊沉了日軍彈藥支援艦四千噸級的壽山丸號，以及護衛艦能美號與第三十一海防艦。從沖繩起飛的美軍艦載機（濟州島人用日語稱其為「KANSAIKI〔かんさいき〕」）也開始對來往於濟州島、南海海岸和日本海域的船隻進行轟炸。

五月七日，從濟州島前往朝鮮本土的晃和丸號，在楸子島海域遭到美國軍機的襲擊而沉沒，造成二百五十七人死亡的悲劇。美國軍機在機場、港灣、工廠等地投放炸彈。時間來到韓半島即將脫離殖民統治之際，三架美國軍機和四架日本軍機在濟州島上空展開了一場令人倍感窒息的空戰，最終日本軍機被擊落。這段時期，時不時就有忙著農活或捕魚的居民，遭美國軍機用機槍掃射而罹難。而當切干蕃薯（切成薄片後曬乾的蕃薯）的倉庫遭到破壞，或美國軍機展開空襲之際，濟州居民就必須躲藏避難。在太平洋戰爭的最終之際，濟州島卻經歷著一段極其危險的時期。

流淌於濟州歷史中的團結與鬥爭精神

往返濟州島與大阪的定期航線於一九二三年三月開通。這條航線是由天崎輪船率先開設的，第二年朝鮮郵船也加入行列，但這些全都是由日本資金所主導的船公司。面對這樣的情況，濟州島居民團結一心，他們決定用自己的力量來經營往返於濟州島與大阪的定期航線。

4 譯註：面書記相當於鄉公所的行政人員。

「我們要搭我們自己的船！」

一九三〇年四月，居住在大阪的朝鮮人與濟州島工會成員，約四千五百多人出資，並獲得濟州島一百六十二個村莊中的一百一十九個村莊的支持，共同設立了協同工會。東亞通航工會就在這樣的情況下成立。同年十一月一日，東亞通航工會所租賃的鮫龍丸號，首次由日本大阪啟運。當時這件事不僅在朝鮮引起轟動，甚至也引發了日本社會的關注。文昌來參與了該次活動，從他在一九三一年一月向《別乾坤》雜誌所投稿的文章中，我們甚至能感受到他的果斷決心：

「我們朝鮮人因為還未能擁有自己的國際船班，一直都得搭別人的船隻航行，所以我們只能依規定繳錢，遭受各種歧視、各種剝削。因此，我們從去年開始組織東亞通航工會，用我們自己的力量，努力開拓我們的通航之路。這並不是幾個人靠著募集資金，只為追求自身利益，而是全體濟州人的事，乃至於全體朝鮮人要做的事情。今年我們將更加努力來開闢這條航線。可以說，這是一場海戰。」

「用我們自己的力量，努力開拓我們的通航之路」，這是濟州人，乃至於全體朝鮮人的事情，也是場與日本帝國主義之間的「海戰」。

一九三一年三月，因校方對學生畢業存在著差別待遇，於是濟州公立農業學校（以下簡稱農業學校）的學生，要求廢除殖民地教育體制，還襲擊了日本校長官舍。該事件發生後，濟州邑內的部分村莊，還出現了所謂的「反動」布告。二十名農業學校的學生因而遭到逮捕。在此之前的二月，朝天普通學校也曾發生過襲擊校長的事件。

在一九三一至一九三二年之間，濟州東部地區的海女們，為了對抗日本帝國的掠奪，發起了「海女鬥爭」，這是韓半島在日本帝國強佔時期最大規模的女性運動與漁民運動。從一九三一年十二月開始到一九三二年一月下旬為止，共有四次具組織性的示威行動。一九三二年一月十二日，數百餘名海女爬上正經過細花里的島司座車與駐在所（支署）的牆上，提出反對「指定銷售制」等十二項訴求，並展開示威。在青年知識分子的穩固支援之下，海女們才得以進行這些示威活動。支援海女鬥爭的這些知識分子，後來被日本警方逮捕，入監服刑，在韓半島脫離殖民統治之後，他們也在「人民委員會」積極活動。日本帝國強佔時期的小說家李無影，透過在一九三五年八月六日《東亞日報》上所發表的文章，如此評價參與海女鬥爭的人們：

「在面臨挑戰時，有著團結一致的精神。為了正義，甚至不惜犧牲生命，對於是非的觀念十分堅定，一旦認定為正義之事，就會全力以赴，毫不退縮。」

此外，大大小小的抗日運動也在濟州島全境展開。與日本帝國主義對抗的民族解放運動，讓濟州島民每當遇到外部勢力侵略時，就會激起團結與抗爭的意志。曾參與海女鬥爭，於一九五〇年在日本寫下《濟州島海女鬥爭的史實》的玄尚好，如此解釋著四．三的根源：

「在日本帝國最近統治的半個世紀中，濟州島人們的生活根基，以及他們與日本帝國統治的抗爭歷史，都成為我們理解濟州島民的革命精神與鬥爭力量的關鍵因素。其中，濟州島的海女鬥爭，更是濟州島四十年間受日本殖民統治下最大規模的抗爭行動。」

這樣的歷史遺產，持續影響著脫離殖民統治後的自治機構建設運動與四・三。

解放，夢想自治的島嶼

一九四五年八月十五日，韓民族終於脫離了殖民統治。原先沉寂於日本殖民統治末期的青年們，現在都站上了歷史的最前線。從日本帝國強佔時期就開始抗爭的民族解放運動勢力，如今掌握了濟州社會的主導權。

隨著八月十五日韓半島脫離日本殖民統治，呂運亨與安在鴻等人，在首爾以「建設自主的民族國家」為目標，成立了「朝鮮建國準備委員會」（以下簡稱「建準」），往設立全國組織的方向邁進。之後，建準為成立「朝鮮人民共和國」，因而轉換成為「人民委員會」的體制，各地區的建準分支機構也改編成為人民委員會。

濟州也從九月開始，率先成立以村為單位的建準，接著再成立「道建準」，然後又重新改編成為人民委員會。道建準的成員大多數都曾在日本帝國強佔時期入監服刑，或曾在日本參與過工會運動，部分人士還曾經參加過一九一九年的「朝天萬歲運動」。

濟州島人民委員會透過公開活動與拓展組織，迅速得到民眾們的廣泛支持，也確立了濟州社會的自治權。

在已成立人民委員會的村子裡，由青壯年組成的治安隊或保安隊負責維持秩序，以杜絕日本殘兵敗將的橫行霸道，他們同時負責整頓道路、清掃與維繫治安等工作。當時媒體是這樣評價濟州島人民委員會的主導勢力：

「在外界看來，濟州到處都充斥著左翼思想，是『人委』（人民委員會）的天下，但濟州的人委自設立『建準』以來，就是由一群有良心，反對日本帝國主義的領導階層所組成的，而他們一直是抗爭運動的先鋒。」——《東亞日報》，一九四六年十二月二十一日。

脫離殖民統治後，教育活動也開始活躍起來。濟州島各地都有村民捐贈土地與奉獻勞動力，藉以設立學校。從日本返鄉的青年們則負責教導那些渴望學習的孩子們。

從脫離殖民統治到一九四七年為止，濟州島共新設立了四十四所國民學校（國民小學）與十所中等學校。學生人數也大幅增加，國民學校的學生從二萬多人增加到三萬八千多人，中等學校則從三百多人增加到三千六百多人。媒體是這樣報導當時的景況的：

「在這裡沒有貧富差距，也看不到任何特殊階級的存在，享有平等權利的濟州島子弟們，處在一個任何人都可以享受學習的環境裡。此外，父母對於教育的熱情，更是『陸地』所無可比擬的，他們相互扶持，努力建設，讓每個村都能有一所國民學校，讓每個面都能有一所中學。」——《大韓日報》，一九四八年七月二十日。

根據一九四七年美軍政府所調查的資料，南韓畢業於國民學校或者更高學歷的人口比例，北濟州郡，也就是今日的濟州市，以百分之三十五點七，位居全國第一名。第二名則是慶尚南道的昌原，佔百分之二十六點七。

美國實行軍事統治，混亂開始

韓半島突然脫離了殖民統治，卻也因此開始陷入混亂。美國與蘇聯以解除日軍武裝為名，分別在韓半島的南北兩地部署了佔領軍。

一九四五年九月，韓半島踏著艱困的步伐。在日軍投降之後，美軍接著實施了軍事統治。「駐朝鮮美國陸軍司令部軍政廳」（以下簡稱「美軍政府」）從美國第二十四軍佔領韓半島南部地區的一九四五年九月八日開始，到大韓民國政府成立的一九四八年八月十五日為止，一直牽制著韓半島。這一時期被稱為「美軍政時期」。美軍政府深深影響著南韓政府的成立。

九月七日，美國太平洋陸軍最高統帥麥克阿瑟（Douglas MacArthur）透過第一號命令，宣布將佔領北緯三十八度以南的朝鮮地區，同時將對朝鮮與朝鮮人民實施軍事統治。九月八日，由霍奇（John R. Hodge）司令官所指揮的美國第二十四軍，從日本沖繩啟航，進入了仁川港。九月九日，在首爾朝鮮總督府大樓舉行了受降儀式。原本懸掛著日本日章旗的旗杆上，這時換上了美國星條旗，而非韓國太極旗。霍奇於九月十二日任命第七師的師長阿諾德（Archibald V. Arnold，任期自一九四五年九月十二日起至一九四六年一月四日止）少將為軍政長官，正式開啟了軍事統治。

濟州島的日軍受降儀式則是另外於九月二十八日舉行的。負責濟州島軍政業務的美國第五十九軍政中隊（司令官：史陶特〔Thurman A. Stout〕少校）於十一月九日抵達濟州島。這個時候，濟州島正積極開展自治機構建設運動，濟州島人民委員會也以「島內唯一的政黨，同時也是唯一具有明確目標和內容的政府（自治機構）」自居。另一方面，美國所派遣的軍政中隊在抵達濟州島前，對當地情況完全是一無所知。軍政中隊在進駐初期，若沒有人民委員會的協助，根本就無法正常履行軍政任務。然而，美軍政府卻逐漸重用日本帝國強佔時期的官員和警察，不僅與市儈相互勾結，還積極運用右翼勢力。美軍政府與人民委員會的合作關係，因而開始出現裂痕。

經濟困頓、糧食短缺、傳染病流行，三大團烏雲籠罩

一切資源嚴重缺乏。那些被徵兵或被徵用的人回來了，原本去日本賺錢的人也回來了。脫離殖民統治前的一九四四年，濟州島約有二十一萬九千五百多人，終戰後的第二年，也就是一九四六年，濟州島人口變成了二十七萬六千一百多人。人口激增了五萬六千多人以上。

人口膨脹成為政治、社會與經濟壓力的來源。這些在脫離殖民統治前，曾前往日本賺錢的人們，現在已不再寄錢給故鄉濟州的家人與親朋好友；而往返於濟州和日本的客輪航運，以及與日本

的交易也全部中斷了。

在太平洋戰爭末期，美國軍機的空襲使得濟州島的經濟更加蕭條。包括曾為韓國最大無水酒精工廠的濟州酒精工廠在內的產業設施，也遭到美國軍機的破壞，這導致濟州地區製造業者的營運比率大幅下滑。一九四四年六月，濟州島內七十二家的製造業者中，到一九四六年十一月仍在營運的，只剩三十二家，不到原本的一半。

提煉無水酒精的主要原料是蕃薯，無水酒精不含水且純度高達百分之九十八以上。日本為了戰時的需要，將其運用於軍事、醫療與食用等用途。日本於濟州島設立了無水酒精工廠，作為國家政策中的主要發展事業。這樣的工廠居然不能正常運作，其所造成的損害是無法言喻的。

除了無水酒精工廠之外，其他產業設施也遭到破壞，製造業的營運比率，不到終戰前的一半。人們想找工作，卻苦無工作機會。找不到工作的人，面臨了生計問題。更糟糕的是，一九四六年大麥的收成情況，只有一九四四年的百分之三十一不到，創下最嚴重的歉收紀錄。經濟困頓的局勢，使得地區社會陷入混亂。在經濟狀況如此惡化的情況下，從一九四六年六月到八月的期間，霍亂席捲了濟州島全境，在兩個多月裡，至少奪走了三百六十九人的生命。

原先脫離殖民統治的欣喜，正逐漸演變成沮喪、焦慮與不滿。濟州島上空籠罩著三大團烏雲：經濟困頓、糧食短缺與傳染病流行。島民對生活中的窘境備感挫折。甚至有些人再次選擇越過大韓海峽前往日本，一個曾讓他們受到歧視和輕蔑的國家。在這樣的混亂當中，從「陸地」來的親日警察、當地市儈與美軍政府將領的貪腐事跡也被揭露出來。民心已逐漸遠離美軍政府。

三月一日，撼動濟州的槍聲，憤怒民眾大罷工

一九四七年三月一日下午，濟州邑觀德亭廣場響起了槍聲。當天上午，在鄰近的濟州北國民學校，舉行了「三．一獨立運動第二十八週年濟州島紀念大會」，參加人員約有二萬五千到三萬多人，等於每十位濟州島人中就有一人參加。這是場史無前例的大規模集會。大會結束後，參加人員開始在觀德亭前的廣場上，展開街頭遊行。

一名正在觀看遊行的小孩子，突然被警察所騎乘的馬匹給踢倒了，而警察竟不聞不問，繼續前行。看到這一幕的群眾，憤怒地投擲石塊抗議，這個時候，從「陸地」派遣過來的警察開槍了。此舉造成六人死亡，多人受傷。這就是所謂的「三．一事件」。

廣場頓時陷入混亂。由於警察的開槍，造成一名小學生，還有抱著嬰兒的二十多歲年輕少婦，以及前一天才剛從日本回來接家人的四十多歲男性受難。這些受難者並沒有參加示威遊行，他們當時只是站在離警察署還有一段距離的地方觀看而已。

誰也沒想到，當天的槍聲竟會撼動整個濟州的歷史。如果當年美軍政府立即展開真相調查，迅速地向島民道歉，懲處相關人員，歷史又將會如何發展呢？《四．三特別法》是如此定義四．三的：

「以一九四七年三月一日為起點，延續至一九四八年四月三日發生的騷亂事件，一直到一九五四年九月二十一日為止，在濟州島上所發生的武力衝突及其鎮壓過程中致使人民受難的

事件。」

正如同其定義一樣，四．三始於一九四七年三月一日。美軍政府的警察，不僅沒有懲處當天的開槍者與該為開槍事件負責的人，甚至連聲道歉都沒有。反而從事件發生當天的晚上，就下達了禁止通行的命令，並從「陸地」調派來了更多的警察，開始逮捕主辦紀念大會的相關人士與學生。要求查明事件真相與懲處負責人員的憤怒之聲，開始逐漸高漲。為此，美軍政府於三月八日派遣了調查團前往濟州島，並以特別監察室長卡斯蒂爾（James A. Casteel）上校為團長，進行現場調查。然而，調查結果卻未公開。

濟州社會陷入動蕩與憤怒之中。接著，三月十日發生了南韓社會在脫離殖民統治後，從未見過的官民大罷工。包含濟州道美軍政廳的官員，通信、金融、交通等機關，還有學校，甚至連現職警察都參與了罷工。濟州道廳的公務員們，當天在組織成立了「三．一事件對策委員會」後，便參與了大罷工。他們決定向濟州道民政長官史陶特少校和霍奇中將提交以下的六項訴求。由此可見，濟州島民對於三．一事件有多麼地憤怒。

一、為建立健全的民主警察制度，應立即廢除警察武裝，並禁止刑求。
二、立即懲處該為開槍事件負責之人及開槍的警察。
三、警察高層應引咎辭職。
四、保障受難者遺屬及傷殘者之生計。

五、不得羈押三．一事件相關之愛國人士。
六、清除承繼過往日本警察行徑之活動。

三．一事件與三．一〇官民大罷工所造成的影響很大。認為事態嚴重的警務部，於三月十二日追加調派了三百名警力至濟州島，展開大規模的逮捕行動。警務部長趙炳玉於三月十四日抵達濟州島，投入事件的鎮壓。儘管參與罷工的機關陸續返回了工作崗位，但在學校方面，截至三月十八日下午六時為止，一百零八所學校中，只有十所學校復課。由此可知，教師與學生參與罷工抗爭有多麼激烈。

然而，首爾當局對於濟州島情勢的認知卻有所不同。大罷工之後，警務部第二號人物警務部次長崔慶進發表了「百分之九十的濟州島居民是左翼」的言論。駐韓美軍司令部情報報告書（以下簡稱美軍情報報告書）上也記載：「濟州島有百分之六十至八十的人口比例是左翼」、「濟州島百分之七十的人口是左翼團體的同路人，這裡也是相關左翼分子的據點」。也就是說，統治當局將濟州島視為「左翼大本營」。回到首爾的趙炳玉在三月二十日的記者會上，做出了這樣的判定：

「濟州島事件是由有心人士與北朝鮮勢力共同計謀的，這是他們欲顛覆美軍政府，引發社會混亂的陰謀。」

這番言論並沒有證據。統治當局沒有向六名受難者道歉，也沒有懲處相關人員，反而開始「染紅」濟州島。

無能的美軍政府、蠻橫的警察與右翼勢力、恣行刑求與恐怖攻擊

一九四七年三．一事件以後，濟州社會充滿了恐怖與恐懼。美軍政府於四月十日任命韓國獨立黨農林部長出身的柳海辰擔任道知事，接替濟州島出身的朴景勳。韓半島脫離殖民統治後，在南韓活動的美國第二十四軍，其所屬的諜報部隊，即「美軍防諜隊」（Counter Intelligence Corps），他們對柳海辰的評價為「極右主義者」，他的上任也預告著悲劇性的結局。由於柳海辰的極右強化政策，右翼團體也如雨後春筍般出現，他的專斷獨行更加劇了濟州社會的緊張局勢。

截至五月六日為止，警察總共逮捕了五百五十二名與三．一事件有關的人員。警察在大街上、學校宿舍等地逮捕一般青年與學生，並對他們刑求拷問。不當的刑求造成了嚴重的社會問題。警察毆打民眾成為司空見慣的場景，而這也加劇了人民對警察的反感。

三．一事件與三．一〇官民大罷工後，從外地派到濟州島來的支援警力與西北青年會（以下簡稱「西青」）成員們，都是令濟州島人深感畏懼的對象。西青更匯聚了曾活躍於北韓平安道、咸鏡北道、咸鏡南道與黃海道等地青年會的極右反共團體。

一九四七年三月二十四日，一大早就來到濟州的《京鄉新聞》記者李璇求，當年是如此描繪「陸地」支援警力的「鄉愁」與濟州島人心中的「畏懼」：

「三·一事件前後，約有三百多名支援警力從慶尚道與全羅道等地來到濟州島，這讓每個港口的旅館通通爆滿。然而，令記者印象深刻的是，這些還不到三十歲的青年們，在這過渡時期中當上了新一代警察，在他們的紅潤的臉龐底下，浸透著濃厚的、無法掩飾的鄉愁神色。到底『陸地』到濟州島有多麼遙遠，以致於如此病態的『鄉愁』會籠罩於這些充滿朝氣的青年臉上？起初，我感到詫異，難以理解明白，但沒過多久，記者似乎就輕易地理解了所有的情況。這是因為記者發現，與巡警們病態的鄉愁不同的是，島內居民對於武裝警察們呈現出了微妙的畏懼。（中略）在這兩種微妙的對比中，似乎可片面窺見和平之島濟州的悲劇，乃至於整個朝鮮悲壯的命運，而在這極其模糊的局勢當中，不禁令人感到心情抑鬱。」——《京鄉新聞》，一九四七年四月二日。

一九四七年三月，該記者在採訪濟州島的情況時，早已預見了「和平之島濟州」的「悲劇」，並從中預知了朝鮮的命運。他並預告著：「若警察與民眾間對峙的微妙局面持續下去，那麼未來恐將難以避免不幸事件的發生。」

一九四七年七月四日，島內的集會許可權從警察手中轉移至道知事。道知事柳海辰否決掉所有與自己政治理念不符的團體集會申請。另外，他也從政府機關中解雇了疑為左派的職員。當時在濟州道廳工作的職員們回憶道：「他根本不把我們當作人看待。」

西青在進入濟州島後的暴行，也是從他上任之後開始的。只要被他們認定是屬於共產主義相關的團體，他們就會滿懷敵意，採取行動，猛烈攻擊他們自認的「反民主」人士，恣行「獵捕赤匪」

（red hunt）行動。另一方面，為了籌措資金，他們還強力兜售太極旗與李承晚的照片，專幹恐怖行動。

一九四七年九月，濟州島民主主義民族戰線（以下簡稱「民戰」）的幹部，同時也是濟州中學校長的玄景昊，家中發生了白色恐怖。白色恐怖指的是，右翼勢力為達到自身政治目的而實施的恐怖行動。而這幕後的指使者就是柳海辰。《濟州新報》就此事件做了這樣的報導：「恐怖行動終於蔓延到了和平之島，民心被極度戰慄與恐懼所包圍。」

同年十一月，即使西青濟州島本部向美軍防諜隊道歉，承認了自身對濟州島人民所實施的一連串恐怖行動，但同時他們又宣稱「濟州島是朝鮮的小莫斯科」，並表示將會證明這一點。由此可知，西青將濟州島視為「赤色島嶼」。

像這樣，伴隨著柳海辰道知事的極右強化政策，警察與西青的刑求及恐怖行動，讓濟州島陷入一片混亂。隨著情況日益惡化，美軍政府特別監察室從一九四七年十一月十二日到一九四八年二月二十八日，對濟州島的政治狀況，實施了特別監察。負責人是尼爾森（Lawrence A. Nelson）中校。

一九四八年一月，警方逮捕了南勞黨濟州島委員會組織部的聯絡人。他慘遭嚴重的刑求拷問，卻奇蹟般地倖存了下來，因為最終，他全招了。警方於是在一月二十二日發動突襲，攻陷了道黨組織核心部門的秘密基地，自此展開全島性的搜捕行動，這也使得該組織陷入了崩解的危機中。

警察署拘留所裡人滿為患，到處都是被當作左翼分子而遭到逮捕、拘禁的人。二月十九日，當尼爾森中校與柳海辰一起巡視時，濟州警察署拘留所裡，就關押著三百六十五人。當時有三十五人被關押於十一平方公尺（約三點四坪）左右的牢房裡。三．一事件發生後，警方在一年多的時間裡，逮捕了近二千五百多人。許多人為了躲避逮捕，以及擺脫飢餓，紛紛開始逃往「陸地」或日本等地。

一九四七年十二月十三日，引用美軍防諜隊報告的美軍情報報告書中寫道：「如果警察不能儘快恢復『正義』，那麼所有的團體都將對警察發動攻擊。」然而，還沒等到正義恢復，「不正義」卻持續壓迫著濟州社會。

一九四八年三月十一日，美軍政府特別監察室向當時的軍政長官迪安（William F. Dean，任期自一九四七年十一月三日至一九四八年八月十五日）少將提交了一份特別監察報告書。該報告指出：「柳知事一直白費力氣，試圖用魯莽、獨裁的方式來掌控政治理念」，報告也建議撤換柳海辰的職務，但迪安少將表示：「要撤換道知事不是一件容易之事」，並未接受這項建議。

濟州社會正朝著極度混亂的方向發展。在道知事的極右強化政策之下，西青與支援警力等外部勢力不斷掠奪，島民們的耐心已經達到了臨界點。

美國的封鎖政策，讓南韓成為反共的前哨基地！

第二次世界大戰結束後，美蘇之間的冷戰開始萌芽。韓半島的分裂也是因為受到冷戰的影響。這一時期美國的對外政策核心，就是針對蘇聯實施圍堵政策。一九四九年六月七日，美國總統杜魯門（Harry S. Truman）根據「對韓經濟援助提供計畫」，向議會所提交的國情咨文中，便充分展現出美國對於南韓的政策方向。

「韓國正成為一個實驗舞台，展現出共和國所實踐的民主正當性與實際價值，以此對抗強加予北韓國民的共產主義。（中略）透過抵制共產主義，展現出民主原則與頑強不屈的精神，韓國將成為北亞人民阻止共產陣營擴散與掌控的火炬。」

就像杜魯門所說的，韓國是對抗共產主義的實驗舞台，將成為阻止共產陣營擴散的火炬，作為亞洲政策的一環，美國試圖在南韓樹立親美反共的政權，以遏止蘇聯的擴張。

杜魯門主義承諾向受到共產主義威脅的國家，提供經濟援助，以遏止共產主義勢力的擴張，而當有外部壓力或武裝勢力反抗出現時，這也為美國提供了介入干預的合理依據。從這個角度來看，美軍政府在南韓所推展的反共路線，具有正當性與合法性。正如某位麥克阿瑟的參謀所說的：「美軍政府的主要任務之一，就是建立阻斷共產主義的壁壘」，美國希望將韓國打造成反共的堡壘，並推展圍堵政策，以實現這個目標。

一九四七年九月九日，美國國務院東歐局副局長史蒂文斯（Francis B. Stevens）在提交給政策企劃局長凱南（George F. Kennan）與東北亞局副局長阿利森（John M. Allison）的一份報告中，做出了這樣的闡述：

「韓半島是世界上唯一一個，由蘇聯軍與美軍在國土上直接對峙，並個別管理的地區。美國承諾將韓國建設成為獨立國家。因此，韓國是東西方爭奪權力與影響力的表徵，也是美國支持亞洲民族主義，展現美國誠意的象徵。」

美國官員認為，韓半島是世界上唯一美蘇佔領軍直接對峙的地區，也是東西方爭奪權力的戰場。因此，韓國在第二次世界大戰結束後，便成為了反共的前哨基地。美國在阻止蘇聯擴張的同時，也將政策焦點置放於封鎖敵對陣營，防止擴散，藉以防堵南韓的共產化。

一九四七年十一月十四日，美蘇兩國在爭論之後，在聯合國通過了一項決議案，決議成立「聯合國朝鮮臨時委員團」（以下簡稱「聯合國朝委」），藉以監督韓半島的選舉，並根據人口比例，實施南北韓的總選舉。「聯合國朝委」從一九四八年一月開始在首爾運作，但蘇聯則拒絕其進入三十八度線以北的地區。由於無法進入北韓，聯合國於二月六日決定提交「於可行地區辦理總選舉」的議案，並於同月二十六日舉行的聯合國會議中，通過了「單獨於南韓辦理選舉」的決議案。也因此，南韓的單獨選舉，不再僅是「聯合國朝委」獨自所做的決定，而是經過大會會議所決議的結果。美國欲透過聯合國解決韓半島問題，已取得了預期的成果，現在終於得以加快步伐，在南韓建立起獨立政府。

鎮壓與接連不斷的刑求致死事件，點燃武裝起義的火苗

脫離殖民統治後，濟州社會因經濟困頓導致失業率劇增，糧食短缺到得忍受飢餓度日，甚至還有數百人死於霍亂等，日子一天比一天還要絕望。再加上由美軍政府重新聘用的親日警察、當地市儈與腐敗的美國軍官所形成「三角聯盟」，濟州民心正逐漸遠離。

在這種時候，一九四七年又發生三·一事件與三·一〇官民大罷工，這使得濟州社會急遽陷入

了紛亂的漩渦中。警方大規模進行逮捕與刑求，整整持續了一年。極右派的道知事上任後，隨之而來的西青暴行與白色恐怖，都讓濟州人陷入了恐懼之中。

對於日常所見聞的警察與西青的不法惡行，濟州島居民感到非常憤怒。即使美軍防諜隊的報告已發出警告，稱如果不恢復正義，那麼人民遲早將對警方發動攻擊，但美軍政府卻未能改善情況。此外，美軍政府特別監察室還曾建議撤換道知事柳海辰，然而，美軍政府最高決策單位也未接受這項建議。

一九四七年十一月二十六日，正值美軍政府特別監察室執行監察任務之際，軍政長官迪安少將來到了濟州島，並會見了道知事柳海辰，他於會面時提到，為克服建立朝鮮成為獨立國家時所面臨的困難，實有必要進行團隊合作。對此，柳海辰承諾將全力配合。美軍政府沒有好好調查三・一事件的真相，反而將濟州島視為「赤色島嶼」，犯下了政策性的錯誤。

另外，在聯合國通過了於南韓實施單獨選舉的決議案，並確定選舉日為一九四八年五月十日後，隨著單獨選舉實施計畫日益明確，南韓有多個政黨與社會團體開始強烈反對這項計畫，他們認為五・一〇選舉將會導致韓半島的永久分裂。不僅是左翼陣營，部分右翼團體與中立派人士也參與了反對行動。一般民眾中也有許多人認為，韓民族在日本帝國的壓迫下掙扎，好不容易才得以脫離殖民統治，在這種情況下，民族的分裂是無法被接受的。

濟州島也是一樣。濟州人民普遍都有這樣的認知：「既然都已脫離了殖民統治，難道不應該建立一個統一的政府嗎？」然而，在此情況下，一九四八年一月，南勞黨的濟州島黨組織暴露，遭到警方大規模逮捕，面臨了瓦解的危機。在警察與西青不斷打壓、柳海辰極端右翼強化政策持續執行的情況之下，一九四八年三月，爆發了兩起因警察刑求而導致人員死亡的事件。

三月六日，在朝天面朝天支署，二十一歲的朝天中學學生金用哲在接受警方調查時，遭到警察刑求身亡；三月十四日，在摹瑟浦支署，遭警察逮捕的二十七歲永樂里青年梁銀河，也因警察的刑求而死亡。警方試圖隱瞞這兩起事件，卻導致民心愈加激憤，事態變得一發不可收拾。

阿爾及利亞民族解放運動先驅法蘭茲．法農（Franz Fanon，一九二五－一九六一），曾為第三世界的解放運動帶來影響，他曾經說過民眾的武裝鬥爭，存在著沒有轉圜餘地的時間點。他認為這個時間點大致就是，政府對殖民地所有民眾進行全面壓迫的時候。他說，當殖民勢力或統治權力向無力且無辜的民眾施以暴力時，坐以待斃就等於放棄了生而為人的價值，而當面對他人的不當傷害與壓迫之際，即使需要使用暴力，其實也只是一種掙扎的方式，只是為了找回作為人的尊嚴罷了。

當時的局勢相當嚴峻，一堆問題籠罩著濟州島，包含了警察大規模的逮捕與刑求、右翼團體經常性的恐怖行動、南勞黨的瓦解危機、接二連三發生的刑求致死事件，還有南北韓分裂的危機等，而就如同法農所認知的一樣，這些問題賦予了人民武裝起義的正當性。如此危機環伺的局面，南勞黨濟州島委員會正面臨著「該坐著等死，還是起身戰鬥」二擇一的關鍵時刻。當然，這當中的選擇，只會有一個。

一九四八年四月三日，臨界點引爆，每座山峰都燃起了烽火

一九四八年四月三日凌晨兩點。濟州島的每座山峰都燃起了烽火。這是南勞黨濟州島委員會所主導的武裝起義信號彈。推估約有三百五十多人的武裝隊，高呼著「若鎮壓，就抗爭」的口號，同時攻擊了右翼團體，以及二十四個警察支署中的十二個支署。他們的訴求包括要求警察與西青停止鎮壓、反對南韓單獨選舉及單獨分治政府、促請建立統一政府等。

在武裝起義初期，美軍政府將此視為治安事件，並派遣警察來代替警備隊，試圖穩定局勢。然而，局勢未能獲得有效控制，於是官方很快地就展開了鎮壓作戰。鎮壓任務由警察再度轉移給了警備隊。軍政長官迪安少將讓濟州道民政長官（美國第五十九軍政中隊長）曼斯菲爾德（John S. Mansfield）中校，投入了警備隊第九團的兵力，並增派駐釜山警備隊第五團一個營的兵力，還支援了兩架聯絡軍機。

然而，也有人努力想以和平的方式來解決問題。第九團團長金益烈從四月二十二日開始，向武裝隊散發和平協商的傳單。接著四月三十日，金益烈與濟州島人民游擊隊司令官金達三在濟州島西南部的山腰地區會面，兩人展開了和平協商。（儘管在政府報告書中，指出該協商是於四月二十八日展開，但筆者認為協商日期應為四月三十日。金益烈於同年八月六日向《國際報》所投稿的文章中寫道：「（武裝隊方面）提出於三十日上午十二時在安德面山腰村落會談，（中略）我無條件接受了」）根據金益烈的文章，此次協商雙方的訴求條件如下：

警備隊的訴求

‧解除全部武裝。
‧殺人、縱火、強姦犯及其領導人全面自首。
‧將所謂人民軍幹部全部扣為人質。
‧上述三項條件自條約簽訂之日起七日內有效。

武裝隊的訴求

‧反對單獨分治政府。
‧保障濟州島居民的絕對自由。
‧解除警察的武裝。
‧濟州島內政府單位高級官員全面替換。
‧嚴懲政府單位高級官員中接受賄賂者。
‧禁止外地青年團體成員出入山區村落。

金益烈說，他全面拒絕了金達三的訴求，但也貫徹了自身的訴求條件。雖然不確定他是否真的如投稿文章中所寫的內容，貫徹了自身訴求，但至少我們知道，後來由於美軍政府下達了武力鎮壓的政策方針，致使這項協議未能被落實。不僅如此，後來的史料也證明了，這次的協商根本就是由美軍政府所精心策劃的。被蒙在鼓裡的金益烈，日後在遺稿中，揭露了他參加和平協商時的心情：

「如果這是一個可以盡可能減少流血、和平解決暴亂的方法，那自然就不需要猶豫了。」

如果和平協商當時真能按照他的想法落實的話，說不定真能把後來殘酷的流血衝突、傷害降到最低。然而，當時美軍政府為了能夠成功舉行五・一〇選舉，「剷除共產勢力」的意志非常堅定。

以失敗告終的濟州島五・一〇選舉，預告著強硬的鎮壓行動

為了平息濟州島的動亂，並確保選舉能夠成功舉行，美軍政府竭盡了全力。駐韓美軍司令部的作戰參謀親臨濟州島指導作戰，迪安少將也在選舉前，兩次到訪濟州島，視察了作戰情況。首爾的美國軍官被派到了濟州島擔任選舉監督員，他們親自運送投票箱至濟州島內的投票所，甚至還威脅了那些無法運送投票箱的地區面長[5]。

武裝隊當然也竭盡全力促使選舉無效化。隨著選舉日的逼近，他們也提高了鬥爭的力度。不但襲擊了選舉事務所，甚至還綁架或殺害了選舉管理委員。許多拒絕投票的居民，在選舉日前或當天，自發性或非自願地躲到了山腰地區。

終於，來到了五月十日，南韓共有兩百個選區舉行了選舉。雖然「陸地」上也有些地方發生了流血事件，但所有地方都舉行了選舉。然而，濟州島卻與其他地方有著不同的結果。在濟州島的三

個選區中，有兩個選區的選舉，因投票率未過半數而被判定無效。北濟州郡甲選區的投票率為百分之四十三點〇八，北濟州郡乙選區投票率則為百分之四十六點四八。濟州島成為南韓唯一抵制五．一〇選舉的地區，這等同於預告著強硬的鎮壓行動即將展開。

美軍政府對此感到相當震驚。選舉失敗後，美軍政府採取了全面性的應對行動。選舉兩天後的五月十二日，駐韓美軍司令官霍奇中將五．一〇選舉評為「民主獲得了前所未有的成功」。同一天，他也緊急派遣了驅逐艦克雷格號至濟州島沿岸。

美軍第六師第二十團團長布朗（Rothwell H. Brown）上校被派往濟州島擔任最高指揮官。派遣美軍上校至動亂現場擔任鎮壓負責人是極為罕見的事情。美軍政府於五月二十六日透過公告，宣布濟州島的五．一〇選舉無效，同時將於六月二十三日再次實施選舉。肩負順利完成重新選舉使命的布朗上校，動員了警備隊展開了強力的鎮壓作戰。警備隊從五月十四日至二十一日，在松堂里與橋來里展開了洞穴搜索與討伐作戰，共逮捕了兩百多人，並擊斃了七人。躲在山腰地區的居民，被誤認為是共產主義者或暴徒而遭到逮捕。隨著大規模討伐行動的展開，甚至還發生警備隊員當場槍殺嫌疑人的情況。

「雖然連日增派的警備隊與警察武裝部隊，各自竭盡全力掃蕩，但現在仍不允許輕率決定全面鎮壓的時間點。另外，警察和警備隊主力所駐紮的濟州邑，一到晚上，街頭就化身為死亡

5 譯註：面長相當於台灣的鄉長。

地區。在這一角與那一隅裡，射擊的槍聲撼動著南北的夜間寒氣，將這個充滿殺氣的島嶼空氣，推入了更深的恐怖之中。」——《首爾報》，一九四八年六月四日。

雖然軍警討伐隊出面鎮壓，但局勢反而變得更無法控制，民心也更加惡化。濟州島的中心地區濟州邑，一到晚上就變得一片寂靜。布朗上校說：「我對追究原因沒有興趣。我的使命就是鎮壓」。儘管他展開了強而有力的鎮壓行動，但卻未能平息紛亂的局面。美軍政府最終於六月十日決定，無限期延期原定於六月二十三日舉行的「重新選舉」。

在未能解決根本原因的情況下，美軍政府持續的武力鎮壓，只是讓情勢變得更難以解決罷了。從五月二十二日起，到六月三十日為止，光是遭到逮捕的居民就多達五千餘人。第九團團長金益烈被撤換掉後，接任的第十一團團長朴珍景，由於堅持採行強硬的鎮壓策略，在六月十八日，遭到部下暗殺身亡。

「西歸浦夜晚的街道——在寂靜入睡的夜晚，吵雜的警笛大聲響起，打破了肅靜沉寂，像流水沖刷街道般，路上空無一人。在這個毫無聲息的村莊裡，有時能聽到巨大的汽車聲響，不時還交雜著軍警的軍靴聲與口令聲。這裡就是軍警的街道。」——《釜山新聞》，一九四八年七月二十三日。

隨著濟州島各地接連發生大規模的逮捕和刑求，人們的恐懼達到了極點。濟州的街道一到晚上就變為「死亡之街」，成了「軍警之街」。恐懼與恐怖壓抑著島上的空氣。然而，真正的「焦土化」還沒有到來。烏黑的雲朵正朝向濟州島襲來。

化成灰燼的濟州島，被稱為「赤匪」的濟州島人

一九四八年八月十五日，大韓民國政府成立。九月九日，朝鮮民主主義人民共和國也在韓半島北部地區建立。隨著南北韓分裂情勢明確化，雙方的對立，也顯得更加劍拔弩張。

- 四月三日　武裝起義
- 四月三十日　和平協商
- 五月十日　選舉失敗
- 六月十日　重新選舉無限期延期
- 六月十八日　朴珍景團長遭暗殺身亡
- 八月十五日　成立大韓民國政府

每當關鍵時刻，軍警就會提升鎮壓強度。軍隊、警察與西青的增援人力陸續湧進了濟州島。李承晚政府於十月十一日設立了「濟州道緊急警備司令部」。第九團團長宋堯讚接到了「政府的最高指令」，於十月十七日發布公告，宣布從十月二十日起，通行於自海岸線向內陸延伸五公里以外地

區的人，將一律被視為暴徒，並就地槍殺。從濟州島的地形來看，距離海岸線五公里以上的山腰地區，佔濟州島總面積的百分之八十。而座落於這些地區的一百多個村子裡，居住著數萬餘名居民。

宋堯讚發布公告後的十月十九日，原先預計增派到濟州島，強化討伐力道的全羅南道麗水第十四團的部分兵力，卻在此時起義抗命。他們拒絕前往濟州島鎮壓，並表示：「不能把槍口對準同胞」。這就是「麗順事件」。然而，媒體報導宋堯讚公告的日子，恰巧是在「麗順事件」爆發的次日。因此，「麗順事件」成為助長濟州島鎮壓的催化劑。

總統李承晚於十一月十七日向濟州島宣布了戒嚴令。戒嚴令奪走了濟州島的一切。軍警討伐隊展開了大規模的強硬鎮壓，山腰村落一個接著一個消失。居民們被迫放棄世世代代居住的房子與農地，疏散到海岸村落來。從字典上的意義來看，疏散指的是「因應空襲或火災等災害，而將集聚於一個地方的居民或設施分散開來」，但四．三時期濟州島上的「疏散」則是將山腰村落的居民強制驅離至海岸村落。討伐隊強制將居民疏散後，便縱火焚燒了他們的房子，並殘殺還待在村裡的人們。其中一些人是因為來不及收到「疏散令」，而未能事先逃離躲避。這些人被軍警當作是暴徒與赤匪，最終遭到殺害。同年十二月三十一日，南韓政府認為事態已有所平息，於是解除了戒嚴令。

被火燒得焦黑的土地。「焦土化」顧名思義就是把這座島燒成灰燼。「陸地」與濟州之間的交通被阻斷，政府與軍隊透過媒體報導的掌控，致使濟州島上發生的慘劇，無法傳到大海的另一端。

濟州島實際上成了孤立無援的島嶼。從一九四八年十一月到一九四九年三月的五個多月裡，殘暴的屠殺在濟州島各地接連發生。疏散到海岸村落的居民，被以曾協助武裝隊的理由遭到殺害。為了生存，越來越多的居民躲進山區避難。這些人在嚴寒的冬天裡，藏匿於漢拏山中，不是被餓死，就是被凍死，再不然就是被討伐隊發現而被殺死。此外，如果家中少了一人，就會被當作是「脫逃者家屬」，此時就必須有人代替父母、妻子或兄弟姊妹而死。所謂的「代殺」不計其數。遭到逮捕的人在接受軍事審判後，被送進了刑務所（監獄），其中許多人再也沒能回來。

武裝隊也殺害一般居民。在「焦土化」期間，武裝隊襲擊了被認為是討伐隊陣營的村落，縱火燒村並屠殺了平民。武裝隊的襲擊過後，討伐隊的突襲緊接而來，形成了相互報復的惡性循環。舊左面細花里、表善面城邑里、南元面南元里、為美里等地區受到了武裝隊的嚴重破壞。當武裝隊勢力實際上處於瓦解狀態後，飢餓的武裝隊殘餘勢力，便進入村莊搶劫糧食、衣物等，有時甚至殺害居民。

此外，第九團的「焦土化」行動，導致了大規模的殺戮。一九四九年四月一日的美軍情報報告書中這樣寫道：

「第九團為了根除所有的抵抗勢力，於是便假定山腰地區的所有村落居民，確實向游擊部隊提供了幫助與便利，並據此採行了大規模屠殺平民的計畫。」

四・三武裝起義之後，許多西青團員進入了濟州島。他們化身為軍人或警察，濫用至高無上的權力，專幹殘暴的勾當。一九四八年十一月九日，可稱為濟州道廳次要領導者的總務局長金斗鉉，遭西青成員刑求致死，但是卻沒有任何人，因此而受到懲罰。他們對一般居民的暴行更是殘酷，證言令人髮指。一位曾在一九四九年擔任第二團第一營營長的目擊者說：「西青說有個女的，因為幫助了山區的武裝隊，於是就在丈夫面前將她給殺了（中略）。另一次是好像營情報官要我過去，我去到現場一看，發現有一個女人光著身子轉來轉去，我馬上制止了這種行為。」經歷過四・三的人們，都會口徑一致地指著西青說：「他們根本不是人！」

從「陸地」派來濟州島的軍警或西青等右翼團體成員，根本不把濟州島人看做是同胞。對他們而言，濟州話非常陌生，需要透過翻譯才能溝通。當時媒體不像現在這樣發達，討伐隊接觸濟州話的機會並不多，同樣地，濟州島民也不熟悉「陸地」的語言。曾參加過討伐作戰的軍人們於日後表示：「當時因為語言不通，所以很困擾，但如果使用日語的話，交流就會很順利」、「想要與居民對話溝通是不可能的，但如果你會說日語，交流就容易了」，還有人表示：「因為聽不懂濟州島的話，和居民們語言不通，吃了不少苦頭。」濟州話難以理解，日語比韓語更暢通的濟州島，在討伐隊的眼中，這裡就是「敵區」，而住在裡面的島民們，非我族類。他們的這種認知，助長了對濟州島人民的殺戮。

一九四八年十二月底，濟州島討伐作戰的主要部隊由第九團變為第二團。由團長咸炳善帶領的第二團，延續了過往強硬鎮壓的策略。一九四九年一月十七日，四・三中的代表性屠殺事件，也就是朝天面北村里三百多名居民遭集體屠殺的事件，便是由第二團所執行的。小說家玄基榮的《順伊三寸》，描寫的便是這天的屠殺事件。

然而，總統李承晚於一月二十一日，也就是北村里屠殺事件發生四天之後，還在國務會議上做了以下指示：

「美國方面意識到韓國的重要性，並對此深表同情，但唯有澈底根除濟州島、全羅南道事件的影響衝擊，美國人的援助才會積極，對地方叛徒的勒索及竊盜等不法行為，一定要用嚴厲手段進行鎮壓，以示法律的尊嚴。」

正當濟州島因「焦土化」行動，而逐步變成死亡島嶼之際，李承晚卻下令要用「嚴厲手段」進行「鎮壓」，這表示討伐作戰是在美韓雙方的同意之下所展開的。這樣的指示，更進一步將濟州島的居民推向了死亡的深淵。

從一九四七年三月一日到一九五四年九月二十一日的二千七百六十二天

一九四九年三月，濟州島地區戰鬥司令部展開了「下山就得救」的宣撫工作。許多藏匿於山腰地區「葛扎瓦」[6]或小洞窟等地的居民，紛紛舉著白旗下山。他們被送往收容所接受審查。這些被關押於濟州邑酒精工廠收容所中的歸順者們，大部分在沒有經過正常司法程序的情況下，就被送至「陸地」的監獄。

一九四九年六月七日，濟州島人民游擊隊司令官李德九遭擊斃。一切都結束了。他的屍體被展示於過往民亂領袖遭斬首示眾的觀德亭廣場上。警察將他的屍體綁掛於木製刑具上。這麼做所代表

6 譯註：位於海拔三四百公尺高的森林。

的意思是「看看暴徒的下場」。李德九原本是朝天中學的教師，他曾於一九四八年八月離開濟州島，目的是為了參加金達三在黃海道海州所舉行的南朝鮮人民代表會議，而之後他便成為了濟州島人民游擊隊司令官。李德九的死亡造成了巨大的影響，事實上，這也意味著四・三的結束。

然而，李承晚政府早已將濟州島歸類為「赤色島嶼」，也因此軍警仍不斷地向濟州島進行鎮壓。一九四九年十月二日，在李承晚的批准之下，有二百四十九人在正德勒機場（現濟州國際機場）集體遭到槍殺身亡。

而那些遭軍警或右翼團體成員逮捕，或在山區藏匿躲避，之後下山投降歸順的人們，他們在被送進收容所後，遭受了殘酷的虐待。軍警人員先行捏造了「莫須有的罪名」，再指控他們犯下了「非罪之罪」，這就是所謂的「軍法會議」。數十人為一組，被叫到軍法會議現場，接著有人陸續喊出「某某人判幾年」，但其實所有人都不知道自己的刑期。這些判決根本沒有經過法律所規定的最基本程序，當然也沒有判決書，因為軍法會議本身就是違法的。經審判的濟州島人會被移送往「陸地」的監獄，這是因為濟州島並沒有監獄。根據判決結果被送往「陸地」的人當中，有父子倆一起被帶走的，也有婦女抱著剛出生不久的嬰兒。這些人被關押於監獄後，才知道自己的罪名是內亂罪，或者是因為違反了國防警備法才來到監獄裡。之後，能傳回去故鄉的，就只有丈夫、兒子或者是兄弟從監獄裡所寄出的一兩張明信片而已。

這些人被稱為「四・三受刑人」。在四・三期間，共進行了兩輪的軍法會議。第一輪是從一九四八年十二月三日至二十七日，有十二次的審判；第二輪則是從一九四九年六月二十三日至七月七日，有十次的審判。一、二輪合計判處三百八十四人死刑、三百零五人無期徒刑，剩下的人包含監禁在內，各被判處了一到二十年不等的有期徒刑。但是，這些接受軍事審判的人當中，大部分的人都不知道自己的罪名與刑期。一九四八年的審判，是依據舊刑法的第七十七條（內亂罪），一九四九的審判，則是依據國防警備法第三十二、三十三條（對敵人的救援通信聯絡暨間諜罪）而定罪的。至少有二千五百三十名的濟州島人，因一、二輪軍法會議的判決，而被送往其他地區的監獄服刑。而接受一般審判的人，至少也有一千三百二十人，但這些人在軍法會議上的審判記錄卻不存在。軍法會議唯一留下的資料，只有國會議員秋美愛（當時所屬政黨：新政治國民會議）於一九九九年，在當時的「政府檔案保存所」中所找到並公開的「軍法會議受刑人名冊」（依據軍法會議命令造冊）而已。

這些人大部分都沒能再回到故鄉。雖然也有人在韓戰爆發前，就因刑期屆滿而活著回到家鄉，但有更多被關押於「陸地」監獄的濟州人，在韓戰爆發之後，被貼上了政治犯的標籤，集體遭到屠殺或下落不明。還有人在刑期屆滿之後，再也無法回到自己的故鄉濟州，接下來的數十年間，只能在「陸地」上漂泊，過著流浪的生活。

韓戰爆發之後，南韓政府以維持治安秩序的名義，在全國各地針對過去曾參與左翼團體或反政府活動，或與此相關的人士，進行了「事先拘禁」。「事先拘禁」指的是，為了防範犯罪，所以針對可能犯罪之人，事先進行關押。「事先拘禁」是在日本帝國強佔時期，由日本人所發明制定的，原本在韓國脫離殖民統治後，已經遭到廢止，但隨著韓戰的爆發，李承晚政府又非法讓這項制度死灰復燃。

保導聯盟成員也成了「事先拘禁」的對象。保導聯盟成立於一九四九年六月，原先成立的主要目的是為了掌控左翼勢力，但後來卻成為「無差別」任意逮捕南勞黨脫黨黨員，甚至是普通老百姓的開端。而在濟州島，四．三當時曾被警察逮捕過的人也大舉含括其中。從六月下旬至八月初之間，被「事先拘禁」的人當中，甚至有許多無辜被誣陷，或因個人恩怨而遭到逮捕的人。

「為求真相和解之過去史整理委員會」在二〇一〇年六月，發表了《濟州事先拘禁事件（濟州市．西歸浦市）真相調查裁定書》，推估韓戰爆發後濟州地區因「事先拘禁」而受難的人數，約有一千一百五十至三千多人，並指出濟州地區戒嚴司令部就是把這些人槍殺或推入海中溺死的主謀。

在「事先拘禁」的事件中，於大靜面西卵峰的舊日軍彈藥庫所發生的集體屠殺事件最具代表性。在摹瑟浦警察署裡，有三百五十七人遭到「事先拘禁」，其中有二百五十二人於一九五〇年八月二十日（農曆七月七日）凌晨，被分成兩批遭到槍殺。就在牛郎與織女於鵲橋相遇的這天，濟州卻發生了這樣的慘劇，造成天人永隔。受制於戒嚴軍與警察的阻止，家屬連親人的遺體都無法馬上收拾處理。一直到一九五六年三月至五月左右，在事件過了六年多之後，這些受難者的遺體才得以獲得善後。

在殘暴的屠殺不斷發生之際，城山浦警察署長文亨淳卻拒絕執行戒嚴司令部的槍殺命令，無數居民因此獲救。當濟州島每個鄉鎮村里都有人失去生命的時刻，因為一個人的勇氣，讓城山面地區的許多居民得以保住性命。

此後，有很長的一段時間，人民被禁止出入漢拏山。一九五四年九月二十一日，濟州道警察局終於解除了出入漢拏山的禁令。從一九四七年三月一日發生三．一事件後，總共經過了七年六個月的時間。按天數來計算的話，足足有二千七百六十二天。

第二章　尚未結束的歷史——從那天之後，到今日為止

長達半個世紀的鎮壓與禁忌的時代

一九五七年七月，聯合國韓國統一復興委員團（UNCURK）中的澳大利亞代表，對於視察濟州島的情況，向母國作了如下的報告：

「在一九四八年五·一〇選舉期間與選舉之後，以及從一九五一年到一九五五年這段期間，不定期地，為了壓制一般性的政治紛擾與叛亂，根除以漢拏山為中心的游擊隊（武裝隊）活動，（韓國）政府所採取的措施極其殘酷。許多居民因涉嫌藏匿或幫助武裝隊而遭槍殺身亡。島上的居民沒有忘記這件事，絕對不會忘記。」

在冷戰的世界秩序中，以及韓民族南北對峙的態勢下，人們對於四·三的歷史記憶，因意識形態的差異而呈現出不同的色彩。在反共意識形態的影響之下，長期以來，四·三無法揭露歷史真相，只能被國家權力扭曲、遺忘。但正如一九五〇年代後期澳大利亞代表所報告的那樣，濟州島的人們從未忘記。他們以自己的方式與記憶對抗，展開記憶鬥爭，重建歷史真相，對抗國家權力強加

於人民身上的歷史主宰論述。

在半個多世紀的時間裡，四・三成為了歷史的禁忌。受難者被烙上暴徒或赤色分子的印記，遺屬們則被貼上暴徒家屬、赤色分子家屬的標籤，他們飽受「紅色情結」（Red complex）的折磨，只能屏息低調生活。遺屬們因「連坐法」受到連累，在進入公務機關與公務員任用等各種考試上，以及海外旅行等方面，都受到了很多限制。四・三所帶來的悲劇性並不僅限於此，倖存下來的人們還必須得持續承受心理上的創傷陰影，而由於國家權力的壓制，他們更受迫必須遺忘這段歷史。

長期以來，國家權力壟斷了四・三的話語權。一九六〇年的四・一九革命推翻了李承晚獨裁體制，在此之後的短暫時間內，儘管出現了調查四・三真相的行動，但第二年又發生了五・一六軍事政變，再次迫使四・三陷入了長久的沉默之中。軍事政變發生的第二天，展開四・三真相調查運動的《濟州新報》專務理事申斗玤，與濟州大學「四・三事件真相調查同志會」的學生遭到逮捕關押。而警方也破壞了「百祖一孫之地」的石碑，並將石碑埋於地底之下。這裡是「事先拘禁」受難者的共同墓地，受難者遺屬將他們所收拾整理的遺骸，放置於南濟州郡安德面沙溪里，並在上頭興建了這個石碑。此後，四・三澈底遭到封印。從倡導反共意識的李承晚政權到全斗煥政權，談論四・三不僅是禁忌，更是政府打壓的對象。在國家權力壟斷四・三言論的時代，只要在南韓國內談論四・三，就會變成「左傾」、「容共」，也因為連坐法的存在，想要揭露有關四・三的歷史記憶，根本就是不可能的事情。

民間最早討論四・三的國度是日本，而不是韓國。自日本帝國強佔時期以來，日本成了濟州島人的另一個生活空間，四・三發生之際，日本也成為了避難所。與四・三直接或間接相關的濟州島人中，有許多人搭船偷渡到了日本，他們在那裡以自己的方式整理了有關四・三的記憶。這些人當中包含了金奉鉉與金民柱，他們兩人訪談了在經歷四・三後，前往日本的人們。一九六三年他們以自身所聽到的故事證言為基礎，出版了《濟州島人民的四・三武裝鬥爭史——資料集》。十五年後的一九七八年，金奉鉉又出版了《濟州島血的歷史——四・三武裝鬥爭的記錄》。

在韓國國內，有人勇於在打壓與箝制下找尋真相，卻因此遭受了苦難。一九七八年，小說家玄基榮在《創作與批評》秋季刊中，發表了描寫北村里屠殺事件的小說《順伊三寸》。這篇小說的問世，有助於在事件發生三十多年後，揭露四・三悲劇的真相，但其代價是相當巨大的。一九七九年，《順伊三寸》作為小說集正式發行，不久之後，玄基榮遭到保安司逮捕，刑求虐待，小說集也被禁止銷售。一九八七年三月，李山河在社會科學專門雜誌《綠豆書評》創刊號上，發表了以「沒有咬緊舌頭痛哭，就前往不了的土地」為始的四・三長篇敘事詩——《漢拏山》，金明植也出版了《濟州民眾抗爭》（全三卷），兩人都因涉嫌違反國家安全法而遭逮捕入獄。

一九八七年六月民主抗爭，查明真相旅程之始

漫長的旅程開始了。一九八七年六月的民主抗爭影響了整個韓國社會。過去四十多年來，四・三的真相調查與回復名譽運動一直遭受到壓制與禁止，而六月民主抗爭的熱潮，催化了四・三的平反。

一九八八年，在四・三邁向四十週年之際，韓國國內外有許多地方都舉辦了四・三相關的研討

會與追悼儀式，要求查明真相的聲浪也開始高漲。這就是展開真相調查與回復名譽漫長旅程的起點。四月三日，在首爾與日本東京同時舉行了四．三學術活動。濟州島內各村莊在記錄村莊生活與歷史的「村誌」中，也都各自登載了於四．三中的受難情形。濟州的文化藝術工作者、學生與社會運動參與者，亦以四．三為主題，展開了各式各樣的紀念活動。這一年所舉行的「第五共和國聽證會」成為過往忌諱談論四．三的濟州島人，開口談論四．三的契機。此前，一直被迫遺忘與沉默的四．三見證者與遺屬們，開始小心翼翼地，展開將事件真相公諸於世的記憶鬥爭。

一九八九年，民間研究機構「濟州四．三研究所」成立，開始著手記錄口述歷史。另外，《濟民日報》專題報導「四．三會說話」的長期連載計畫，無線電視台的四．三紀錄片接連播放等，都引起了人們對四．三真相調查運動的關注。

一九八八年以後，政治圈也開始提及真相調查的問題。一九八〇年代以降，在政界首次提出解決四．三問題的政治人物，就是後來成為韓國總統的金大中。作為平和民主黨的總統候選人，他於一九八七年底所舉行的總統選舉中，提出了查明四．三真相的政見。後來，在一九八八年四月的國會議員選舉中，代表濟州市選區的候選人，紛紛承諾要調查事件真相、提至國會討論、建立慰靈塔等。此後，解決四．三問題就成為選舉中候選人經常提出的政見。

然而，文人政府（譯註：指金泳三）上台後，軍警人員對於四．三的認知，並未有太大的改變。他們仍然將四．三視為「左翼分子的野蠻行為」與「暴動」。

一九九二年，在濟州市舊左邑月郎峰附近的多郎休洞窟裡，有十一具遺骸被人發現。一九四八年十二月十八日，遭到軍、警、民聯合討伐隊殺害犧牲的這些受難者中，有九歲的孩子，還有十幾歲、二十幾歲、五十幾歲的女性。這些被挖掘到的遺骸，很快就成為向全國呼籲主張「四・三真相調查運動」正當性的契機。在遺骸被發現之後，行政、治安單位試圖阻止這一事件被大眾知道，避免形成輿論。但是，越是掩蓋，多郎休洞窟的悲劇就越受到注意。

儘管受到治安單位的壓力，濟州道議會四・三特別委員會仍於一九九三年正式成立，他們致力於推動真相調查與回復名譽的工作。一九九四年，在道議會的斡旋之下，終於讓民間團體「四月祭共同準備委員會」的追悼祭，得以與遺族會的慰靈祭共同舉辦。

四・三的真相調查與回復名譽運動每隔十年，都會迎來一個「大躍進」的轉捩點。一九八八年，在四十週年之際，民眾首次得以公開談論四・三，一九九八年，五十週年時，則透過過往所累積的社會力量，齊力使真相調查與回復名譽運動制度化。在此之前，首爾地區亦於一九九七年，成立了由全國公民社會團體與名望人士參與其中的「濟州四・三第五十週年紀念事業推進泛國民委員會」。一九九八年，也是爭取制定《四・三特別法》，奠定泛道民、泛國民鬥爭基礎的一年。除了遺族會與公民社會團體之外，濟州道議會的議員們也積極投入參與。他們聯合了全國的公民社會團體，宣傳主張制定《四・三特別法》的正當性，並敦促政界制定法律。一九九九年，再成立由濟州地區二十四個公民社會團體參與的「爭取四・三特別法結盟會」，他們宣稱：「不能將二十世紀的事件，留到二十一世紀來處理」，努力推動在該年年底，第十五屆國會休會之前，完成《四・三特別法》的制定。

這種結盟與團結也影響了政治圈。一九九九年十二月十六日，韓國國會經過朝野協商，通過了《濟州四・三事件真相查明及受難者名譽回復相關特別法》。在事件發生五十多年後，四・三終於浮出歷史的水面。

金大中擔任總統時的二〇〇〇年一月十二日制定並公布了《四・三特別法》。此後便開始逐步揭露過去被歪曲、扭曲的事件真相，以及回復受難者與倖存者的名譽等。而四・三也創下了政府依據法律職權來調查歷史真相的首例。

韓國政府成立了以國務總理為委員長的「濟州四・三事件真相查明及受難者名譽回復委員會」（以下簡稱四・三委員會）。四・三委員會下設「真相調查報告書撰寫企劃團」，負責國內外資料收集與分析等真相調查工作。半個世紀以來，一直被強迫遺忘與沉默的四・三，此時由於缺乏國家的檔案資料，真相調查工作面臨到許多困難。但即便面對這種情況，在各界的關注下，真相調查工作仍舊按照計畫逐步進行。

真相調查按照規定，要花費兩年的時間來收集、分析四・三相關資料，六個月內要完成真相調查報告書的撰寫。於是，「真相調查報告書撰寫企劃團」從二〇〇〇年九月開始進行調查，一直到二〇〇三年二月完成報告的撰寫為止，總計花了二年六個月的時間。四・三委員會亦於二〇〇三年十月十五日最終確定了《濟州四・三事件真相調查報告書》（以下簡稱政府報告書）。作為韓國政府成立之後的首份過去史真相調查報告書，它揭示了四・三的人員傷亡規模，查明了屠殺平民的責任歸屬，並將當時的屠殺定義為「人權蹂躪與錯誤」。其結論如下：

「本應遵守法律的國家公權力卻違反法律，殺害了平民。討伐隊在未經審判程序的情況下，殺害非武裝的平民，特別是殺害兒童與老人，這是嚴重的人權蹂躪與錯誤。（中略）政府應謹記這一不幸事件，並引以為鑑，努力防止類似悲劇再次發生。」

二〇〇七年濟州國際機場的遺骸挖掘，重見天日的受難者

慘不忍睹。隨著暗紅色的泥土不斷地被挖掘，無數的骨骸與遺物也隨之出土。在這裡談論人的尊嚴是一種奢侈。受難者們用遺骸控訴著那個「暴力」與「瘋狂」的年代。

二〇〇七年九月，在濟州國際機場被屠殺，並遭秘密掩埋了六十年之後，無辜的冤魂終於重見天日。生者與死者用這樣的方式相遇。濟州國際機場的遺骸挖掘工作共分兩次進行，一次是從二〇〇七年八月至十二月，另一次則是從二〇〇八年九月至二〇〇九年六月。總共有三百八十七具遺骸被挖掘出來，至二〇二二年為止，共確認了一百三十六具遺骸的身分，並挖掘出近兩千件的遺物。同時，還發現了卡賓步槍及M1步槍的彈殼與彈頭、裂掉的眼鏡、鈕釦、梳子、腰帶、日本硬幣、膠鞋與橡皮筋等遺物，以及兩個刻有姓名的印章。

遺骸挖掘現場完整地揭露了當年的悽慘情況。這些遺骸不是彼此交錯，就是層層堆疊，也有一些遺骸的頭蓋骨碎裂，或是手骨被綁在身後。

濟州國際機場一直被視為必須進行遺骸挖掘，以查明四．三真相的象徵之地。根據各種資料、證言與部分遺屬在事件發生後自行收拾屍體的情況，推估在這個地區大約有五百至八百多人遭到屠殺。

事實上，真相調查運動一直面臨到各種困難，而濟州國際機場的遺骸挖掘工作，原先也被認為

不可能實現。這是因為機場被視為國家安全設施，所以一般人根本無法接近，而且在機場內要辨識出遺骸所在地相當困難。所幸，機場剛好打算使用在此之前從未使用過的南北跑道，為此需要整頓周邊用地。二〇〇六年參加四·三慰靈祭的盧武鉉總統表示，將持續支援遺骸的挖掘工作。總統這樣的表態，使得遺骸的挖掘工作成為可能。挖掘出的遺骸透過基因鑑定確認身分，這才讓家人們好不容易得以重聚。一九四九年九月，二十六歲的朴斗善揹著剛出生的女兒，牽著五歲兒子的手，在濟州警察署的院子裡，發現了混在囚犯當中的小叔。小叔一見到嫂子，就欲言又止地站了起來，舉起了手，對視了一下，馬上又坐了下去。十月二日，她一邊流淚，一邊看著載著囚犯的卡車駛向機場。二〇一一年她再次見到了小叔，但他已成為了一具遺骸。這是小叔被卡車載走離開六十二年之後的事情。

「某一天，父親出現在母親的夢裡，母親在夢中見到了思念的父親之後就病了，而且病得很嚴重。奶奶不停地祈禱著說：『好了，夠了』。而當父親離開後，母親的病就好了。這世界上並不是沒有鬼的。」

二〇二二年二月十日，住在西歸浦市大靜邑的高山玉，將她一歲時就下落不明的父親遺骸，安置於濟州四·三和平公園內的遺骸供奉館。她透過基因鑑定，終於在七十四年後與失蹤的父親相會。

為了辨識濟州國際機場所挖掘出的遺骸身分，相關工作仍繼續執行著。

盧武鉉總統，正式為國家公權力所造成的錯誤道歉

總統的道歉，成為了回復名譽運動的轉折點。二〇〇三年十月三十一日，盧武鉉總統在政府報告書確定通過後的第十五天，訪問了濟州島，正式為過去國家公權力所造成的錯誤致歉。距離一九四八年四月三日，已經過了五十五年的時間。

「我作為負責國家事務的總統，在此為過去國家公權力所造成的錯誤，向遺屬與濟州島民們誠摯地表達道歉與慰問之意。我們在此追悼無辜受難的英靈，祈願他們能夠安息。」[7]

總統的道歉是根據四・三委員會所採納的「對政府的七大建議案」而進行的。四・三委員會在政府報告書確定通過後，採納了以下建議案：

一、政府對受難者與遺屬道歉。
二、訂立追悼紀念日。
三、作為和平、人權教育資料使用。
四、設立和平公園。

7 盧武鉉前總統二〇〇三年十月三十一日演說全文收錄於附錄中。

五、提供生活費支援。
六、展開遺骸挖掘工作。
七、追加真相調查並支援紀念活動。

二〇〇五年一月十七日，盧武鉉政府將濟州島指定為「世界和平之島」，而指定為和平之島的理論根據，就是四・三真相調查與回復名譽運動。接著，二〇〇六年，盧武鉉總統首次以總統身分，參加了四・三慰靈祭，並再次道歉。

「在此，我要向長久以來，將無法言喻的冤屈隱藏於心，忍受著苦痛的受難者家屬們，表達我真心的慰問之意。同時，對於政府在武力衝突與鎮壓過程中，違法行使國家公權力的錯誤，再次向濟州島民們表示歉意。（中略）不管是引以為傲的歷史，還是羞愧的歷史，都應該如實地被揭露與整理。尤其是國家公權力所犯下的錯誤，必須澈底解決處理，不容忽視怠慢。國家公權力不管在任何情況下，都應該要先合乎法規才能執行，對於不法行為的責任，要特別嚴肅看待。另外，在提及寬恕與和解之前，應該要先治癒那些無辜承受苦痛的人們的傷痕、回復他們的名譽。這是國家應盡的基本責任。唯有如此，才能確保國民對國家公權力的信賴，也才能談及共生與團結。」8

他透過追悼詞，再次對國家公權力的違法行使，表示道歉。國家行使公權力應合乎法規，而對不法行為的責任，也應特別嚴肅看待，他藉此強調了國家公權力的責任。另外，在提及寬恕與和解之前，應該治癒受難者與家屬的傷痛，並回復他們的名譽。他主張「先回復名譽，後寬恕和解」。

後來，在朴槿惠政府時期的二〇一四年，「四・三受難者追悼日」正式被指定為國家紀念日。但是在李明博與朴槿惠執政的九年三個月內，也是各種針對四・三的壓迫與抵制再次出現的時期。在此期間，除了保守的政治勢力與政府之外，連韓國社會內的各種保守勢力，也試圖動搖四・三的歷史地位，當然，這也引發了公民團體的反抗。

文在寅總統：「四・三是無法否認的歷史事實」

二〇一七年五月就任的文在寅總統，在盧武鉉總統所提及的國家責任基礎上，進一步鞏固了對四・三真相的歷史認知與國家責任。文在寅總統在二〇一八年、二〇二〇年與二〇二一年，一共參加了三次的四・三追悼儀式，他在解決四・三的問題上，表現出了特別的關心。文在寅總統將四・三，從盧武鉉總統所提到的「國家公權力的不法性」，進一步定義為「國家暴力」。

他並透過二〇一八年四・三第七十週年追悼詞，提及了金大中總統與盧武鉉總統在處理四・三議題上的貢獻，並承諾會在這個基礎上，「澈底解決」四・三的問題。特別是，他宣稱四・三是「任何勢力」都無法否認的歷史事實。他在致詞中展現出了他的意志，即無論是哪個政權執政，無論保

8 盧武鉉前總統二〇〇六年四・三第五十八週年慰靈祭追悼詞全文收錄於附錄中。

守勢力如何試圖扭轉歷史潮流，我們都絕對無法容忍再度走上回頭路。

「二〇〇〇年，金大中政府制定了《四·三真相調查特別法》，成立了四·三委員會。盧武鉉總統則以國家元首的身分，首次承認了國家對於四·三的責任，他也參加了慰靈祭，向受難者、遺屬與濟州島民們致以深切的歉意。

今天，我承諾將在這一基礎上，堅定不移地朝著澈底解決四·三問題的目標前進。對於查明四·三真相與回復受難者名譽的努力，絕不允許再有中斷或走回頭路的情況發生。與此同時，我要宣布四·三的真相是非常明確的歷史事實，任何勢力都無法否定這一點。我們將澈底查明國家公權力所施加的暴力真相，為受難者平反冤屈，回復名譽。」[9]

文在寅總統在二〇二〇年四·三第七十二週年所發表的追悼詞，要比第七十週年更進一步。他透過追悼詞，將四·三從一九八七年民主化運動之前的「暴動主導論述」，提升至「和平與統一運動論述」。他將四·三的視野從「國家暴力」的認知基礎上，擴展至「跨越分裂，走向和平與統一的運動」。同時，文在寅總統還強調，追求民族和解與和平的努力，就是從四·三那天開始的，四·三的真相應該澈底查明。

「濟州夢想著跨越殖民統治的藩籬，實現真正的獨立，渴望跨越分裂，實現和平與統一。濟州島民只想著守護民族的自尊，穩健振興重新收復的國家。但是，只因比任何人都先抱持著夢想，濟州就面臨到了可怕的死亡，渴望建立統一政府的迫切要求，竟落入意識形態的陷阱中，造成了民族的分裂。

如果我們現在也夢想著和平與統一，想要和解與團結，那我們就應該共同理解濟州的悲傷。我們必須回到濟州四．三的原點，要一一揭露，在那一天、那些屠殺的現場，有什麼事情被捏造，又是什麼給我們套上了枷鎖，還有什麼讓濟州面臨到了死亡。只有這樣重新審視現代史，濟州的傷痛才能真正得到治癒，我們也才能擺脫過去七十二年來一直困擾著我們的反目與衝突。（中略）四．三既是過去，也是我們的未來。我們為了民族和解與和平所做的努力，就是從四．三那天開始的。過去濟州的夢想，就是我們現在的夢想。」[10]

文在寅總統於四．三第七十二週年所發表的追悼詞，象徵著對四．三認知的大轉變。他說，四．三的夢想就是民族自尊的夢想，而穩健地振興從日本殖民統治下所收復的國家，就是今天生活在這片土地上的我們的夢想。他將四．三與和平、統一、和解與團結等當前的時代課題連結起來，試圖從中汲取教訓。他強調四．三既是過去，也是我們的未來。

另外，在隔年四．三第七十三週年的追悼詞中，他也基於過往對於四．三的認識，賦予它兩個層面的意義：濟州四．三既是悲劇的歷史，也是追尋和平人權之和解與共生的歷史。

9 文在寅前總統二〇一八年四．三第七十週年追悼儀式追悼詞全文收錄於附錄中。
10 文在寅前總統二〇二〇年四．三第七十二週年追悼儀式追悼詞全文收錄於附錄中。

「在四・三中，內蘊著兩種層面的歷史意義。一方面，它因國家暴力蹂躪國民的生命與人權，而成為現代史上最大的悲劇；另一方面，它也引領著我們朝向和平人權的修復與共生。只因夢想自主獨立、反對分裂，就讓當時國家公權力給濟州島民扣上『赤匪』、『暴動』、『叛亂』的罪名，無情地施以鎮壓，並將他們推向死亡，還將『受害者』羅織為『加害者』，軍部獨裁政權更運用連坐法予以打壓，讓受害者甚至無法發聲。

然而，四・三並沒有受對立與痛苦所束縛。倖存的濟州島民們互相扶持，彼此照顧，努力用自己的力量找回春天。以和解的精神解決了衝突，朝著和平與人權不斷前進。」[11]

二〇二一年全面修正《四・三特別法》

濟州社會的四・三真相調查與回復名譽運動，以階段性的方式朝前邁進。制定《四・三特別法》時，並沒有提到受難者的補、賠償問題。當時的當務之急以查明真相為主，並以此為基礎來要求共同體的補償。隨著查明真相與回復名譽運動步上軌道，個別的補、賠償問題卻成為了懸案。雖然補、賠償無法挽回受難者或歸還家屬們所失去的生活，但國家的補、賠償是讓國家反省自身所犯下的不法行為，與恢復正義所應採取的措施。然而，四・三受難者的補、賠償問題，卻也成為解決四・三的最難課題之一。

經過長時間的討論，二〇二一年二月二十六日《四・三特別法》全部修正案，終於在朝野協商之下，於國會全體會議上通過了。這距離《四・三特別法》的首次制定，已經過了二十一年的時間，顯見這絕非是件可以輕易達成的事情。四・三相關團體與遺屬們往來於朝野之間，不斷呼籲國會通過《四・三特別法》全部修正案。如同一九九九年十二月，《四・三特別法》在國會通過時是經由朝野協商所達成的一樣，此次也是經由朝野協商通過了全部的修正案。文在寅總統在這當中扮演了關鍵角色，他積極促使朝野政界推動《四・三特別法》的全面修正。他在總統候選人時期就曾表示：「為四・三受難者進行補、賠償，是為實現完整的回復名譽所應採取的措施，對此，政府將積極研擬相關法案」。二〇二一年，代表提議全部修正案的吳怜勳議員（共同民主黨）表示：「制定補、賠償方案的法律依據，為解決大韓民國的歷史問題，創造了新的轉機，這也為失蹤受刑人開啟了合法的回復名譽之道。對於追加真相調查之路的開展，亦深具意義。」

修正後的《四・三特別法》中，包含了國家對受難者的補、賠償，以及依職權重新審判的規定，藉此來回復不法軍事審判受刑者的名譽。此外，還包括重啟四・三委員會的追加真相調查工作、失蹤受難者的失蹤宣告特例、家庭關係登記簿的整理、協助四・三創傷的治癒等。而從二〇二二年六月起，政府開始受理四・三受難者補償金的申請，正式進入到發放補償金的工作。就像雨水匯聚成江河，再流向大海一樣，四・三從真相調查到受難者的補、賠償工作，雖然步伐緩慢，但卻是一步一步地有所進展。

但這並不意味著所有問題都解決了。澈底解決四・三問題的道路，仍舊走得不順遂。《四・三特別法》對「受難者」的定義如下：

11 文在寅前總統二〇二一年四・三第七十三週年追悼儀式追悼詞全文收錄於附錄中。

「指因濟州四・三事件而死亡、下落不明、留下後遺症或遭受徒刑等被認定為濟州四・三事件受難者之人。」

然而，有一些人即使在四・三當時死亡或下落不明，卻仍無法被認定為受難者。這些人因為是武裝起義的主導勢力，所以他們在四・三委員會的受難者審查、認定過程中，被排除於受難者的認定範圍之外。他們是所謂的「被排除者」。

《四・三特別法》既是和解與共生的法律，也是包容的法律。《四・三特別法》中並沒有「排除」一詞。排除者問題起因於一些保守右翼團體對《四・三特別法》所提出的違憲訴訟。憲法法庭在二〇〇一年針對部分保守右翼人士所提出的《四・三特別法》違憲訴訟中決定「在四・三相關死亡者中，應將武裝起義主導勢力排除在受難者範圍之外」，根據憲法法庭的判決，四・三委員會在其所制定的《濟州四・三事件受難者審議、決定標準》中，也將「受難者的排除對象」定義如下：

「（一）對濟州四・三事件爆發負有直接責任的南勞黨濟州島黨核心幹部，（二）主導且積極對抗軍警鎮壓的武裝隊首腦級人物等違反自由民主基本秩序者，在韓國現有憲法體制下，無法受到保護，因此應該將其排除在受難者對象之外。然而，若要符合此等情況，必須具有足以客觀證明此等行為之具體且明確的證據資料。」

這個決定使得部分受難者被排除於回復名譽的對象之外。「排除」對這些受難者家屬而言，如同是「連坐法」的延續。也因此，對他們來說，追求四．三的平反，仍是現在進行式。

以再審的名義，回復四．三受刑人的名譽

那是段如夢境般漫長的日子。十九歲、二十歲結婚的新婚夫婦，雖然生活不富裕，但磨著小米、大麥、蕎麥，坐著漁船，笑容盈滿了臉龐。但就在某一天，陌生的軍人、警察與西青闖入他們的小屋，家裡被縱火，整個村莊都被燒毀了。在死亡中倖存下來的人們，逃到了山上，看到「自首就能保命」的傳單後，便在樹枝上綁著白色布條走下了山。刑求逼供接踵而來，一個接著一個地被人綑綁，被帶往了從未去過的「陸地」。離開濟州島的他們，再也沒能回來。而在濟州島的家人們頂著酷暑，揹著紫菜，或在嚴冬的廚房裡，生火煮飯，只要一想起被抓走的親人，心就好像要裂開一般，於是，只能努力壓抑。兒子、丈夫與父親就這樣被抓走之後，連他們是生是死都不知道的悲傷，無法表露於外。對於留在濟州島的家人來說，留下的不僅只是心裡的悲傷而已。就像猶太人胸前配戴著「大衛之星」一樣，他們也被貼上了「紅色標記」，就這樣度過了七十多年的光陰。

那扇似乎永遠不會打開的真相之門，開始緩緩地開啟。懷念著曾經的短暫相聚，那些再也見不到丈夫的妻子、不知父親容顏的兒女、對哥哥抱著模糊記憶的弟弟、妹妹們，都走向那扇門，並打開了它。於是，母親見到了兒子，妻子見到了丈夫，兒女們終於見到了夢中的父親。

濟州地方法院二〇一號法庭。每當有審判的日子，法庭就會成為記憶鬥爭的場域。韓國司法史上史無前例的再審審判即將展開。行蹤不明的受難者們透過配偶、兒女、兄弟姊妹們的證言，召喚

了七十多年前的不法審判，以及隱藏於其中的四．三真相。死者借生者之口，在法庭上作證。受難者的兄弟姊妹們、連父親長什麼樣子都不知道的兒女們，他們作為受難者的代理人，親口證明了那個野蠻的時代。對於遺屬們來說，法庭既是「解冤」的場域，也是治癒心中充滿血痕與創傷的舞台。他們在法庭上的證詞成了史詩故事，也成了一部長篇紀錄片。

開始敲擊那扇門的時間是在二〇一七年四月十七日。四．三發生之際，十八名經軍法會議判刑的「四．三受刑倖存者」，在「濟州四．三道民結盟」的幫助下聲請再審。他們在法庭上講述深藏於內心深處的四．三真相，二〇一九年一月十七日裁定公訴駁回，由於公訴是在未具體說明犯罪事實的情況下提請審判，因此「提起公訴」本身就是無效的，這也讓他們間接獲得了無罪的判決。

從那之後，四．三受刑受難者及其遺屬們接連提出了再審的聲請。《四．三特別法》全面修正後，四．三受刑人可以聲請法院依職權再審。二〇二一年十一月二十四日，為協助四．三受刑人聲請「依職權再審」，光州高等檢察廳於轄下成立了「濟州四．三事件依職權再審勸導聯合執行小組」，聯合執行團的邊晉煥檢察官展現了他對受難者與遺屬們的深刻理解。他在再審審判中這樣說：

「國家藉由意識形態與公權力的名義恣行非法行為，導致遺屬們度過了數十年充滿痛恨的歲月。我真心希望此次判決結果，能為遺屬們帶來些許安慰。本案公訴事實直指被告犯下了內亂罪、違反國防警備法罪，然而卻沒有任何資料足以佐證這些罪刑。因缺乏任何定罪證據，故請求判予所有被告無罪。」

截至二〇二三年一月三十一日為止，獲判無罪的四．三受刑受難者計有一千兩百多人。審判長張贊洙首席法官從二〇二〇年十二月首次宣判四．三受刑人無罪開始，到二〇二三年二月二十日離任為止，總共宣判了一千一百九十一人無罪，他為遺屬們的創傷療癒與回復名譽做出了貢獻。每當遺屬們就無罪判決向審判長表示感謝時，他就會這樣說：

「您們沒有理由向我們表達感謝，國家太晚為您們所遭受到的損害給予回復名譽了，國家應該向您們說對不起。」

遺屬們的證言，就像是一種試圖擺脫記憶折磨的掙扎。法庭上充滿了遺屬們的嘆息與眼淚。在二〇二〇年十二月二十二日的再審審判中，當張贊洙審判長說：「有什麼想說的話，就說出來吧」。父親下落不明，伯父母被警察殺害的受難者遺屬姜芳子這樣回答：

「雖然我有很多話想說，但像我這樣沒唸過什麼書的老奶奶，能說出什麼話來呢？母親揹著八個月大的弟弟逃跑，卻遭到討伐隊槍擊身亡，弟弟當時還吸吮著母親的奶水。四．三結束後，我的生命整個變了調。作為父親唯一的女兒，以後當我去到陰間的時候，我想對父親說：『我洗刷了您的不名譽，我來見您了。』」

二〇二一年三月十六日，接受重新審判的三百三十五名被告，全部獲判無罪。曾任濟州道議會議長與國會議員的張正彥，當天也得知於服刑期間失蹤的哥哥獲判無罪：

「九十一歲去世的母親是上軍海女[12]，每天都出海去撿拾海產。當村裡的鄰居們問說：『每天出海去撿海產都不累嗎？』母親總是回答：『不是的，我是要去找我兒子』。母親一直沒能找到兒子，但現在他們在天上相聚了。不光是哥哥、母親，還有我，我們各自在不同的監獄裡，待了七十多年，現在才得以出獄。哥哥坐了七十多年的牢，而不是二十年。現在我們一家人終於出獄團聚了。」

那天，審判長張贊洙在宣布這些受難者無罪時，他也發表了以下的感想：

「當國家內部尚未具備健全的國家認同時，被告們的生命遭到剝奪，他們的子女也為連坐法所困。不曉得反覆思考了多少次，我們還是無法得知他們是如何看待與度過這些日子，而國家究竟是為了什麼、為了誰而存在。希望今天的宣判，能讓被告及其遺屬們掙脫掉身上的枷鎖，也讓已故的被告們即使是在陰間，也不用再去計較是右派還是左派，就算餐桌上只有裝於銅碗裡的馬鈴薯飯配醬蒜，他們也能好好地與思念的人，愉快地圍坐在一起，交流情感，也希望活下來的我們，不要讓這樣的事情再次發生。」

為四・三的受刑人進行再審審判，在回復受難者與遺屬們的名譽上，是項兼具象徵性與實質性的措施。而這樣的審判，未來仍將持續下去。

緩慢但穩步前進的歷史，不能停歇的查明真相之路

政府報告書推估，四·三的受難人數約為二萬五千至三萬多人。這一數字佔當時濟州島總人口的百分之十。截至二〇二二年七月為止，被認定為四·三受難者的人數為一萬四千六百六十名（死亡：一萬零四百九十四名、失蹤：三千六百五十四名、後遺症：二百一十三名、徒刑：二百九十九名）。

然而，物質與精神上的損失，卻是無法推估的。四·三當時的十二個邑、面，共一百六十五個村莊中，被疏散的村莊計有八十七個，佔全部的百分之五十三。雖然在一九五〇至一九六〇年代，人們展開了「難民定居重建工作」，但由於原本居住於此的居民並未重返家園，因而事實上消逝成為「遺失之村」的村莊，達到了一百三十四個，其中的一百三十一個村莊被討伐隊夷為平地，其餘的三個村莊則是被武裝隊摧毀殆盡，四·三給人們留下了無法抹去的傷痛。

儘管政府報告書在很大的程度上，已經揭示了四·三的悲劇性與實際狀況，但仍然存在著一些待查明的真相。尤其是要發掘新的史料，還有針對四·三受難者追加申請認定後所發現的事實、因濟州國際機場等地挖掘四·三受難者遺骸所衍生出的失蹤受難者情況、在日韓僑的受害狀況、各村

12 編註：海女們根據年齡和潛水技巧，大致分成上軍、中軍、下軍，上軍地位最高。

莊的損害情形、美軍的角色等，這些都需要進行追加調查。根據《四‧三特別法》的修正規定，追加真相調查由二〇〇八年成立的濟州四‧三和平基金會（以下簡稱基金會）負責。

基金會的追加真相調查，旨在透過政府報告書中未盡完善的部分，再進行調查，查明具體的受害情況，擴大回復受難者及其遺屬名譽的根據。基金會將各村莊在四‧三受害的實際情況，設定為優先調查的項目，同時，另外訂定「四‧三失蹤者」、「居住在日本的濟州人」、「教育界」、「軍人、警察、右翼團體」與「宗教界」等五大類別，依據各個不同的類別，展開真相調查工作，查明受害的實際狀況。基金會並以此為基礎，於二〇一九年出版了《濟州四‧三事件追加真相調查報告書I》。該報告書針對出版當時已被認定的一萬四千四百四十二名受難者，進行了全面調查，從中又發現了二十六起有五十人以上受難的集體屠殺事件，以及一千二百多名未申報的受難者與六百四十五名失蹤受難者。追加真相調查雖是基金會的法定任務，但這並不屬於國家層級的真相調查。因此，各村莊的受害情況、美軍政府的角色、軍警及武裝隊的角色等，仍是需要進一步釐清的課題。根據後來全面修正的《四‧三特別法》，屬於國家層級的追加真相調查，終於在二〇二二年啟動。調查重點包含以下六大項目，調查結果預計將呈現於二〇二四年完成的報告書中。

- 各地區的受難情況
- 失蹤受難情況
- 美國與美軍政府的角色
- 軍警討伐隊與武裝隊的行動

・在日濟州人的受難情況
・連坐法的受難情況

治癒與解決過去傷痛的方法，就在於正確揭露歷史的真相。為了實現此一目標，我們必須釐清四・三悲劇的責任歸屬。

四・三在經歷長期的打壓與箝制後，隨著過去史平反運動的進展，今日也步入了實踐轉型正義的軌道。四・三的真相調查蘊含著以下的成果與意義：

第一、樹立解決大韓民國過去史問題的典範。四・三經歷了打壓與箝制的年代，在制定《四・三特別法》並進行真相調查後，目前也來到了回復名譽的階段。換句話說，這是一個朝著解決問題的方向，分階段逐步前進的過程。從這一點來看，四・三可以說是為包括「麗順事件」在內的各個過去史的平反，提供了一個遵循的模式。

第二、使人意識到結盟的重要性。四・三遺族會、四・三團體、媒體、文化藝術界與政界的結盟，成為了《四・三特別法》制定與修正的動力，也為真相調查與回復名譽的執行，奠定了基礎。

第三、四・三的真相調查，不僅是幫助遺屬與受難者們擺脫受害意識與回復名譽的人權運動，同時也是促進和解與共生的和平運動。現在，我們面臨的課題，是要如何建立普遍的和解與共生模式，為濟州這座和平之島奠定基礎。從這層意義上來看，想要解決四・三的問題，仍有很多的工作要做。

第三章　痕跡一——偶來小路上的那些日子

偶來小路第一號路線：母親的銀戒指，被埋於城山日出峰豁口的屠殺現場

我走在路上，在路上尋找著之前沒有注意過的四．三痕跡。濟州島人就像是寂靜山腰平原上昂首挺胸的芒草一樣，即使被強風吹拂，仍緊緊地抓牢泥土，就如同海岸邊的蔓荊一般，就算被人們來往的腳步踐踏，仍舊能再次生長，我就走在濟州島人腳踏實地，堅忍走過的那條路上。對他們而言，這是條荊棘叢生的路，是條決定生死的路。有些石牆已倒塌，成了某人的田埂。事發之後，村民們一直迴避的地方，現在卻有著絡繹不絕的遊客。對於行走於路上的人來說，四．三或許不再明顯可見，但那一天卻確實曾存在於這條路上。大地、樹木、海洋、天空都還記得那一天，它幻化成路上的風聲、海女們的換氣聲，與孩童在朴樹下玩耍的笑聲。路上有濟州島人的臉龐，人們在路上邁開步伐。這裡是偶來小路，十分熟悉人們的腳步。

「我真的非常想念母親，甚至懇切地禱告，希望能在夢裡見她一面。約莫三十多年前的某一天，我夢見一位身穿華麗韓服的女人，搭上了一輛公車，在我面前凝視著我。直覺告訴我，那是母親。我們一起搭公車前往新陽里，之後我下車了，而她則繼續坐著那輛公車前行。」

二〇一七年七月，生活在西歸浦市城山邑新陽里，兩歲就失去母親的上軍海女姜淑子，終於與朝思暮想的母親見面了。為了遷葬，時隔六十九年，她打開了母親的墳墓，她說母親的樣貌就如同夢中所見的那樣。雖然去世已近七十年，但去世的母親遺骸還是潔白美麗，牙齒也很整齊。

姜淑子左手無名指上戴著一枚特別耀眼的銀戒指。這枚戒指原本是戴在她三十六歲的母親手指上。母親遷葬時，她發現了這枚戒指。

「進行遷葬工作的葬儀社人員說有戒指。我就問他在哪裡，我想看一下。我想，也許是母親想要給我些什麼東西吧。戒指其實會因為變色而找不到，但是母親的戒指在地底下埋藏了近七十年，卻仍然維持原樣，顏色一點也沒變。」

發現戒指的姜淑子嚇了一跳。據說，她一邊接過戒指，一邊這樣說道：

「媽媽，我會戴上這枚戒指的，謝謝您。」

時隔六十九年，這枚銀戒指像奇蹟般地來到姜淑子身邊，成為了母親唯一的遺物。

「在母親的眼中，只有兩歲大的孩子，該有多可愛，她該有多捨不得啊。在她離世的那一刻，心情應該是十分急切的，心想『難道我得拋下這個孩子死去嗎？』我想，也許她是用這樣的心情送了這枚戒指給我，又或許是因為無法撫養我而感到愧疚，才留下了這份遺物。」

那是一九四八年的十一月二十七日。在可以一眼望盡城山日出峰的豁口附近，有人突然來到家裡，沒來由地就叫人出去。母親想說又沒犯什麼罪，應該馬上就會回來，也就出門去了。三十五歲的她穿絲裙上衣，配一條圍巾，揹著好不容易才得來的兩歲女兒淑子出門，走到了豁口，這裡已經有好幾個人被抓了過來。那一瞬間她有了死亡的預感。這位母親用衣服和圍巾裹住淑子，請鄰居抱著這個孩子，拜託鄰居將她交給自己的姊姊。這對母女就此離別了。在豁口失去母親之前，淑子的父親早在幾個月前就已經下落不明。失去雙親的姜淑子由姨母撫養長大。雖然她自己在長大後才知道原來姨母不是自己的親生母親，但一直到姨母去世為止，淑子一直將姨母視為自己的母親來奉養。

對於姜淑子來說，大海是生活的依靠。雖然在丈夫與子女們的勸阻下，她六十六歲那年就放棄了海女的工作，但她可是具有每天採集近一百公斤海螺的實力，是相當擅長捕撈海產的上軍海女。從十五歲開始正式當海女的姜淑子，年輕時也要到田裡工作，還要外出推銷保險，但只要有時間她總是跑到海邊。到了晚上，她還得要照顧子女，做家務，每天二十四小時都不夠用。她除了在慶尚北道浦項的九龍浦、慶尚南道的巨濟島之外，甚至還跑到日本三重縣的島嶼捕撈海產，藉此賺錢養家。

海女們在濟州島沒事的時候，就會成群結隊地到島外去捕撈海產，在那裡生活好幾個月。有時甚至會去到「陸地」或日本。這被稱為「出家捕撈」或「外邊捕撈」。在日本帝國強佔時期，她們跨越「陸地」與日本，甚至去到中國青島、俄羅斯的海參崴，整個東北亞的大海都是濟州海女們的工作區域。雖然一想到得離開父母與子女，眼淚就會忍不住落下，但辛苦歸辛苦，這份工作也的確可為家裡的經濟帶來幫助。有些海女甚至還會帶著剛出生的嬰兒「出家捕撈」。

「當海女所賺到的錢，讓我買了房子，買了田地。如果沒有大海，我可能會餓肚子，但由於有了大海，我不僅不會挨餓，還可以養育子女。」

通往城山日出峰的豁口是偶來小路第一號路線的終點。偶來小路中最先開放的偶來小路第一號路線風景優美，途經終達里與通往城山的海岸公路，沿著城山日出峰延伸至廣峙其海邊。豁口有著青綠的草原與寬闊而長的潮間帶，以城山日出峰作為背景，演繹出一幅絕美畫作。這裡被國內外的遊客譽為濟州最美的景點，而就在這豁口的一角，有一個「濟州四．三城山邑地區良民集體屠殺現場石碑」。豁口在四．三當時常被作為屠殺之地。

城山地區有很多居民也像姜淑子的母親一樣在這裡遇害。對於居民們而言，這個地方是一個「充滿憤恨與眼淚的土地」。一九四八年秋天，由西青團員所組成的特別中隊，駐紮於城山國民學校，負責管轄城山面、舊左面與表善面。從那時候開始，這片天賜美景之地就成了「死亡與痛哭聲」接續不斷的地方。城山國民學校前面的馬鈴薯倉庫被用來關押居民，並在這裡執行各種刑求、審訊，甚至處決。從一九四八年十月到一九四九年二月，在四個多月的時間裡，發生了三十多次以上的屠殺。在豁口受難的這些人當中，包含一百九十六位城山面居民，十七位舊左面居民，合計最少有二百一十三人在此遇害。

偶來小路第八號路線：在中文教堂遇見的「牢記四・三的禱告」

一切都很平凡。這條路並不顯眼，所以很美好。在柑橘園之間，向東中國海延伸的銀色海洋映入眼簾。中文觀光園區建造於四・三的廢墟上頭，這裡是濟州觀光的象徵，向大眾展示了今日的濟州島。這裡匯聚著知名的飯店與旅遊景點，還有大自然造就的大浦洞柱狀節理。遊客乘坐的巴士與租來的車輛一整天來來回回。就算沒有偶來小路，中文地區一帶也因天帝淵瀑布、旅遊園區與高爾夫球場等景點，從很久以前就是濟州島最有名的旅遊勝地。

這條路穿梭於許多旅遊景點，以及大海與山峰之間。偶來小路第八號路線從中文觀光園區入口處出來後，朝西邊沿著天帝淵路（環狀公路）走，就會延伸至猊來洞。若朝反方向東邊順著天帝淵路走八百多公尺，路邊就可以看到一座不是很大的中文教堂。

「韓國天主教濟州教區中文教堂，濟州四・三紀念教堂」

教堂上的標誌非常獨特。為了追悼四・三的受難者，傳達正義與和平的教訓，教堂的院子裡樹立起這樣的標誌。二〇一八年十月十一日晚上，天主教濟州教區在濟州北校舉辦了具有里程碑意義的四・三活動。濟州教區內所有教堂的三千多名信眾參加了「玫瑰經祈禱之夜」活動，這為我們展示了宗教存在的意義。濟州北校就是一九四七年舉行三·一獨立運動紀念大會的地方。這天，由平時就很關心四·三問題的濟州教區長姜禹一主教主持活動，這不但是個撫慰四·三受難靈魂的場合，同時也象徵著因武裝隊與討伐隊而受難的亡魂，選擇了原諒與和解。活動結束後，濟州北校的燭光隊伍一直延伸到觀德亭前的廣場，場面十分莊嚴。當天，姜主教宣布中文教堂成為「四·三紀念教堂」，也祝福了紀念四·三的十字架，並將它轉交給了主任神父。為什麼是中文教堂呢？

一九四五年，這裡曾有一座日本人的神社。脫離殖民統治之後，中文村的青年們摧毀了這座神社，此後這裡被稱為「神社舊址」。雖然現在這裡已變成了遊客經常出入的街道，但在四·三發生之際，神社舊址還是村外一個相當偏僻的地方。

一九四八年，在神社舊址上不斷傳來悲鳴與痛哭的聲音。這裡成了日常的屠殺現場，一個面臨死亡的地方。包括三十四位中文里居民在內，若再加上附近的村民，至少有七十一人在這裡被討伐隊殺害身亡。特別是從十二月五日到二十四日的二十天內，有六十一人遭到屠殺。光是十二月十七日一天之內，就有二十八名中文里居民遭到集體殺害，當中包含了年過八旬的老奶奶，還有兩歲的嬰兒等，而殺害他們的理由，只因為他們是「脫逃者家屬」。

一九五七年，為了治癒與撫慰這個地區的居民，於是在這裡建立了中文教堂。從那時開始，教堂就努力把這個死亡之地轉化為生命之地。二〇一八年，在「玫瑰經祈禱之夜」活動上，文昌宇主教如此闡述了將這裡指定為四·三紀念教堂的意義：

「藉由將這座建立於傷痕土地上的教堂，指定為紀念四·三的教堂，希望能讓那些在東西冷戰夾縫中，悲慘死去且充滿憤恨的亡魂，不會被埋葬於時間的墳墓裡，也希望我們在當下的生活中，能夠真切地去面對與接受。」

韓國天主教對四・三的議題非常關心。二〇一八年四月七日，在七十週年之際，主教會議議長金喜中主教在首爾明洞聖堂，主持了為四・三受難者舉辦的追思彌撒，在此彌撒講道中，濟州教區長姜禹一主教將尚未「正名」的四・三，定義為「抗爭」。

教堂院子裡有一個紀念四・三的十字架。十字架中間是從中文地區所眺望的漢拏山，漢拏山的半山腰則開著山茶花與代表著濟州的杜鵑花，這些花卉象徵著無數的受難者，花卉旁邊則是受難者的墳墓。十字架下方描繪了在燃燒的憤怒與暴力的火焰中，居民們遭到處決受難的樣貌。最下方是被棄置不管、隨意掩埋的受難者遺骸，以及受難者家屬在受難者面前跪倒哀號，仰天懇求與禱告的模樣。十字架左邊是蜷縮著身體，手裡拿著荊棘冠冕與釘子的母親，她象徵將所有因四・三而受到傷害的痛苦奉獻給上帝。二〇一八年五月十七日，姜禹一主教批准了「記住濟州四・三的禱告文」，內容是這樣寫的：

慈悲的上帝，
請讓我們記住濟州四・三，深刻反省我們對上帝與兄弟姊妹所犯下的罪，並由衷地懺悔與坦白。
正義的上帝，

請讓我們正確揭露濟州四・三的真相，拒絕不義，但不憤怒，並以天父的名義接納所有人，讓祢的正義在這個世界上得以建立。

親愛的上帝，

我們將因濟州四・三受難的無辜人民，以及軍、警討伐隊與武裝隊的受難者，全都交付予主的慈悲中，願他們的後代在寬恕與和解中互相包容。請主點燃愛的火焰，引導我們擺脫過去歲月的傷痛，團結一心，走向和解與共生的道路。

和平的上帝，

請祢賜予我們主復活聖靈的力量，結束我們積累的憎惡與憤恨、分裂與對立。祈願這個民族將利刃做成犁頭，將長矛變成鐮刀，讓韓半島與濟州島不再學習戰爭，成為和平的土地。無數生命的受難導致鮮血染紅了整片山河，願能藉此讓這片土地長出真正和平的嫩芽，成為充滿上帝祝福與愛的新天空、新土地。

以上所求，是靠主耶穌基督之名。阿們。

偶來小路第十號路線：日本帝國強佔時期的悲傷歷史，每個路口都蘊含四・三的內幕

瘋狗們在街上亂竄，居民們感到恐懼。不僅是小孩，連大人也被狗給咬傷了。據說，狗是因為吃了人的屍體才變成那樣的。傳聞蔓延了整個村子，居民們召開對策會議，向警察哭訴著要收拾屍體。居民們獲得了答覆，官方同意「一年後再處理」。

偶來小路第十號路線的起點是和順金沙海水浴場，途中經由沙溪浦口，再經過松岳山，一直到大靜邑下摹為止，從中可以看到日本帝國強佔時期強制動員的足跡，以及四・三的內幕故事。

一九五〇年八月二十日，那天是農曆七夕，俗稱牛郎與織女一年僅能在鵲橋上見一次面的日子。在黑暗的夜幕中，一輛卡車行駛於土路上，載著原先被拘禁於摹瑟浦切干蕃薯倉庫裡的居民們，朝著日軍舊彈藥庫方向前進。卡車上的這些人全都是被「事先拘禁」的居民。他們預知到死亡陰影的來臨，所以刻意將所穿的黑色膠鞋丟到卡車外，以這樣的方式，希望之後家人能夠找到他們。卡車在西卵峰彈藥庫前停了下來，過了一會兒，軍人們刺耳尖銳的槍聲在夜晚迴盪。那天深夜，軍人們恣行了兩次的殺戮。

天一亮，家人們就循著路邊散落的膠鞋找尋，最終找回的親人卻早已變成了一具屍體。因為水坑太深，很難馬上收拾，他們得先回到村子裡，至少要台馬車才能將遺體運回來。家人再次忙碌地移動腳步，往返於村子中，警察卻在此時出現了，封鎖通路，禁止出入。隨著時間流逝，未能及時處理的屍體，發散出的腐臭味瀰漫四周，居民們只能刻意避開那個地方。韓國戰爭結束後，遺屬們又開始試圖收拾親人的遺骸，但同樣在當局的制止之下，只能徒勞而返。

「每家每戶都準備了祭品去，打算收拾完遺骸後要祭祀一下。但是因為有人阻止，所以祭品也就變得沒什麼用了。這時候，有一位老奶奶說：『哎喲，我可憐的孩子，好好地吃，平安上路吧』，接著就把年糕和酒扔到遺骸所在的位置，然後，其他人也紛紛仿效，拍著地又哭又叫。有人呼喊著丈夫的名字，有人呼喊著哥哥的名字，那裡瞬間變成了一片淚海。那天大家就這樣回來了。」

那天，西卵峰彈藥庫成了淚海。你能理解遺屬們眼巴巴看著眼前的親人遺骸，卻沒能好好幫忙收拾的心情嗎？後來，某位獲得官方同意，前往收拾親人遺骸的居民這樣說道：

「當時有六到七人前往收拾遺骸。我們將遺骸從屠殺現場拿到外邊來，之後數了數頭蓋骨的數量。只能先取出頭蓋骨，因為全都腐爛了，分辨不出是胳膊還是腿骨，只有頭蓋骨的數量能準確地算出來。」

一九五六年五月十八日，受難者的遺骸好不容易被安葬於鄰近的安德面沙溪里公墓。此時距離屠殺的發生，已經過了五年九個月。

從阿爾德勒日本軍事設施遺址中心地區，沿著飛機庫（精確地說，應為「有蓋掩體」）旁的路走三百五十多公尺，就能看到「西卵峰事先拘禁受難者追慕碑」。這座紀念碑於二〇一五年八月二十五日由遺屬們所建造。在如同屏風般矗立的大理石上，刻著一百三十二位受難者的姓名與年齡。

這裡也曾經是日軍作為彈藥庫使用的地方。一九四五年九月，美軍解除駐濟州島日軍的武裝時，順勢炸毀了這座彈藥庫，這也導致原本的山坡痕跡都消失了。在屠殺現場還標示著「滿寬地墓園」與「百祖一孫之地」的遺骸挖掘點。

追慕碑右側以「不法誅戮記」為題，詳實記錄了屠殺經過與收拾遺骸的過程等。祭壇上則擺放著幾雙象徵受難者的膠鞋，追慕碑左側則是記錄名譽回復經過的「名譽回復鎮魂碑」。

這一帶是濟州近現代史的縮影。日本帝國將松岳山一帶建構成巨大的軍事基地，不僅在這裡建造了機場，還構築了飛機庫，還有像迷宮一樣錯綜複雜的坑道陣地。很少有遺址能像阿爾德勒機場一帶一樣，可以充分展現出太平洋戰爭時期的日本侵略痕跡。

濟州島的居民被動員參與了機場與各種軍事設施的興建工程。日本帝國注意到濟州島在地緣政治上的重要性，在一九三一年九月侵略滿洲之前，即自一九三一年三月開始動員濟州島人，在阿爾德勒建造日本海軍航空基地。花費了五年的時間，完成佔地六十多萬平方公尺（十八多萬坪）的機場建造工程。這裡的跑道長一千四百公尺，寬七十公尺。濟州島人根據這個地區的地名，稱其為「摹瑟浦機場」或「阿爾德勒機場」。

日本帝國正式將濟州島作為侵略戰爭的跳板，是在一九三七年七月的盧溝橋（北京郊外）事變之後。當時從日本長崎縣大村航空基地出發的轟炸機，轟炸了中國上海與南京，轟炸機在返回途中，即把濟州島當作中途的停留地。後來，日本海軍將大村的航空基地移轉至濟州島，這裡正式成為前往轟炸中國的據點。從濟州島出發前往南京執行的空襲，共計三十六次，一年約出動六百架次的軍機，投擲約三十三噸的炸彈。

偶來小路第十四號路線：棉布老奶奶秦雅英的故事

一個女人蜷縮在石牆下方
手掌像仙人掌般一動也不動
用條白色棉布裹住下巴
淚水成聲，嗚咽成淚的
她，喉嚨哽咽的音韻我無法辨認
她，心骨抽搐的哭聲我無法辨認
戊子年那天，為了活命，死命於田牆裡奔跑
不知道是誰扣下了扳機
犀利的一發子彈，整個下巴遭擊落
沒有經歷過的我是無法知道的
沒見過在痛苦中
翻擾長夜黑暗的我是無法知道的
不打點滴就無法入睡的
流淌於她身軀內的聲音
所有言語都像符號一樣飛去，死於非命
所有的夢想都飄向遙遠的大海

黑暗越深，疼痛就越劇烈
獨自與幻影搏鬥，等待黎明
從未真正體會過的我
無法理解那深沉的痛楚
海鳥咕嚕咕嚕叫著說
知道每個她踏過的地方，那些亂了步伐的話語
現在是光明世界
可以輕盈拋開受束縛的朦朧世界
即便已來到了這樣的世界
但在大門深鎖的門前
一個女人悲傷的眼神
被腥黑的晚霞，掩住了臉
今天也裹著白色棉布
坐在石牆下啊
一個女人

——許榮善，《棉布老奶奶——月令里秦雅英》

一九一四年出生的秦雅英老奶奶。在一九四九年一月的某一天，三十幾歲的她在板浦里遭人開

槍打落了下巴。此後，她一生都得用棉布裹住下巴，生活在痛苦之中。從進入濟州市翰林邑月令里的偶來小路，看到「可安歇的水邊」，再向村內走約一百二十多公尺，就能看到秦老奶奶小小的故居，褪色的外牆原封不動保留著。她的故居周圍牆壁上頭，有著「棉布老奶奶之路」的字樣與壁畫。約二十三平方公尺（約七坪）的住宅，只有一間房間與廚房，再加上住宅旁約六十六平方公尺（約二十坪）的菜園等，這就是秦雅英老奶奶生活處所的全部。

失去下巴後，她擔心人們會覺得她很難看，直到二〇〇四年九月，她以九十歲的高齡去世前為止，她這輩子都是背對著人解開棉布，舀粥果腹，而這就是她被稱為棉布老奶奶的原因。月令里的房子是她人生最後三十多年生活的地方。

前面的詩句說「黑暗越深，疼痛就越劇烈」，這句話讓人感到心痛。在陽光燦爛的日子裡，老奶奶裹著棉布，蜷縮在石牆下凝視著遠方。她看到了什麼？她又想了些什麼？秦老奶奶的傷痛與生活，就是四・三的寫照。

偶來小路第十四號路線所經過的月令里，這裡種的仙人掌多如濟州島其他地區的柑橘園。仙人掌生態群落被政府指定為第四二九號的天然紀念物。綠色的仙人掌，到七月就會開出黃色的花，十一月就會結出紫色的果實。偶來小路第十四號路線是從山腰村落的楮旨里開始，途經月令里與金陵海水浴場，最終到達翰林。日本帝國強佔時期，隨著翰林港的建設與環狀公路的擴張，翰林面迅速成長為濟州島西北部地區的中心。

位於此處的翰林中學曾發生過令人震驚的公開行刑事件。一九四八年十一月十六日上午九時左右，第九團的軍人持槍闖入翰林中學。軍人們包圍學校，吹著哨子進入教務室，命令北方來的校長將學生們集合在操場上，理由是有些學生向暴徒提供情報。這所學校的教師中，有五人是西青的成員，也許正是因為如此，沒有人制止軍人的行動。而原本正在聽課的翰林中學學生們，則親眼目睹了軍人的恐怖行動。

「全校學生都在操場上集合。軍方負責人登上司令台說：『你們當中有四名學生曾聯繫過暴徒，這些反動思想分子，我要把他們叫出來槍斃』，之後喊了學生的名字。士兵們讓那些學生跪下，用毛巾遮蔽了他們的眼睛。感到事態嚴重的濟州本地老師們向軍人求情，但毫無作用。最後，軍方說最後有什麼想說的話就說吧，學生們邊哭邊說自己知錯了，但軍人們還是直接將他們給槍斃了。」

這天的受難者包括三名故鄉在洙原里的學生，以及一名故鄉在歸德里的學生，共計四人。他們都是翰林中學三年級的學生。目睹這一幕的學生們，當場被嚇得失魂落魄。

偶來小路第十七號路線：經由濟州國際機場到觀德亭

我們仍然記得。四・三受難者的遺骸挖掘工作，過去看似不可能進行，然而，二〇〇七年也終於在濟州國際機場開挖了，時隔六十多年，這些受難者終於重現於世人面前。

正如同第二章中所提及的，在一九四九年第二次的軍法會議後，曾於濟州國際機場處決了二百四十九名死刑犯；一九五〇年韓國戰爭爆發後，也曾在這裡集體屠殺了「事先拘禁者」，並將其秘密掩埋。然而，由於這裡屬於機場設施的關係，長期以來一般人並無法靠近。一直到機場要進行修復工程時，挖掘工作才得以進行。從二〇〇七年到二〇〇九年，濟州四．三研究所曾在這裡進行了「四．三集體屠殺現場（濟州機場）遺骸挖掘工作」。

透過這項工作的執行，濟州四．三研究所在機場南北跑道東北側，共挖掘出三百八十七具遺骸，同時挖出超過二千多件的眼鏡、印章等遺物。在受難者的手被綁在身後、頭被敲碎、屍體層層堆疊的殘酷現場中，遺骸本身的樣貌像在呼訴，要求著人們揭露真相。

沿著海岸公路，在道頭峰往龍頭巖方向的道路上，就在海岸公路防邪塔的附近，觀光客與步行遊客們望著夕陽西下的大海，晚霞染紅了整片世界。轉過身往後看，可以看到一道進入機場的門。雖然現在禁止一般人進入，但在執行遺骸挖掘工作時，人們就是由這裡出入機場內部的。

偶來小路第十七號路線圍繞著機場，向著原來的濟州市中心。這是條生與死並存的道路。在海岸公路旁的龍潭休閒體育公園裡，有一座慰靈碑。韓國戰爭爆發後，有部分受難者先遭「事先拘禁」，並於後來遭到槍殺，這些受難者的家屬們，於二〇〇二年二月，成立了「濟州北部事先拘禁受難者遺族會」。遺族會於二〇〇五年三月三十日，在公園裡立了一座碑，上頭刻著「韓國戰爭時濟州北部豫備檢束犧牲者冤魂慰靈碑」的漢字[13]，而這些受難者家屬們每年都會在這裡舉行慰靈祭。

觀德亭是原濟州市中心的象徵，一直以來都存在於濟州的歷史當中。一九〇一年，李在守之亂

13 譯註：豫備檢束即為本書所翻譯之「事先拘禁」。

時，它見證了李在守所領導的義舉；四・三之際，它也目睹了濟州島人民游擊隊司令官李德九的死亡。李在守與李德九當時都是二十多歲的青年。觀德亭更見證了四・三的導火線——這個發生於一九四七年三月一日的歷史事件。脫離殖民統治以後，觀德亭曾一度失去了原本的樣貌，不僅柱子和柱子之間被封堵，還被不同的組織團體拿來當成辦公室使用，一九四五年九月成立的建國準備委員會青年同盟，亦曾於觀德亭的柱子上掛過牌匾。

一九四七年三月一日，人們結束在濟州北校舉行的三・一獨立運動紀念大會，隨後便展開了街頭遊行，最後離去的地點就是在觀德亭前。當時，許多濟州島民高喊著「統一獨立」，並在街頭行進。隨後傳來的數十聲槍響，澈底改變了整個濟州社會。騎馬警察的馬蹄聲、為躲避警察開槍而四處逃散的島民、被槍擊中倒臥在地的小學生、婦女與青年，還有看到這場景而憤怒的島民們，他們彼此的身影，交疊於觀德亭。

一九四九年六月八日，觀德亭廣場上展示著被掛綁於木製刑具上的屍體。屍體身著破舊衣服，腳穿膠鞋，上衣口袋裡還插著勺子。那是濟州島人民游擊隊司令官李德九的屍體，屍體被展示於過往民亂領袖遭斬首示眾的地方，他的命運與過往的領袖同樣悲慘。為了向島民們傳達「暴徒頭目」是如何走向終點，李德九被曝屍數日後，頭被砍下，掛於電線杆上。他是四・三最核心的人物之一，他在日本立命館大學經濟學系就讀四年級時，曾被徵召成為學生兵，脫離殖民統治回到故鄉後，於朝天中學擔任教職，教授歷史與地理。

當時，李德九相當受到學生們的歡迎，學生們甚至還作了一首歌來形容李德九「滿是　帥氣那張臉／德九　德九　李德九／未來　將帥　好人才」。他還被描繪成「身體輕盈，能飛快翻過屋頂，東奔西跑」的傳奇人物。

一九四七年夏天，李德九在朝天中學消聲匿跡後，一度躲在朝天面新村里的親家家中，後來他在南勞黨幹部會議中遭到逮捕。獲釋之後，他進入漢拏山，擔任人民游擊隊「三．一支隊長」。

一九四九年六月七日下午四點，警方在打聽李德九的下落時，發現他的根據地，隨後與之交火，最終，李德九陣亡。他的家人也走上了悲劇之路。他的妻子、五歲的兒子與兩歲的女兒，後來也不幸喪生。李德九的大哥李鎬九的妻子、兒子與女兒，二哥李佐九的妻子與兒子、堂弟李中久、李成久等人，也一一遭到警方殺害。然而，歷史對四．三武裝起義領導人李德九的評價，仍顯不足。

偶來小路第十八號路線：酒精工廠收容所和血海坤乙洞

已經來到最後了嗎？起床後能看到漢拏山，看到藍色大海的日子。未來似乎再也看不到，那曾經趕著牛馬的山峰，以及拿著翠綠竹子製成的釣竿，前去海邊嬉戲玩耍的日子。他們用充斥著恐懼的雙眼看了又看，然後被一艘像貨船般的船隻給載離。遠處妻子、父母呼喊著他們的名字，但耳朵卻像是被家人的哭喊聲給摀住一樣。就這樣，他們離開了，再也沒能回來。

沿著山地川往下走，在濟州港沿岸客輪站的對面，就是酒精工廠舊址。酒精工廠是濟州歷史發展的象徵之一。近代濟州島的開發始於酒精工廠。這是在韓半島以南屈指可數的大規模工廠。為了建造這座工廠，除了開發山地港之外，還建設了道路，引進了電力。這座工廠是濟州島在日本帝國強佔時期，發展近代經濟的起點，同時也是掠奪殖民地經濟的象徵。酒精工廠最初是作為殖民地總督府的國策事業來推展建造的。一九三八年一月，朝鮮總督府朝鮮液體燃料委員會決定在「燃料國策」事業項下，建造具有年產量二萬石（約三百六十萬公升）的無水酒精工廠。如前所述，無水酒精指的是純度高達百分之九十八以上不含水的乙醇（酒精），可用於飲食、軍事與醫療等用途。

朝鮮總督府之所以將濟州島視為建造酒精工廠的合適地點，主要是因為製造酒精的原料為蕃薯，而濟州島就是蕃薯的主要生產地。酒精工廠自一九三九年開始動工建造，一九四三年五月，在部分的工廠設施竣工後，酒精工廠即開始投入生產工作。

因為這裡是南韓最大規模的工廠，所以需要很多人力。工廠竣工後，濟州島各村莊招募了約三百多名人力，濟州邑則招募了約四百多名人力。此外，還有從「陸地」招募而來的二百多名人力。日本也有一百多人來到濟州島，不過這些日本人主要是負責監督朝鮮勞工的工頭。

另外，從十七歲到四十歲的濟州島民，每個人都被強制動員到工廠工作一個星期，而這一個星期是完全沒有任何酬勞的。雖然廠方會提供交通與食宿，但整整一個星期，每天都要工作八個小時。工廠一個月只休息兩天。在濟州島，包括商家老闆與知識分子在內，全都被動員從事勞動，但邑、面事務所等日本帝國行政機構的從業人員則被排除在外。

在太平洋戰爭期間，日本帝國為了彌補燃料的不足，便將酒精工廠改成了軍需工廠。為了生產飛機的燃料丙酮與丁烷，他們更換了工廠部分的設備與零件，並於一九四四年二月生產了第一款產品，然而，燃料的效能並不高。因此，同年九月，在僅僅七個多月後，軍需工廠又改為酒精工廠，繼續運作。一九四五年六月，大部分的設備與裝備，在美軍的轟炸之下遭到摧毀，或被大火燒毀。

接著，在脫離殖民統治前的二十多天，也就是七月二十六日，由於美國軍機的再次轟炸，大部分保管於酒精工廠的蕃薯也被燒毀殆盡。

「實際上任何人都可以預料到，濟州島的酒精工廠在重建朝鮮經濟的面向上，將佔有一席重要地位。」

一九四六年十二月十九日的《中外經濟新報》是這樣描述濟州酒精工廠的。被美軍空襲摧毀的工廠，從一九四五年十月中旬開始進行修復工作，一九四六年八月，完成了第一階段的修復工程，隨後進入部分的生產階段。一九四五年十二月，當時員工人數為二百八十三人，其中包括二百五十三名工廠工人與三十名辦公室職員。如今，工廠廠址的山坡上，已經蓋滿了公寓，取代了原本的倉庫，與過去作為員工宿舍的木造建築。

脫離殖民統治後，酒精工廠曾是市儈們虎視眈眈，伺機而動的目標，但在四．三期間，這裡卻成為了慘絕人寰的場域，因為這裡變成了濟州最大的集體收容所。許多人因一九四八年與一九四九年所進行的「非法軍法會議」判決，從這裡被帶到了陌生的「陸地」監獄之後，便再也未能踏上故鄉濟州的土地。有些人預知到生命即將來到盡頭，便拜託自己認識的人，把自身所穿的衣物送回家裡。留於人世的家人只能緊握著這些衣物，思念丈夫，思念父親，度過了漫長的歲月。而他們的親人，至今仍未歸來。

一九四九年三月二日，濟州島地區戰鬥司令部成立，司令官劉載興發表了「下山就得救」的特赦計畫。躲在山腰地區一帶的人們相信了這句話，於是紛紛從山上下來。然而，收容所的環境極為惡劣，小小的房間內擠滿了數十人，白天大家只能彼此挨著坐，晚上睡覺時連腳都無法伸直。在這種環境下，甚至還有孕婦在鄰居的幫助下，生下了孩子。審訊、刑求、荒腔走板的審判，接連不斷。

偶來小路第十八號路線在經過濟州港後，會再越過沙羅峰與別刀峰。在這條路上，蘊藏著許多四．三的足跡。沿著濟州市禾北洞的五賢高中旁，再順著禾北川進入海濱內側，就會看到坤乙洞。源於漢拏山的禾北川，一直來到大海附近後，在別刀峰東側分成兩條支流。河川內側的村莊為「內坤乙」，河川之間的村莊為「中坤乙」，河川外側的村莊則為「外坤乙」。

一九四九年一月四日，海風肆虐著別刀峰下的內坤乙，這裡聚居著二十二戶人家。黃昏時分，火焰伴隨著強烈的西北風，席捲了整座村莊。儘管生活困苦，但向來和平的村莊瞬間被大火吞噬。士兵們拿著火把到處點火。不知道是誰家最先著火的，相互挨著的茅草屋瞬間發出劈里啪啦聲，烈焰燃燒，整個天空變得紅通通的。在火焰的映照下，甚至從禾北一區的西村，也能看到內坤乙被燒得通紅的景象。目睹這一切的居民們陷入恐懼之中，士兵們將他們看到的所有年輕人，通通拖到村前海域的「海岬」殺害。四．三時期海岸村莊被大火燒毀的情況很少見，而這裡正是其中一個罕見的例子。比村民金容斗還要大兩歲的大哥金炳斗也在這一天受難。當時金炳斗的年齡是二十三歲。同一天，還有大約十多名村民喪生。

內坤乙在禾北也是一個貧困的村莊。這裡聚集了許多從外地來的貧困潦倒之人。因為這裡很常有從海上漂流而來的海草與鯷魚，人們至少可以撿拾一些來果腹。金容斗的父親，十六歲時就前往日本大阪做魚販生意，累積了一些財產，並在脫離殖民統治前，回到故鄉濟州，他被稱為「新興富翁」，但卻在村子被大火燒毀的當天，遭到軍人逮捕。次日，也就是一九四九年一月五日，他在禾北海邊，與其他村民一起遭到殺害。

「海水被鮮血染紅。據說當海水漲潮時，那些屍體差點被沖到海裡去。」

討伐隊挨家挨戶點火，只要有年輕人，什麼話都不用多說，一律就他們抓到海邊，開槍射殺。槍聲伴隨著此起彼落的海浪聲。

金容斗在村子被燒毀之前，早先一步逃到附近的村子裡躲避，他在那裡看著家園被燒毀。但是即便躲過了一劫，他也回不了家。他和幾個一起逃難的朋友，在山腰村落「西回泉」躲藏了兩三個月，之後歸順投降，被收容在酒精工廠，好不容易才被釋放。內坤乙是討伐隊「焦土化」掃蕩後消失的村莊之一，當時的痕跡至今仍清晰可見。他這樣回憶起當時的景象：

「當時有兩個抓鯷魚的地方。每個地方各分配約四十名左右的社員，當有人大喊『鯷魚進來了』時，大家就會出去捕魚並分享。我們會先將鯷魚曬成乾，等到要種植大麥時，再逐一將鯷魚乾灑下去，這樣就可以成為很好的肥料。另外，當風吹之際，白帶魚等海魚也會多到足以湧上岸，多到讓人們可以隨意撿拾來吃的程度。」

雜草在混亂散落的石牆間生長，或許因為村民們的貧困生活，讓雜草看起來也顯得格外淒涼。現在，風化身為回憶，帶著哀傷與委屈，吹拂著化為塵土沉睡的受難者們。在這個所有一切都被燒毀的地方，被風吹走的楝樹果實，不知何故，掉落於石牆與石牆之間，萌芽並悲戚地生長。

對金容斗來說，那段歲月是去餵牛，還有用破襪子塞滿碎布，製作成球，在內坤乙草地上和朋友們一起玩球的日子。在消失村莊的舊址上，還殘留著一些遺跡。以前的廁所「豬圈茅廁」、灶口與石磨等，都還在原地。那一天，被年輕人鮮血染紅的湛藍大海，今日依然洶湧澎湃。

偶來小路第二十一號路線：海女鬥爭的起源地成了屠殺現場

一九三二年一月十二日，濟州舊左面細花里的五日市場，從一大早就熙來攘往，聚集了比平時更多的居民。今天是海女販售捕撈海產的日子，這天也是由「濟州島海女漁業合作社」所指定的銷售日。恰巧，甫在濟州上任的漁業合作社主席兼濟州島司田口禎熹，計畫要在首次巡視時，行經細花里。數天前，舊左與旌義兩個面的海女們，已計畫要針對合作社的剝削，進行大規模示威，並希望能與島司進行溝通協商。她們認為海藻與鮑魚等海鮮，應該要按照指定價格進行收購，但合作社指定的日本商人卻無視這項規定，逕自將其分成大、中、小等級，並以原價的百分之四十至五十，賤價收購。

上午十一時三十分左右，在細花里駐在所附近，舊左面下道里、細花里、終達里、演坪里，加上旌義面、吾照里、始興里的數百名海女，高喊著「反對指定銷售制」等訴求，同時向細花里五日市場前進。當島司的座車出現在細花里時，憤怒的海女們在駐在所前包圍了座車。受到驚嚇的警察揮舞著刀子試圖開路，但海女們並沒有退縮。她們的吶喊異常悲壯：

「如果要用刀來回應我們真正的訴求，我們將以死相對。」

海女金玉蓮爬上了島司的座車，夫春花則爬上了駐在所的牆，呼訴「反對指定銷售制，反對指定特定商人來販售海產」、「罷免日本不道德商人」等十二項訴求，勇敢陳述著自己示威的原因。面對海女們銳不可擋的聲勢，田口島司承諾「五天內會依要求解決問題」，之後便離開了。然而，他卻未遵守承諾。十多天過去了，杳無音信。此時日本帝國警察在舊左面一帶布下了警戒網，開始逮捕與此事相關的青年。

一月二十四日，在細花里示威十二天後，海女們身穿白色上衣與黑色裙子，揹著裝有鋤頭與鮑魚鏟等捕撈工具的竹籃，就像要去市場般地聚集在一起。約有四百至五百名海女從四面八方聚集而來。她們擠滿了通往細花里的道路。金玉蓮蹲坐在隊伍中，再次提出了十二項訴求。沒過多久，分坐於卡車上的日本警察們，朝天空鳴槍示警，衝了過來。他們在海女們所穿的白色上衣等處，胡亂蓋上紅色印章，並開始逮捕身上有印章痕跡的海女們。帶頭進行海女鬥爭的金玉蓮、夫春花、夫德良等人都遭到逮捕。這天的示威，後來就被稱為海女鬥爭，這是日本帝國強佔時期，韓半島上最大規模的女性抗日運動。

偶來小路第二十一號路線所經過的煙頭望山，就是海女鬥爭的起源地。雖然現在雜木雜草叢生，但其實這裡原本是座沙丘。這裡有一座「濟州海女抗日運動紀念塔」，還有率領海女們參與鬥爭的海女夫春花、金玉蓮與夫德良等三名獨立運動家的雕像。

煙頭望山的意義遠不止於此。這裡既是海女鬥爭的起源地，也是四・三屠殺的現場。曾經抵抗日本帝國壓迫的土地，後來卻成為了屠殺的場域。這是對歷史的極大諷刺。

一九四八年六月二十一日，在上道里的一位居民遭到了討伐隊的槍殺。理由是他的兒子跑到了山裡。這是煙頭望大屠殺的開始。

一九四八年十二月三日晚上九點左右，武裝隊襲擊了細花里。負責管轄舊左面東部地區的討伐隊大本營——細花支署就位於那裡。武裝隊縱火燒了村莊，濫殺了四十八名居民，在隔日清晨撤離之前，他們還襲擊了附近的坪岱里、下道里、上道里、終達里等地。天亮了，輪到了討伐隊的反擊，他們對居民進行了報復性的屠殺，脫逃者的家人們成了主要的代罪羔羊。

一九四八年十二月四日，駐紮於城山浦的西青特別中隊，將細花支署收容所裡的十六名終達里居民拉到外邊，在細花里居民們的注視之下，將他們全部給槍殺了。然而，事情並沒有就此結束，討伐隊還搜查了終達里的村落，把待在家裡的脫逃者家屬們，全部帶到終達里的白沙灘上，開槍射殺，共有六人當場喪命。從一九四八年十二月五日開始，其他的脫逃者家屬們，也在煙頭望遭到了報復性的大屠殺。

一九四九年二月十日，有人在舊左面月汀里的村子裡，發送著支持武裝隊的傳單。隨後，討伐隊將拘禁在收容所的脫逃者家屬們全部拖了出來，再次於煙頭望恣行了集體屠殺。光是一天之內，就有二十五人遭到殺害。煙頭望的沙子沾滿了鮮血。這樣的屠殺一直持續到一九四九年三月，總共至少有五十七人在煙頭望被殺害。

煙頭望屠殺事件的加害者，是駐紮於細花支署的西青與支援警察，還有駐紮於月汀里舊左中央國民學校的特別中隊。一九四八年十一月，第九團西青特別中隊的兵力駐守於舊左中央國民學校，但隨著十二月底濟州島的駐軍被替換，之後便改由第二團第三營第十一連進駐於此。這個第十一連也全都是由西青團員所組成的。

第四章　美國——冷戰的鏡頭

美國的真面目，他們眼中的濟州島

「美軍偵察機在上空飛行，美軍吉普車奔馳於指揮戰鬥的第一線，在近海警戒的美國軍艦，則不斷冒出裊裊黑煙。」

一九四八年六月六日，韓國國內多家報紙引用了朝鮮通訊社的報導，做出了前述的新聞報導。這一幕猶如美國戰爭電影中的場景。脫離殖民統治的三年後，濟州島的情況就是如此。美軍偵察機在濟州島上空飛來飛去，另外，不管是海岸線，還是山腰地區，不時可以看到載著美軍軍官的吉普車急速穿梭，而在濟州島的沿岸海域中，總有美軍艦艇停泊。

第二次世界大戰結束後，一場名為「冷戰」的瘟疫，席捲了全世界，濟州島也無法擺脫強權所建立的冷戰框架。在南北韓分裂態勢逐漸定型與惡化的冷戰體制中，韓國社會長期被強迫灌輸「四·三是反叛國家暴動」的觀念。

那個時候，美國的真面目是什麼？對於美國來說，濟州島又意味著什麼？總之，美國從四·三的開始到結束，對於所有的情況，其實都瞭如指掌。不僅如此，美國有時大膽而直接，有時隱密而間接地介入局勢。從當時駐韓美軍司令部的情報報告書、反諜隊報告書、軍事顧問團與美國駐韓大使館文件等資料中，都可以明確地看出美國與四・三的關係。那麼，當時美國直接或間接的介入程度為何？他們又為什麼如此關注著濟州島？

第二次世界大戰結束後不久，冷戰體制開始形成。以美國與蘇聯為中心的新兩極秩序，將全世界分為東西兩大陣營。這兩個國家在自身的意識形態擴張與抵制中相互抗衡，同時在世界各地針鋒相對。

一九四七年三月十二日，美國總統杜魯門透過國會聯席會議的演說強調：「自由人民正在抵抗少數武裝分子或外來勢力征服之意圖，美國政策必須支持他們。」這個被稱為「杜魯門主義」的演說，成為二戰後美國對外政策的轉折點。這是冷戰政策的正式宣言，而政策核心則是反共。

美國在杜魯門主義的基調下，試圖在東亞建構一個「反共的堡壘」。與杜魯門主義宣言同一時間，美國介入了希臘內戰。與此相近的時間點，美蘇兩國正好於韓半島相互角力，韓半島可謂是一個真正的「意識形態戰場」。

冷戰時期，歐洲與亞洲許多地方都假借著反共的名義，屠殺了平民老百姓。例如：在有美國勢力介入的希臘，有超過十六萬人失去生命；而在一九四七年的台灣，發生了所謂的二二八事件，後來被逐出中國大陸的國民黨，在當時殺害了許多台灣平民，若再加上一九五〇年代的白色恐怖，總計導致了約二到三萬人受難。台灣的二二八事件就發生於濟州三・一事件的前一天。

在這樣的情勢當中，當時的駐韓美軍與外國媒體紛紛注意到，這位於韓半島邊陲地帶上的濟州島，並關注在這裡發生的四・三。他們還將濟州島比喻為「東方希臘」。

意識形態的戰場，南韓

在美國當局眼中，南韓脫離殖民統治之後的情況被形容成「只需一點星火，就足以立即引爆的火藥庫」。從這層意義上來說，南韓內部冷戰的嚴重程度，要比美蘇兩國在國際上的冷戰發展程度來得迅速。當時正在遠東巡訪的保利（Edwin W. Pauley）大使，除了擔任杜魯門總統的個人特使之外，同時還肩負著特別任務，他將當時南韓的狀況寫於他的報告中。他於一九四六年六月，從日本東京向杜魯門發送了一份報告，傳達了如下的情況：

「韓國雖然是一個小國，而且美國的軍事力量在此也僅負擔極其有限的責任，但它卻是一個意識形態的戰場，足以左右美國在亞洲是否能獲致成功。韓國正面臨著失敗的封建體制挑戰，未來這裡將成為一個實驗場域，要測試它究竟是會採行具競爭力的民主體制，還是會讓其他體制，也就是共產主義，變得更加強大。」

保利還補充說：「南韓並未獲得應有的關注與評估。」杜魯門則在同年七月十六日，針對保利的報告，做了這樣的回應：

「本人同意您所說的，（南韓）是攸關我們在亞洲能否獲致整體成功的意識形態戰場。」

像這樣，美國的領導人將南韓視為「意識形態的戰場」。只要任何地方受到外部壓力，或是有武裝勢力發生叛變，杜魯門主義就成了美國可以介入干涉的依據，而這也賦予了南韓的美軍政府應有的正當性與名分，讓他們可以在南韓強行推動反共的政策。美國的南韓政策，將焦點集中在對蘇聯進行圍堵，以及在南韓構築反共的堡壘上。韓半島成為世界上唯一一個，美蘇佔領軍直接對峙的地區。

環繞地緣政治要衝，濟州島上的美蘇論戰

濟州島從十九世紀末開始即因地緣政治位置而受到列強的注意。美國媒體從一八八〇年代末到一九〇〇年代初，一直將濟州島的地緣政治位置稱為「要衝」，在韓半島脫離殖民統治後，進入南韓的美國第二十四軍軍事專家是如此評價濟州島的：

「就算是簡單地瞥一下地圖，也能知道這座島（濟州島）位在一個極具戰略性的位置（extremely strategic location）。」

一九四六年十月，韓國國內報紙引述了美聯社從紐約發出的新聞，報導內容如下：

「在不久的將來，朝鮮的濟州島有可能成為西太平洋地區的『直布羅陀』。濟州島在當今

這個遠距轟炸的時代中，具有極其重要的軍事地位，只要看一下濟州島到東亞各重要地區的距離，就可以得到答案。」

美聯社的報導提及美國要將濟州島軍事基地化，這個問題引起了韓國國內輿論的激烈討論。直布羅陀是地中海通往大西洋的路口，也是歐洲列強必爭之地，在地緣政治上的地位非常重要。而濟州島也是橫跨中國、日本與東南亞的軍事要地。因此，將濟州島比喻為直布羅陀的報導，引起了軒然大波。

美軍政府表示：「有關美國正在濟州島建立常設軍事基地的謠言，是由一連串於濟州島上所發生的不相干事件所編造而成的」。美國斷然否認了要將濟州島變為軍事基地的傳聞，然而，爭議並未就此平息。於是，美軍政府邀請記者親自到濟州島確認情況，試圖壓制爭議。從中我們可以清楚地看出，美國媒體已經注意到了濟州島在地緣政治上的重要性。

一九四八年二月，這次又有傳聞說蘇聯意識到了濟州島的戰略價值，企圖強制佔領濟州島。為了監督與管理即將於同年五月在南韓舉行的選舉，聯合國由澳洲、加拿大、中華民國、薩爾瓦多、法國、印度、菲律賓與敘利亞等八個國家的代表，組成「聯合國朝鮮臨時委員會」。而前面提到的傳聞則出自於菲律賓代表，同時也是菲律賓上議院議員阿蘭茲（Melecio Arranz）的口中。他提到濟州島的「戰略價值」以及與蘇聯的關聯性，這樣的說法引起了人們的廣泛關注。他在一九四八年二月十四日於菲律賓的演講中，提出了如下主張：

「很明顯，俄羅斯（對聯合國朝鮮臨時委員會組成的決議案）持反對意見（中略）是由於美國的軍事戰略專家們想要掌握濟州島。濟州島就像西太平洋的直布羅陀一樣具有潛力。」

他對濟州島的地理位置很感興趣，甚至認為如果蘇聯入侵南韓，那也是因為蘇聯想要佔領濟州島的關係。二月二十六日，他在馬尼拉的廣播中，提到了與先前演講相似的內容：

「軍事方面的考量很明確。南韓擁有濟州島，這裡被軍事專家視為具有潛在且重要的戰略價值，就像是西太平洋上的直布羅陀一樣。」

有關阿蘭茲將濟州島列入「圍堵蘇聯」戰略要地的言論，美國駐菲律賓大使館也向國務院做了報告。

美國與蘇聯甚至還直接在聯合國，就濟州島問題展開了爭論。一九四七年十一月，當聯合國還在討論南韓單獨分治政府成立案時，澳洲駐聯合國代表就曾向母國回報說，蘇聯代表葛羅米柯（Andrei Gromyko）在討論南韓問題時，強烈批評美國，並就濟州島問題提出了如下主張：

「美國的提議，是試圖干涉朝鮮內政的行動之一，這是想要讓朝鮮持續分裂為兩個地區的舉措。（中略）美國希望在濟州島建立軍事基地。」

對此，美國代表杜勒斯（John Foster Dulles）這樣反駁道：

「美國對於撤軍有著堅定且絕對的意志，也沒有在南韓設立基地或駐軍的意圖。」

儘管美國代表否認了蘇聯代表的說法，但在二戰後的冷戰體制形成之際，美蘇在聯合國這個國際舞台，公開爭論濟州島的「軍事基地化」，這一點引起了人們的關注。

將濟州島變成美國軍事基地的說法，也曾出現在李承晚總統的談話中。一九四八年三月二十八日，當他與訪問南韓的美國陸軍部次長德雷珀（William H. Draper Jr.）會談時，曾做出這樣的表示：

「美國可以期望在濟州島建立海軍基地，如果真的希望，我認為將來韓國政府會同意建設這樣的基地。」

李承晚在這次會談中，向美國提議於濟州島設立美軍基地，雖然德雷珀沒有給出任何答覆，但李承晚這番暗示將濟州島轉讓給美國建立海軍基地的言論，德雷珀也如實地向美國政府回報。

自十九世紀末以來，就一直以戰略要地而受到列強注意的濟州島，在冷戰體制形成之際，也持續受到關注。當時駐在首爾的美國官員與外國媒體，早已將濟州島視為美蘇對峙的一個軸心。

「美軍不介入」的美軍政府作戰計畫，然而……

四・三初期的四月十五日，當軍政長官迪安少將聽到聯合國朝鮮臨時委員會對刑求致死事件與警察毆打行為表示關切後，便於隔天四月十六日，下令海岸警備隊與國防警備隊執行濟州島聯合作戰。聯合作戰從四月十九日開始，他命令國防警備隊一個營的兵力，在海岸警備隊的支援下，於四月二十日前登陸濟州島，並指示警備隊員攜帶卡賓槍、步槍彈藥與機關槍彈藥。駐釜山國防警備隊第三旅顧問官雷烏斯（Clarence D. DeReus）上尉，也依照統衛部長顧問官普萊斯（Terrill E. Price）上校的指示，參與了這次的行動。

四月十八日，迪安少將向濟州島民政長官曼斯菲爾德（John S. Mansfield）中校發送了一份名為「濟州島作戰」的電報，要求他將部署在濟州島的兩架聯絡機（L-5），以及將於四月二十日抵達的國防警備隊一個營的兵力，還有原本駐屯於濟州島的海岸警備隊，全部置於他的作戰指揮之下。迪安少將還授權他可任意使用武力，以清除破壞分子，恢復法律秩序，另外要求他在發起攻擊之前，先與「不法分子」的領導人接觸，給予他們投誠的機會。與此同時，駐韓美軍司令官霍奇中將指示駐光州第六師師長沃德（Orlando Ward）少將，要全力支援曼斯菲爾德中校的作戰行動，並要求美軍只要沒有受到攻擊，就不要介入作戰行動。駐韓美軍司令官與軍政長官的指示，反映了美軍政府和警備隊的關係，以及美軍政府在鎮壓濟州島動亂時的角色。

武裝起義發生後，因事態沒有平息的跡象，美軍政府便開始多方注意濟州島的情況。為了能成功舉辦五・一〇選舉，美軍政府至少派員來到濟州島三次以上，藉以檢視當地的作戰情況。

第一次是由駐韓美軍司令部作戰參謀部修威（M. W. Schewe）中校，依直屬上級作戰參謀泰徹（A.C. Tychen）上校的指示，於四月二十七日至二十八日到訪濟州島，檢視作戰情況，並與當地美軍將領們召開作戰會議。美軍第六師第二十團團長羅斯威爾・布朗上校、第二十團濟州島派遣隊長蓋斯特（Geist）少校、雷烏斯上尉等多名美軍將領，也參加了當天的會議。在這次的會議上，布朗上校向曼斯菲爾德中校傳達了霍奇中將的四項指示：

一、國防警備隊要立即發揮作用。
二、停止一切市民騷動。
三、明確界定警備隊與警察之間的關係，以迅速壓制游擊隊（武裝隊）的活動。
四、美軍不要介入。

美軍沒有直接介入，而是採取動員警備隊來進行鎮壓的方式。美軍不介入的指示已經傳達給了曼斯菲爾德中校兩次之多。這麼做的原因在於，如果美軍直接參與作戰，就會演變成國際問題，而且很有可能受到輿論的譴責。因此，美軍沒有出現在作戰現場。希臘內戰時期，美國也因為考慮到國際輿論，所以指示美軍顧問官們不要出現在作戰現場。美國以同樣的邏輯，應對希臘內戰與濟州島的狀況。

美軍遵照霍奇中將的指示，沒有直接參與作戰，而是充當「看不見的手」，每每在制定完作戰計畫後，便交由警備隊來執行。

第二次是在四月二十九日，由軍政長官迪安少將與第六師師長沃德少將，到訪濟州島，視察作戰地區。在修威中校返回首爾的次日，美軍政府的最高層來到了濟州。當天，美軍把在濟州島的曼斯菲爾德中校夫人等八名美軍眷屬疏散到了首爾。為了掌控濟州島的情勢，迪安少將與沃德少將一起乘坐飛機，巡視了山區村莊。而這裡正受到警備隊的包圍，且所有十八歲以上的男性正一個一個遭到逮捕。

第三次則是在五月五日，由迪安少將與美軍政府中的最高層韓籍官員一起出訪濟州島，同時也召開了對策會議。迪安少將此次到訪濟州，與上次協同沃德少將一起到訪，只差了六天，而且距離五・一〇選舉僅剩五天。這說明濟州島的情勢亟需美軍政府予以解決。迪安少將當天與民政部長安在鴻、警務部長趙炳玉、警備隊司令官宋虎聲等韓國高官一起訪問了濟州島，他們各自評估完情況後，召開了對策會議。

當天的對策會議成了對濟州島進行強硬鎮壓的轉捩點。韓國國內媒體是如此報導這天的會議：「迪安長官與趙部長命令在短時間內處理這個事件，對於不服從者一律格殺勿論。」

迪安少將回到首爾後，第二天便召開了記者會，發表聲明稱濟州島動亂是「由反對五・一〇選舉的北朝鮮共產軍事間諜所策劃的陰謀」。濟州島對策會議次日，警備隊第九團團長金益烈被替換成朴珍景。正如之前所提到的，金益烈主張與武裝隊展開和平協商，並致力於宣撫工作。在迪安少將等人結束濟州島之行後，美軍政府將濟州島動亂視為「全面性的游擊戰」，並強化了鎮壓行動。

一九四八年五月三日，澳洲《雪梨晨鋒報》（*The Sydney Morning Herald*）引用美國UP通訊社特派員的報導稱：「駐屯於韓半島的美蘇佔領軍，其對峙緊張局勢日益升高。某種程度上，原因出自於濟州島的共產叛亂。」這則報導指出，濟州島動亂升高了美蘇之間的緊張關係。美國《華盛頓新聞》（*Washington News*）也於一九四八年五月五日報導濟州島動亂時說：「史達林正在強化游擊戰，藉以阻撓聯合國所監督的選舉進行。」他們認為濟州島的局勢，早已超越了地區性事件的層次，儼然成為美蘇之間的對決，甚至還繪聲繪影報導蘇聯介入了濟州島的情勢。就這樣，四・三逐漸演變成國際性的問題。

五・一〇選舉失敗，美國緊急派遣驅逐艦前往濟州

美軍政府當時最大的挑戰，就是能否成功舉辦五・一〇選舉。美軍政府將選舉視為託管時期最重要的時刻，如果選舉投票率低，就無法期待南韓的單獨分治政府能夠獲得國際認可，因此美國傾注全力推動選舉。韓國全國有兩百個選區要選國會議員，若有任何一個選區未能順利舉辦或選舉失敗，美國的政策就會受到打擊。然而，問題就出在濟州島。武裝起義初期，美軍政府雖然積極介入，但情勢卻未見緩和，反而持續升級擴大。

在這種情況下，五月十日，韓國舉行了脫離殖民統治後的首次選舉。全國兩百個選區中，只有兩個選區未能成功選出國會議員。這兩個選區分別是北濟州郡的甲選區與乙選區，這兩處的投票率均未過半，因此被宣告選舉無效。

霍奇中將在五月十二日發表聲明，對五・一〇選舉的成功舉辦表示讚賞，並稱「儘管先前遭受到大規模的反對選舉陰謀，但我們仍獲得了前所未有的民主勝利」。然而，對於美軍政府當局來

說，當初傾注全力平息濟州島的動蕩，就是為了確保選舉的成功舉辦，如今的情況卻變得令人困惑。四．三武裝起義以後，美軍政府為了能在濟州島成功舉辦五．一〇選舉，不僅增派了警備隊，政府高層還接連到訪濟州指揮作戰，儘管做出了各種努力，但這裡還是成為全國唯一一個選舉失敗的地區。

濟州島的選舉失敗，成為了美軍政府將執行全面且強硬鎮壓的預告。在美國國務院、美軍政府、聯合國朝鮮臨時委員會接連對韓國的選舉結果發表歡迎聲明之後，美軍政府也開始著手進行鎮壓濟州島的計畫。霍奇中將發表聲明的當天，美國遠東司令部緊急派遣了驅逐艦前往濟州島。驅逐艦在濟州島展開了偵察活動，並在濟州沿岸停留了一個星期以上。美軍政府甚至還指示說，萬一發生危急情況時，可考慮動用戰鬥機。

美軍政府在五月二十四日宣布濟州島的選舉無效之前，早已執行了一段時間的作戰行動。迪安少將先是透過發給國會選舉委員會的文件，宣布北濟州郡甲乙兩選區的選舉無效，而選舉無效是「由於破壞分子的活動與暴力行為所致，不能看作是人民真正意見的表達」。接著在五月二十六日，美軍政府才透過公告正式宣布選舉無效，並訂於六月二十三日將實施重新選舉。同時，美軍政府派遣第六師第二十團團長布朗上校擔任最高指揮官，負責統率美軍、警備隊與警察。他在二戰時期曾擔任過野戰指揮官，率領坦克部隊在廣闊的亞洲大陸戰場上作戰，範圍遍及緬甸與中國大陸。

派任布朗上校擔任最高指揮官，就是美國當時直接介入四．三的證據。布朗上校於一九四八年五月下旬左右接受派任，而韓國媒體在一九四八年六月報導稱：「（濟州島）當地，有美國軍人任最高指揮官，負責統率海岸邊境警察。」

布朗上校的派任如何能成為美國直接介入的證據呢？這是因為在武裝起義初期，美軍曾制定過不要出現在作戰現場的政策，但是他的派任卻與這一政策完全背道而馳。在與四．三差不多的時間點，希臘正在打內戰，而這內戰後來也成為杜魯門主義形成的契機。雖然美國派遣了軍事顧問團積極介入希臘內戰，但是美國考慮到國內的輿論，美軍並沒有出現在作戰現場。然而，濟州島的狀況則有所不同，布朗上校的行動是公開的，他不僅與記者們一起視察了作戰現場，甚至還召開了記者會，說明作戰的情況。這難道是因為濟州島是邊陲中的邊陲嗎？不，我們若從完全不同的角度來看的話會更精確。這也間接證明了，在五月十日的選舉失敗之後，駐韓美軍司令部與美軍政府將濟州島的情勢，看得非常嚴重。

霍奇中將命令濟州道軍政中隊與美軍防諜隊，運用一切可能的手段支援布朗上校。布朗上校所被賦予的使命是成功舉辦「六．二三重新選舉」。為了成功完成重新選舉的任務，布朗上校穿梭於濟州島各山腰地區，鼓舞警備隊作戰，並於六月二日的記者會上自信地表示：「六月二十三日重新選舉時，大家將會自由地選出代表，局勢也會穩定下來。」

在布朗上校的指揮下，警備隊第十一團在山腰地區逮捕了數千名濟州島居民。從五月二十二日到六月三十日止，被逮捕的居民人數多達五千多人。布朗上校在記者會上如此高聲說道：

「我對追究原因沒有興趣。我的使命就是鎮壓。只要兩週，就能平定。」

然而，美軍政府卻在六月十日無限期延期了濟州島的重新選舉。布朗上校既沒有興趣追究原因，也沒有意願解決問題的根源，他一意孤行的鎮壓行動，最後以失敗告終。當時，目睹濟州島情況的美軍政府司法部韓國官員與媒體都呼籲「事件發生的原因在於民心背離」，並主張應致力於解決問題根源，但這些建議全被忽視。當時媒體對美軍政府的強硬鎮壓，做了如下報導：

「問題在於刀槍架在三十三萬島民的胸膛前。會有這樣的結果不是沒有原因的。」

這樣的論述，正確地指出了問題所在。為什麼要以刀槍對付那些手無寸鐵的濟州人呢？美軍政府早該找出問題原因並加以解決，但是他們卻沒有這麼做。未能成功平定濟州島動蕩的布朗上校於六月底、七月初離開了濟州島。但是他始終不願承認自己的失敗。他將「反選舉勢力」的成功，歸咎於濟州道民政長官的政策失敗，他也沒有對自己的行為做出任何評價。他認為，雖然警察的殘暴與政府機關的效率低落也是問題的原因之一，但真正的根源在於濟州島有百分之八十的人與共產主義者有關，或因為心生恐懼與他們牽連在一起。如果說美軍政府將濟州島看做是「赤色島嶼」，那麼曾誇下海口要平息動亂的布朗上校，則是直接把濟州島視為「共產之島」。

他們能擺脫「大肆屠殺平民」的責任嗎？

一九四八年八月十五日，在大韓民國政府成立後，美國仍深深介入了四・三。美軍此時仍擁有對韓國軍隊的指揮控制權。八月二十四日，李承晚總統和霍奇中將簽署了《大韓民國總統與駐韓美軍司令簽署關於過渡期間實施臨時軍事安全之行政協定》（韓美軍事安全臨時協定）。美國依據該協定，於八月二十六日成立了臨時軍事顧問團，由羅伯茲（W. L. Roberts）准將擔任團長。

十月十七日，第九團團長宋堯讚發布公告稱，將遵照「政府最高指令」，禁止人員在距離海岸線五公里以上的地區無證通行，違反者一律槍斃。自此，濟州島各地開始迴盪起慘烈的叫聲。

美國駐韓使節團大使穆喬（John J. Muccio）在「焦土化」掃蕩正式展開的十一月三日，向美國國務院發送了一份充滿憂心的電報：

「（大韓民國）政府顯然無力殲滅濟州島上的共產主義分子，局勢仍然相當緊張。」

這份電報意在煽動南韓政府執行更強烈的鎮壓，以平息濟州島的動亂。果不其然，李承晚政府於十一月十七日公布了戒嚴令：「為迅速平定濟州島的叛亂，特劃定東部地區為戒嚴區域。本命令自公布日起實施，戒嚴司令由第九團團長擔任。」

奪走一切，殺光一切，燒掉一切。戒嚴令的宣布讓屠殺變得正當化。美軍顧問官們建議讓西青參與警備隊與警察的活動。美軍聯絡機則支援逮捕與屠殺那些逃到山區的濟州島人。濟州島居民的傷亡，集中在一九四八年十一月至一九四九年三月期間。

另一方面，由於政府與軍隊掌控了媒體，這使得在濟州島上發生的悲劇未能傳出島外。然而，駐濟州島的美軍顧問官不僅參加了韓國軍事參謀會議，對於大規模的屠殺行動也十分清楚，並且還每天向首爾的司令部匯報情況。

十一月八日，臨時軍事顧問團團長羅伯茲准將向駐韓美軍司令官報告，稱許第九團團長宋堯讚態度強硬且積極行動，中情局執行任務的表現也很優秀。宋堯讚則於十二月六日向霍奇中將表示了如下感謝：

「多虧了偵察飛行員艾瑞克森（Fred M. Erricson）中尉，他從十月十日就開始執行任務，並透過數次的濟州島偵察飛行，將叛軍的集結地、司令部，以及政府軍與叛軍之間的戰鬥情況，通報給第九團，以便我們可以順利執行鎮壓任務。」

十二月十八日，當濟州島逐漸變成廢墟，羅伯茲准將在寫給國務總理兼國防部長李範奭的信函中，做出了這樣的表示：

「宋堯讚中校非常善於指揮，他讓濟州島民原本敵對好戰的態度，轉變為全心全意的合作。」

「由能幹且值得信賴的軍官們，所領導的這群愛好和平的居民，他們的行動結果，應透過媒體、廣播與總統的公告廣泛宣傳。」

十二月二十一日，國防部總參謀長蔡秉德准將就此向羅伯茲准將回應時提到，宋堯讚中校與美軍顧問官展現了卓越的能力，在充滿敵對態勢的濟州島上，成功執行了困難且艱鉅的任務，他會建議將這些成果發布於總統的聲明中。羅伯茲准將對濟州島事件的這般認知，合理化且助長了屠殺的發生。

美國駐韓使節團參事官莊萊德（Everett. F. Drumright），也向美國國務院報告了十一月二十一日至十二月二十日的濟州島狀況，並表示：「在過去一到二個月當中，對濟州島共產分子的鎮壓，取得了令人滿意的進展。」莊萊德所說的「對共產分子的鎮壓」實際上是「對平民的大規模屠殺」。

美國一方面督促要更加積極地壓制濟州島的亂象，所以向軍方與警察推薦惡名昭彰的西青參與鎮壓，並啟用聯絡機來提供資訊，但另一方面又指責第九團採取大規模屠殺平民的計畫。難道美國本身對第九團採取大規模屠殺平民的行為，完全沒有責任嗎？

「蘇聯潛艇出現在濟州島」，製造假新聞的理由是？

一九四九年一月九日，《華盛頓郵報》與《紐約時報》以〈蘇聯潛艇攻擊濟州的信號〉為題做了報導，當中援引韓國政府相關人士的話稱，一月八日所發現的蘇聯潛艇，早在四天前即出現在韓國沿海水域，並向游擊隊發出攻擊濟州邑的信號。這些外國媒體接著報導：「一月四日下午，有兩艘潛艇於出現在三陽里沿岸，另有一艘於夜間出現在翰林里沿岸，警察回報說在沿岸親眼目睹了蘇聯國旗。三陽里沿岸的潛艇，在海岸警察猛烈的步槍射擊下，仍停留了四個小時，至次日上午為止，都未曾離開。」

一九四九年一月八日，《南華早報》甚至還報導說：「兩百多名共產主義者在接到潛艇發出的信號後，便開始執行作戰。」還有外國媒體稱，韓國政府從武裝隊手中收繳了蘇聯製的機關槍。蘇聯潛艇出現在濟州島沿岸的報導，甚至被東南亞與澳洲的媒體大肆引用報導。

然而，並沒有任何證據支持這一說法。假設該報導屬實，那就意味著在蘇聯潛艇出現滯留的四個小時內，只有警察前往處理，而駐屯於濟州島的美軍顧問團與海軍完全沒有任何應對措施。這完全不符合常理，全部都是不實報導。

蘇聯潛艇現身於濟州島的說法，這並不是第一次。一九四八年十月，國內外媒體就曾引用美國駐濟州島第五十九軍政中隊司令官諾雷爾（Edgar A. Noel）少校的談話，稱在濟州島附近海域，曾出現飄揚著北韓國旗的潛艇。然而，之後就無再進一步的後續情報報告或報導。

這些不實報導未經核實就傳到了國外。也因此，濟州島被認為是美蘇對決的戰場，同時也被視為美國圍堵蘇聯的前哨站。駐韓美軍司令部一九四九年五月一日表示：「雖然有傳聞說叛軍正在接受本土與北韓的後勤支援，但目前尚無證據證明此一說法。」

李承晚與穆喬對於濟州島鎮壓的互動合作

正如第一章所提及的，李承晚於一九四九年一月二十一日的國務會議上表示：「美國意識到韓國的重要性，並對此深表同情，但唯有澈底根除濟州島、全羅南道事件的影響衝擊，他們的援助才會積極，我要求用嚴厲手段進行鎮壓，以示法律的尊嚴。」在幾天後，也就是一月二十八日所召開的國務會議上，命令用嚴厲手段鎮壓的李承晚又表示：「濟州島動亂因美國海軍的停泊，取得了好的結果。」

我們只要查看遠東海軍司令部支援團一九四九年二月二日的相關文書檔案，就可以知道李承晚所說的，美國海軍停泊濟州島所取得的「好結果」。

一月二十四日，美國海軍巡洋艦阿斯托里亞號等三艘艦艇抵達了仁川。李承晚總統、各部會首長、穆喬大使、羅伯茲准將等都出席了當天在巡洋艦上舉行的宴會。根據檔案內容：「穆喬大使表示韓國政府非常希望我們到濟州島參訪，並與我們商議短暫參訪濟州島的方案。據此，我們修改計畫，決定暫時出訪這座不幸的島嶼。」此外，檔案內容還顯示：「一月二十四日下午四時從仁川出發，第二天上午十時抵達濟州港，這些高層將領到訪濟州島，與當地美軍顧問官、警察廳長會面後，於下午一時啟航前往釜山。」四天後，李承晚在國務會議上表示，美國海軍停泊濟州島取得了很好的結果。

這一連串的檔案都顯示，李承晚與穆喬之間存在著密切的互動合作。在李承晚政府的要求下，包括穆喬在內的美軍將領在濟州島停留了三個多小時，李承晚並對此宣傳說：「美國海軍的停泊取得了很好的結果。」

一九四九年三月十日，美國駐韓使節團參事官莊萊德向羅伯茲准將發送了一封有關濟州島情況的信函，內容指出：「濟州島情況嚴峻，我們應該採取積極的措施來扭轉局勢」。這進一步助長了對濟州島的強硬鎮壓。對此，羅伯茲准將於第二天回覆稱：「已向韓國總統與國務總理發送了信函，強烈要求韓國政府重視關於濟州島游擊隊與軍事作戰等問題。」這也顯現，即便在大韓民國政府成立之後，美國官員與美軍仍然直接或間接地介入了濟州島的局勢。

美國對濟州島的持續關注

一九四九年三月二十八日，美國駐韓使節團參事官莊萊德向美國國務院匯報了以下內容：

「獲得警察支援的韓國軍隊，在智異山、全羅南道與濟州島等地都取得了令人滿意的成果，此刻也持續進行討伐作戰。（中略）實有必要進行持續的、長期的作戰行動，以澈底將其根除。」

莊萊德提及「實有必要澈底將其根除」，此番言論與李承晚之前所說「用嚴厲手段進行鎮壓」是一樣的意思。穆喬也持續關注濟州島情勢，並督促韓國政府積極應對。在韓國政府提高對濟州島的討伐作戰攻勢之下，穆喬於四月四日會見了李承晚，在實際上已進入討伐作戰的尾聲之際，他激勵與鼓舞李承晚說：「韓國應該剷除在濟州島與全羅南道等地橫行的游擊匪黨，並訓練安全部隊，以鞏固韓國的地位。」對此，李承晚表示：「韓國意識到掃蕩共產分子的重要性，刻正務實地採取一舉殲滅的措施。」像這樣，李承晚政府與美國官員就濟州島動蕩的鎮壓問題，一直保持著互動合作。四月九日，穆喬也透過發送給美國國務院的報告，做了這樣的陳述：

「從受管控的廣播中所出現的宣傳內容，就可以很明顯地看出濟州島被蘇聯選定為向南韓製造混亂、實施恐怖攻擊的主要舞台。顯然，蘇聯的特務正輕易地滲透到濟州島內，且不斷有報告指稱蘇聯船隻與潛艇出現在濟州島附近。」

美國官員認為蘇聯已將濟州島作為恐怖攻擊的前哨站，且蘇維埃的特務們正進入濟州島內，這一點與美國欲將南韓建設為反共堡壘的政策，形成了矛盾。然而，實際上，我們找不到任何有關蘇聯已進入濟州島的證據。

濟州島已經滿目瘡痍。在這種情況下，美國官員與美國軍事顧問團仍堅決鼓勵並督促李承晚政府，要進行更加積極的討伐行動。他們當然沒有忘記向美國國務院報告所有的情況。同年十月十三日，穆喬在向美國國務院的報告中這樣寫道：

「我很高興地向各位報告，濟州島的作戰行動已取得了具毀滅性的成功（devastatingly successful），我們讓共產暴徒們無法從這座『戰略上最重要的島嶼』上，死灰復燃。」

「具毀滅性的成功」這樣的詞語背後，其實就代表著對濟州島居民的大規模屠殺。

美軍對濟州島所表現出來的關心，在韓戰期間也未曾間斷。美軍在韓戰時期亦透過視察濟州島，建議韓國政府對軍隊與警察進行訓練，以及安排顧問官等事項。一九五三年，在美軍所撰寫的一份文件中，提出了對應濟州島局勢的策略建議：「基於國內與國際政治的理由，不應在此顯現出美軍部隊與美國的影響力。」

第五章　離去的人們——四・三的流散

到北邊去的哥哥

在四・三前後，濟州島的居民為了生存，紛紛逃離了這座島嶼。在脫離殖民統治後，人們從日本等地返回故鄉，卻因為食物短缺，不得不再次離開。更有些人是為了躲避死亡的威脅，而離開了故鄉。就這樣，「四・三流散」開始了。逃離的人冒著生命危險登上了船。乘坐於偷渡船隻上的人們當中，有些人再也沒有回來，有些人則前往日本或美國等地，也有些人從日本乘坐船隻航行至北方，去到了北韓。這些勉強倖存下來的人們，雖然在陌生的土地上，遭遇到了重重的困難，但至少他們躲避掉了死亡的威嚇。

「伊善啊！」

一位年近八旬，白髮蒼蒼老人搖搖晃晃地走過來，喊了一個名字。老人古銅色的臉上洋溢著笑容，體型雖略顯瘦弱，但仍很健康。他們一下子就認出了彼此。光看男人走路過來的樣子，女人一眼就認出他是自己的二哥。二〇〇七年五月十二日，在金剛山所舉行的第十五次「南北離散家族相逢活動」，伊善妹妹見到了權培哥哥。兩人自從因韓戰而分離後，在彼此生死未卜的情況下，各自生活了五十八年。當年二十二歲的哥哥，今日再次出現在眼前時，已是一位八十歲的老人。而從濟州市朝天邑前去見哥哥，當年那位十八歲的妹妹金伊善，如今也成了一位老奶奶。

「我還記得哥哥的臉！因為我們只相差四歲，所以印象深刻。當他從那一頭走過來時，我心裡就想：『那是哥哥啊！』哥哥也叫了我的名字：『伊善啊！』就像幾天前才剛在濟州市見過面的人一樣，我們開心相見，並互相聊了一番。光是知道人沒有死還活著，就非常開心了，為什麼要哭呢？」

金伊善沒有哭，她早就下定決心不要哭。如果哭的話，就什麼話都不能說了。時間太寶貴了。北方就只有哥哥一個人來，比權培哥哥大兩歲的逸善姊姊，還有侄子們，都從濟州跟著一起去了。

「在去見哥哥之前，我就下定決心即使見到面也不能哭。如果哭的話，彼此都說不了話，所以不能哭。人還沒死，還能活著相見不是很好嗎？有些人與離散的家人再次相見時一直哭，哭到整間飯店都能感受到震撼的程度。」

金伊善是下了這樣的決心後，才去與哥哥相見的。他們聊著各自在南北韓的生活、父母親的墓地與親戚們的近況。這三天兩夜的相聚，是如此的短暫。這次會面是五十八年來的第一次，也是最後一次。

金伊善在與哥哥見完面後的第二年，她與家人們於三月七日在父母的墓地前，立了一塊獨一無二的石碑。這座石碑也象徵著四．三與南北韓分裂的現實。

「兄妹相逢紀念碑」

長方形黑色的大理石碑，正面刻著在北韓的哥哥、嫂嫂，還有十三名子孫的名字，背面則刻下了與哥哥會面後的心境。

「二〇〇七年五月十二日，在大韓民國紅十字會主辦的第十五次離散家族相逢日（中略）見到了父親的二兒子權培哥哥，在五十八年前分離之後，他就去了北韓，以致於後來一直沒能見面。我與離別當年只有二十二歲的哥哥再次相見時，哥哥已屆八十，白髮蒼蒼，膝下有三男四女，七兄妹，曾孫也有四男二女，六兄妹。

過去一直想著哥哥或許還活著，焦慮忍耐等待的歲月，那些無數次流下的眼淚，以及想著父母而徹夜未眠的那些時刻，都在與權培哥哥見面，確定他家庭興旺後，便如同春雪融化般，自然而然地消失了。

多麼令人悲痛。濟州島民痛恨的四．三動亂，致使父親在五十一歲，母親在四十九歲，如此年輕的年紀就悲痛地去世，所幸有七名孫子加上六名曾孫，十三名後代子孫在這片天空下茁壯成長，並按照母親與父親的心願，過著美好的生活。因此，我們將十三名後代子孫的名字刻於碑上，立於父親母親的墓前。雙手合十地祈願父母親現在能拋開心中的悲傷，以喜悅之心接受兒子與孫子們，滿懷無比的感動與喜悅，往生極樂世界。」

金伊善說：「我們立起這個兄妹相逢紀念碑，是因為想向父母親傳達一個消息，那就是他們的兒子並沒有死，還活著，而且我們已經相聚了。」二〇〇七年，金伊善抱著「說不定……」的心情申請了「離散家屬相逢活動」，後來就幸運接到了哥哥在北韓還活著的消息。她也聽說，就在他們兄妹相會前的六個月，原本住在隔壁新村里的嫂嫂不幸於北韓去世，臨終時還思念著故鄉濟州，她往生後被埋葬於北韓的濟州島公墓。據說，北韓有個專為濟州島人設置的公墓。

四・三當時原本被關押於「陸地」監獄的濟州人中，有許多人因韓戰的爆發，監獄的大門被打開，遭就地處決，或是從此下落不明。另外，也有些人是自願或被迫前往北韓的。

而金伊善的二哥在韓國脫離殖民統治後，原本是在故鄉濟州朝天，從事維護治安的工作，同時擔任夜校的老師，後來又去到了首爾，在親戚經營的巴士公司上班。韓戰爆發後，他就輾轉去到了北韓。

「我的二哥非常聰明，他在朝天教書也教得很好。據說，只要是二哥講課，原本上課都在打瞌睡的學生，也會瞪大眼睛，專注凝聽。以前爺爺曾說那種新式學校，不是人該去念的，所以他只讓二哥讀漢文，因此二哥的漢文學得很好。要不是二哥遇到不好的時局（四・三）的話，這個社會應該也會有他的一席之地。他是那種只要下定決心要做，就算會死也要把事情完成的人。」

二哥在一九四七年三・一獨立運動紀念大會之後，就受到警察的注意，所以他一直無法回家，只能躲藏起來。四・三爆發後，他的父母被警察威脅交出子女，他們後來也遭到警察逮捕。一九四九年一月五日，父親在朝天支署前的田地上，與其他收容者一同遭到槍殺身亡。第二天，待在家中的金伊善接獲了父親死亡的消息。十五歲的金伊善熬夜製作要給父親穿的衣服，並和九歲的弟弟借了一輛馬車，將父親的遺體運到附近的田地裡暫時安葬。而和父親一起遭逮捕至收容所的母親，在同月的二十二日也受難了。金伊善說，在父親被槍殺後，獨自在收容所裡又度過近二十多天的母親，一定是非常痛苦。警察持續抓捕人們，躲藏於濟州邑親戚家的二哥金權培，因父母親相繼離世，某一天他決定離開這個令人討厭的故鄉，去到了首爾。之後隨著韓戰爆發，北韓軍隊入侵，他因而輾轉到了北韓。

金伊善的大哥則在韓戰之際，因「事先拘禁」而受難。一九五〇年六月，就在她的大哥去村裡的井邊洗澡時，分署的侍役卻跑來說要找他。大哥當時每隔二到三天就會在支署開會，但那天很特別的是，居然是支署主任說要找大哥，所以她就跟著一起去了。夜幕低垂，已經到了晚上九點，還沒吃飯的大哥卻依然還沒回家。於是金伊善跑到分署問說：「侍役說分署要開會，所以來找我大哥，然後他們就一起離開了。請問我大哥在這裡嗎？」警察卻回答說：「沒有什麼開會。」經過多方打聽，她才得知大哥與其他人被一起帶到了濟州警察署。雖然她年紀小，但卻很機靈，第二天她就來到警察署詢問大哥的下落。警方表示：「不是因為他犯了什麼罪才把他帶來這裡，而是擔心青年們與現在佔領首爾的北韓聯手合作，所以才讓他們待在一起，過過團體生活。」警察甚至說：「有錢的話，就拿些錢來買點食物給他吧。」

她一直拿錢過去，直到那年八月為止。當時一頓飯要價四十韓元。儘管她一直去付飯錢，卻仍見不到大哥的蹤影。她過了好久才聽說警察把大哥載上船，開槍殺了他，然後再將他綁於石頭上，丟入大海中。大哥當年只有二十五歲。她對大哥的受難感到憤怒，也對於被騙了飯錢感到氣憤，但她卻無法改變這一切。

「無論如何都要離開濟州」，他們選擇的地方又是日本

「有個令人悲傷的消息傳來，有艘偷渡的船隻，在離開濟州前往日本時，在日本對馬島附近被大浪沖毀，導致四十多名乘客中有二十多人死亡。該艘船隻在上個月十五日左右離開咸德港，一路前往日本，在二十日左右抵達對馬島近海，卻不幸遭遇到大風浪，導致該船隻完全毀損，一瞬之間，二十多個寶貴的生命，如同海藻碎屑般，消失於大海之中。」

一九四七年五月二十四日的《濟州新報》刊登了一篇標題為「偷渡船隻遇難，二十多人喪生」的報導。離開咸德港，偷渡前往日本的船隻被大浪沖毀，四十餘人中有二十多人喪生。當時這些人正冒著生命危險，打算偷渡到日本。

在日本帝國強佔時期，有許多人被以強制勞動、徵兵、徵用等理由，被迫離開了濟州島，跑到日本生活。好不容易在脫離殖民統治後，他們重新回到了故鄉。然而，故鄉卻成了絕望之地，不僅缺乏工作機會與糧食，甚至連霍亂疫情也迅速擴散，席捲了整個濟州社會。於是，許多人又飄洋過海，再次來到那塊曾經令人感到厭煩的土地上。金民柱曾親身參與四・三，之後他偷渡到了日本，他在那裡與金奉鉉共同編寫了《濟州島人民的四・三武裝鬥爭史》。金民柱在濟州島經歷過嚴重的生活困頓，他是如此描述著自己的生活經歷：

「脫離殖民統治後，我們開始感受到飢餓。『在日本帝國統治時期，我們曾經挨過餓嗎？』類似的話語也開始流傳起來。而且令人討厭的是，在脫離殖民統治後的一九四六年，濟州島爆發了霍亂疫情，再加上農作歉收，饑荒肆虐，所以我內心有著無論如何都要離開濟州島的想法。」

脫離殖民統治後的祖國，充滿混亂的故鄉，迫使人們再次越過了大韓海峽。為了躲避美軍政府的管控，飽受失業與飢餓之苦的濟州島人，就算要與波濤洶湧的大海搏鬥，也無所畏懼地選擇了飄洋過海，離開濟州島。

由於偷渡已成為了社會問題，於是美軍政府在一九四五年十二月表示：「在南朝鮮地區的眾多港口中，要防止小船偷渡是件非常困難的事情」，「但是軍政廳已在朝鮮與日本之間部署了海軍巡邏隊，刻正嚴密監視中」。而在一九四六年三月，位於日本東京的盟軍總司令部也向日本政府表示：「除非獲得盟軍總司令官的許可，否則在能夠使用一般的交通工具之前，除了日本人之外，任何人都不得再次進入日本。」藉此明令禁止那些已返回朝鮮的人再次前往日本。美軍政府也在一九四六年五月四日，公布軍政法令第七十二號，嚴禁美軍佔領地附近的偷渡行為。也因此，未經許可，人們是不得進入日本的。然而，儘管有如此嚴格的管制措施，選擇前往日本的人，卻越來越多。

「每天都在逮捕從韓國來的偷渡客」

一九四六年七月下旬開始，美國海軍第七艦隊驅逐艦為了阻止韓國與日本之間的走私貿易，開始載著朝鮮海岸警備隊隊員，在濟州島、木浦與麗水等地的周邊海域，執行偵察巡邏。但隨著偷渡客持續增加，霍奇中將於八月表示，他將命令第七艦隊澈底查緝，以杜絕朝鮮海上的走私貿易。大英國協佔領軍也在東海巡邏，逮捕擅自從朝鮮過來的偷渡客。

儘管採取了嚴厲的查緝措施，但偷渡的船隻仍未見減少，秘密往返於濟州和日本的船隻陸續被查獲。一九四六年八月下旬，第七艦隊所屬的驅逐艦緝獲了四艘載有一百七十五名朝鮮人，試圖從濟州島沿岸偷渡到日本的船隻。另外，同年九月三日，李正勛所擁有的濟州號，因涉嫌未持有登記文件遭扣押；五日，從日本開往濟州，載有三十人的征服號，也因涉嫌未持有登記文件遭扣押；九日，從日本裝載非法貨物進入濟州島的北水號被查獲；十一日，載有二名乘客，以及裝載鹽、肥皂等非法貨物進入濟州島的焜章號也被緝獲。

偷渡客每人交了七百到三千韓元不等的船費。據一九四六年八月七日，日本《東京日日新報》的報導，每個月至少有一萬多名朝鮮人，利用機動船、漁船、運輸船等交通工具，偷渡到日本山口縣或島根縣等地。根據統計，被日本警方緝獲的偷渡客人數，從一九四六年四月的四百八十八人，增加到五月的一千三百五十七人；進入六月後，偷渡人數略下降至七百五十二人，但到七月，又急遽上升至七千三百七十八人，七月的偷渡人數是六月的十倍之多。

同年十月三十日，《第三特報》刊載了美聯社二十九日發自日本佐世保的一篇報導，標題是「一萬多人前往敵國，偷渡客的心情是？」：

「佐世保佔領當局將非法入境日本本州與九州的朝鮮人遣返回國，總人數已達七千多人。這些希望居住於日本的朝鮮人，由於無法取得合法入境許可，因此他們從朝鮮的南海岸，經由東支那海，偷渡到九州及本州。當局從今年六月開始進行查緝，光是在本州領軍佔領地，就有八千二百零五人遭到逮捕；而在九州，在美軍第二十四師的指揮之下，也有六千六百二十八人遭到日本警察逮捕。」

一九四七年，偷渡客還是接連出現。一九四七年九月三日，濟州號因在海上未持有船舶登記文件，而被美國海軍驅逐艦扣押；九月九日，從日本裝載木材前往濟州島的第二北水號也被查獲。往來於濟州與日本之間的走私船隻問題持續不斷，美軍政府也持續執行著拘捕行動。

如果說，濟州島人在一九四七年初之前，主要是為了生計而偷渡到日本，那麼之後就是為了躲避死亡威脅而漂洋過海。他們也沒有承諾何時會返回故鄉，對於濟州島人來說，日本並不是陌生的土地，因為在日本帝國強佔時期，曾有五萬多人在那裡生活。

韓戰結束後，仍舊不斷有人前往日本。反共體制下的連坐法與生活所面臨的困境等，不斷迫使人們橫渡大海。直到一九六五年簽署《韓日基本條約》為止，每年都有一千多位以上的偷渡客遭到逮捕。

一九四八年至一九四九年，濟州島的人們登上了前往日本的船。一九四八年七到八月，一位曾參與武裝隊的女性，在三陽元堂峰附近搭上了偷渡的船隻，那艘船上還有其他許多偷渡的人們。一九四九年六月，在日韓僑詩人金時鐘先是躲在濟州近海的無人島——冠脫島上避難，後來他搭乘父親安排的偷渡船隻，前往了日本神戶須磨沿岸。

從盟軍司令部的報告來看，截至一九四八年五月二十日為止的一週之內，就有五百一十九名朝鮮人試圖非法入境日本而遭到逮捕。但順利進入日本而未被逮捕的偷渡人數，則無法推估。同年九月五日，有艘試圖從木浦偷渡前往日本的船隻，被木浦海軍基地的人員給查獲，船上載有十多名偷渡客。一九四九年四月一日的《自由新聞》，以「民生疾苦的反映？赴日偷渡客日益增加」為題報導指出：「究竟是想念什麼，才會再一次踏上這令人厭煩、不寒而慄的日本。然而，偷渡赴日者日益增加，似乎也反映了這片土地上的生活困苦。」從該報導來看，韓日交換船（一千七百噸）載著八百九十一名歸國同胞，於三月二十五日下午五時三十分離開日本佐世保港，並於二十六日上午九時十分抵達釜山港，這當中只有一百八十七人是一般的返國同胞，其餘七百零四人全部都是偷渡客，他們在日本當地遭到逮捕，後被遣返回國。

一九四九年一月三日，當濟州島正面臨「焦土化」掃蕩之際，「大阪濟州島大靜面親睦會」在大阪生野區，舉行了「反對屠殺人民追悼會」。大阪生野區住著許多來自濟州島的在日韓僑。後來，人們也以此為開端，接連在日本各地舉行追悼會。從中就可看出，當時有許多濟州島人居住於日本。

人們偷渡前往日本的路線是從濟州島或從釜山出發，途經對馬島，再利用山口縣與北九州之間的航道前行。但從一九四八年十月下旬開始，隨著海上警備的強化，偷渡客們則改走南九州方向的路線。隨著「焦土化」掃蕩政策的實施，偷渡客的人數也急遽增加。

一九四八年十月二十五日，當時駐紮於日本的大英國協佔領軍發布了「愛媛縣之非法入境管制」報告，報告中指出：「十月以來，每天都有韓國的偷渡客遭到逮捕，人數多達三百多人。」這段時間，經前後五次的查緝，從濟州島偷渡到日本愛媛縣的人當中，共多達二百八十九人遭到逮捕。

然而，並沒有具體的統計數據可以知道當時到底有多少濟州島人，為了躲避四・三而前往日本。四・三快結束之際，當時的濟州知事金容河曾表示「有四萬多人去了日本」，但沒有任何資料可以佐證這一說法。根據研究者們的推測，在四・三前後，濟州島大約有一萬多人以上，橫渡了大韓海峽，逃往日本。

「死也不要回來」，祖母對長孫的遺言

在日本大阪出生，脫離殖民統治後才回到故鄉大靜的李昌順，在十六歲那一年經歷了四・三。

在脫離殖民統治前，他的父親在日本經營往返四國與大阪之間的運輸船事業，但因突如其來的船難，父親從此下落不明。當韓國脫離日本的殖民統治後，故鄉的爺爺和奶奶，馬上就把長孫李昌順叫回了故鄉。

四・三剛發生之際，李昌順是大靜中學的學生，而後來成為濟州島人民游擊隊司令官的金達三，正是他的級任導師。雖然向老師學習的時間沒有很久，但老師在課堂上所說的「人類應該要擁有土地」、「人民是土地的主人」等話語，還是讓他留下了極為深刻的印象。因為四・三的爆發，導致他真正上學的時間只有五個多月。而因為參與張貼傳單之事，迫使他得永遠離開家鄉，他已經想不起來是誰要他這麼做的，也不清楚當時用墨筆在報紙上寫了些什麼內容。

「因為這件事情，我有三個朋友被警察抓走，後來他們全都被槍斃了。我也被警察拘留了十天左右，還被嚴刑拷打。雖然不知道警察是怎麼被收買的，但是奶奶為了救我這個家裡頭的長孫，她賣掉了田地。而那筆錢讓我成了唯一被釋放的倖存者。」

他親眼目睹了朋友們被槍殺的情景。警察一邊讓村裡的人都出來，一邊向不願意出來的居民威脅喊道：「你們都是共匪，我要把你們給槍斃。」這是發生在大靜伊橋洞田裡的事情。他記得是在一九四九年四月左右。他說，他永遠無法忘記當時的那一幕。

一九四九年，李昌順帶著在濟州邑警察署擔任駕駛的舅舅所製作的良民證，以及奶奶給的錢，前往首爾。他在那裡就讀養正中學，並住在首爾鷺梁津的寄宿房，寄宿房是由來自濟州翰京面的同鄉所經營的。奶奶去世的時候，他連葬禮都沒能參加。身為長孫，卻無法參加奶奶的葬禮。這是他心中永遠的恨。奶奶的遺言更是令人鬱結在心。

「死也絕對不要回來！」

沒過多久，某個買了奶奶的房子，並住在裡頭的刑警跑去找他，問了他有關父親的行蹤，並要他隔天去一趟自己的辦公室。寄宿房房東要他趕緊離開，前去釜山。房東說：「如果你真的去了刑警的辦公室，他不會放過你的，還會把你帶回濟州。」他的兩個叔叔已經在大靜松岳山前，偷偷乘船逃到釜山，然後再偷渡到了日本。同樣地，他也在抵達釜山之後，乘船偷渡到了母親居住的日本。這是韓戰爆發之前的事。

「不想對殺害母親的人低頭」，在日本隱姓埋名的故事

在日韓僑陳泰英的本名是元慶淵。他來自於濟州舊左面金寧里。他在就讀農業學校時，便曾參與學生運動，之後他逃到山中，卻不幸遭到警察逮捕。一起遭到逮捕的十多個人，全都在漢拏山的山腰地區，被槍殺身亡。幸運的他，遇到子彈未被擊發，他趁隙逃跑時，意外地掉進了一個沙坑，因而倖存下來。他有好一段時間都躲藏於姑姑的家。之後，他也走了好幾趟鬼門關，最終，他經由釜山坐上了偷渡的船隻。

他在日本隱姓埋名，也將兒子取名為陳日東。但隨著時間的流逝，陳日東變成了元日東。元慶淵在前往日本後，再也沒能踏上故鄉的土地，他在一九九〇年代初，長眠於日本。

「父親平時經常向我講述關於故鄉金寧里與四．三的故事。父親因為生病，所以我經常得陪他去醫院，每當去醫院的時候，他都會和我聊很多。」

大部分來自濟州的在日韓僑幾乎都不向子女們講述四．三的情況，但元慶淵與他們不同，他向孩子們講了很多關於四．三家族史的故事。

「父親說，當他們從濟州警察署拘留所被移送到其他收容所時，他數了一下，被逮捕的人約有十餘人左右。移送途中，警察說稍微休息一下，命令大家都站好，結果就突然開槍殺人。輪到父親要被殺的時候，因為子彈未被擊發，那一瞬間父親趁隙逃跑。在逃跑的路上，正好出現了一個類似小山坡的地方，他意外地掉到山坡下方，躲了起來，還好沒被警察發現，才得以活命。過了兩天左右，父親偷偷跑進他的姑姑家，躲在姑姑家裡的小庫房裡，待了一兩年左右。奶奶後來也被處死了。父親說他每天都在那個小庫房裡寫日記。他把自己與四．三有什麼關係、如何生活等等，都寫在了筆記本上。後來，因為某人的舉報，他再次遭到逮捕，而據說是法官救了他。他說，法官看完父親的日記後說：『這個人不能殺，無論如何都要挽救他。』我們家本來相當富有，但為了救父親出來，把田地都給賣了。姑姑也在背後花了很多錢營救他。」

元慶淵是三代單傳的獨生子，所以當姑姑們聽到他要被槍斃的消息時，馬上就去湊錢，無論如何也要救下這三代單傳獨生子的性命。一九四九年一月左右，原本元慶淵和母親一起在山上生活，討伐隊突然闖入家中後，母親為了保住他的性命，衝向前去抵抗了討伐隊。元慶淵成功脫逃了，但他的母親卻被討伐隊給抓走，經歷了各種嚴刑拷打，最終仍被處死。母親的死，在元慶淵的心中成了一輩子的恨。

在濟州，已經沒有安全的地方了。元慶淵逃往了釜山，這座有許多濟州島人居住的城市。一九五一年，韓戰正打得如火如荼之際，他乘坐了偷渡的船隻，前往日本。經由對馬島進入了九州博多。但這還沒有結束。他在日本大阪被警察逮捕，被送往了大村收容所。如果被遣返回韓國的話，不知道會發生什麼事。此時，濟州金寧里出身的在日韓僑們站了出來。在日本的韓僑社會中，金寧人非常團結，甚至有「金寧大家族」之稱。元日東如此描述著當年的故事：

「父親被關押在大村收容所的時候，故鄉的人們說如果父親被遣送回韓國，就會被處死，因此他們展開了營救運動。即便當時大家在日本社會也過得很辛苦，但還是籌措到了八十萬日元，以『陳泰英』的名字，辦理了一張外國人登錄證，救了父親。如果當時父親真的回去濟州島的話，應該就會喪命。」

從那時候開始，元慶淵就成了陳泰英，他也一直用這個名字生活，直到去世。在四・三發生之前，他與從濟州偷渡而來的十八歲妻子共組家庭，並生下了兒子。陳泰英的兒子就是「陳日東」。陳日東後來成為元日東，那則是在元慶淵去世之後的事情。

「父親去世後，我就想，如果連我自己的孩子也都姓『陳』，而不是姓『元』的話，那該怎麼辦？於是，全家人都改了名字。」

他的父親元慶淵是這樣談論四・三的：

「如果實施單獨選舉的話，那我們國家不是會分裂嗎？那時候有青年們遭刑求致死。大家難道不是因為政府壓迫濟州人民，才起身反抗的嗎？我們又不是共匪，身為民族的一分子，這當然是大家應該起身反對的事情啊。」

父親在日本從未間斷過對奶奶的祭祀。某天在從九州到東京的列車上，那天正好是奶奶的忌日，父親買了一瓶日本酒和一些飯糰，放置於列車地板上，並點了一根菸與線香來祭拜奶奶。在東京時，因為沒有房子，所以大家住在旅館裡，小父親三歲的姑姑與姑丈等人也會特地趕過來，用如同在家鄉金寧一樣的方式，一起祭拜奶奶。父親一輩子都懷著對自己母親的思念與歉意。每當談及自己的母親時，元慶淵都會在元日東面前落淚。父親去世後，兒子也原封不動地承繼了父親的悼念方式。

元日東說：「我心裡一直有一種我是濟州人的感覺。」雖然超過四十歲後才第一次去到濟州，但是一直以來，他對於父親的故鄉濟州，總是深感驕傲。這是因為他從小就會參加來自濟州金寧的長輩們所組成的親睦會，而且他也在濟州人社會中成長。濟州人聚集於他所居住的東京荒川區三河島。他在那裡念完小學與初中，他說以前上學時，學校裡百分之九十以上的人都是濟州人。無論是在學校還是在家裡，朋友和家人之間的語言、食物，全都充滿著濟州島的氛圍。在這種環境下，他自然而然內化成為濟州島人。他的父親儘管思念故鄉，但終其一生都沒有回去過。如果有故鄉的朋友們來到日本，勸他是不是該回去故鄉看看之類的話，他總是回答：「想回去，但是去不了。」

「我怎麼能向那些殺害我母親的人低頭？我不想低頭。如果南北韓統一的話，我就會回去。」

元慶淵的夢想，在他有生之年，最終未能實現。

「記憶太深刻，從未曾忘記」，現在仍舊憤怒的在日韓僑

一九五〇年左右，金永益坐上開往濟州邑內的車，沒能仔細注意到父親的目光。然而，父親拄著枴杖，拖著疼痛的身體走出家門來，一直看著兒子乘坐的車，直到車子從視野中消失為止。那是

父親最後一次見到兒子。父子兩人自此再也未曾見面。一九五三年二月，偷渡到日本的金永益在故鄉親眼目睹了四．三悲慘的情景。一九四七年，他的學長們在金寧國民學校，參加了兩三百人聚集召開的三．一獨立運動紀念大會後，接著又參加遊行，散發傳單。之後的某一天，西青突然闖入教室，對著學生粗暴毆打踐踏。

「我在升上初中一年級（一九四八年）時，發生了四．三事件（武裝起義）。事發後不久，大我一屆的學長就死了。當時老師們都不在學校，所以我們自己就在公會堂裡讀書。公會堂旁邊就是大麥田，大麥田就在支署前面。學長被警察抓走後，就在支署前被槍斃了。」

一九四八年五月十八日，就讀金寧中學初中一年級的他，目睹了大他一屆的學長被槍殺的場景。

「把我的兒子還給我！」

學長的父親看到自己的獨生子就這樣死去，每天都到支署前哭喊抗議，而警察每次看見他，都對他施以暴力。學長的父母親後來被誣陷為「脫逃者家屬」，一九四九年一月十七日，他們被抓到金寧里公會堂，遭到槍殺身亡。

金永益對濟州島再也沒有任何的依戀。正好，與他一起寄宿於濟州邑的人跟他說：「你有哥哥、姊姊在日本，去日本不是會更好嗎？」而他那時也好想離開，離開這個隨時都有可能被抓走處死的地方。他覺得比起濟州，去日本念大學應該會更好。就這樣他決定偷渡到日本，並於一九五二年底先去了釜山。在釜山的親戚家短暫停留後，他就去尋找偷渡業者。但是原先說好要載偷渡客們去港口搭乘船隻，前往日本的巴士，並沒有按預定計畫駛向港口，反而將巴士開到了釜山東萊警察署前。這是偷渡業者和警察事先預謀好的行動。他在那裡接受了一個星期的審訊。在從警察署被釋放出來不久後，他就在海雲台搭上了前往日本的船隻。他先是在同胞位於對馬島山中的家中，停留了約十天左右，之後再經由九州博多港進入到日本本土。後來，他就在日本東京讀了大學。由於就算被抓，他也還是可以滯留日本，所以他大學還念了兩個科系，甚至還短暫地讀了研究所。一九六〇年，當日本學生在全國各地反對修訂《美日安保條約》時，他也參加了示威活動。即便已經長期生活於陌生的異國他鄉，但他仍舊無法忘記，當年在自己眼前被槍殺身亡的學長，以及那位哭喊著「還我兒子」的學長父親。

「我從來沒有忘記過，因為記憶太深刻了，這也因為是親眼目睹的關係。他們怎麼能夠像殺狗、殺豬一樣，殘殺自己的同胞呢？」

他認為四・三的精神在於同胞們應該攜手合作，而不是相互對立。

「絕對不能忘記四・三是我們民族的悲劇。我們必須展望未來，同胞之間應該和睦攜手前進。民族間的對立要澈底排除，透過協商與對話解決問題。雖然彼此的想法不盡相同，但不該對立，而要尋求和諧共存。南北韓必須攜手團結，實現統一，但暴力應該被摒棄。這就是四・三的精神和教訓。」

在離開韓國六十多年後，他終於再次踏上這塊愛恨交織的故鄉土地。

人們離開濟州島，前往日本、「陸地」與北韓，在陌生的土地上努力扎根，建立新的家園。他們再也沒有回到濟州島。然而，在這些離開故土的人們記憶中，總有著「故鄉濟州」的位置。四・三的流散，是一個仍在進行中的故事。

第六章　反洋菓子運動——與濟州道美軍政府的首次對立

洋菓子的美味誘惑

「Give me chocolate!」

頂著大光頭，一群穿著髒兮兮的孩子們，伸出雙手大聲喊叫，奔跑追逐著美國大兵乘坐的卡車。在以韓戰為背景的電影或電視劇中，經常可以看到這樣的畫面。如果這時美軍再將幾塊巧克力扔到地上的話，孩子們就會衝上前去，展開一場巧克力爭奪大戰。每當美軍出現，這些曾經品嚐過巧克力甜美滋味的孩子們，就會蜂擁而至。

像銅鈴般大顆的「眼珠糖球」，也相當受到人們的喜愛。這些圓形的白色糖果，搭配上黃色、粉紅色與黑色等彩色條紋，相當鮮豔。因為太大顆了，有時候孩子們還會將它咬開，與朋友一起分享。有一段時間，大家都很羨慕那種將糖果放進嘴巴後，一邊臉頰還鼓起來的模樣。當然，在這裡也不能不提到水滴糖。水滴糖通常會用紙，像捲壽司一樣捲起來，它比眼珠糖球稍微高級一些，大小也較為適中，一顆一顆拿出來放在嘴巴，邊走邊吃也很方便。這種曾讓小朋友的嘴巴與眼睛都深獲滿足的洋菓子，也就是「西洋糖果」，在脫離殖民統治後的朝鮮歷史上，曾演變成一個嚴重的社會問題。

「最近，洋菓子有如洪水一般，充斥於每條街道與每家商店，它讓孩子們吃得很開心，但也逐步掏空了我們貧窮的口袋。在長期的戰爭中，生活在這片土地上的孩子們，別說是洋菓子了，就連一錢的糖餅也吃不到。而這些五彩繽紛、甜美可口、香氣四溢的洋菓子理所當然受到了孩子們的寵愛，且身為父母，事實上也很難拒絕這些天真可愛的孩童們的願望。然而，如果說這種香甜的糖果是用我們土地上的原料，是用我們的雙手來製作的話，那麼我們就可以盡情地滿足孩子們的願望，但是如同字面上所呈現的，這是遠渡太平洋而來的『西洋糖果』，所以我們不能忘記，消費這些物品，是會為國家帶來負債的。」

一九四七年一月十二日，在大邱所發行的《嶺南日報》刊載了一篇題為「真的可以吃嗎？香甜的洋菓子」的報導，當中如此解釋了反對洋菓子的理由。該報後續也提到，日本在殖民統治時期，將糖果引進朝鮮的緣由，並憤怒地表示日本竟利用兒童來剝削朝鮮。

「讓我們回憶一下，當我們吃著日本鬼子首次引進的『眼珠糖球』時，不懂事的孩子們，內心還非常感謝那些給予眼珠糖球的日本人。然而，如此香甜的眼珠糖球，實際上是日本鬼子為了剝削朝鮮，而引進到朝鮮來的，就像釣魚時把魚餌掛在魚鉤上一樣，他們其實只是利用兒童來達到自身的目的。」

剝削朝鮮的誘餌，眼珠糖球

日本帝國強佔時期，日本糖果公司所生產的牛奶糖、餅乾、乾糧等洋菓子陸續進入朝鮮境內。隨著這些東西越來越受到大家的喜愛，人們也更願意花個一兩分錢，享受一下甜蜜的口感，但最終也導致朝鮮的經濟一點一滴地被侵蝕。韓文學者崔鉉培在《朝鮮民族更生之道》中曾這樣說過：

「我們朝鮮同胞經營的商店日趨衰微，而外國人的商店則日漸繁榮、持續發展，去年那些販賣眼珠糖球、餅乾，賺取鄰里孩子手中零錢的販子，今年成為了雜貨零售商，明年將成為高利貸業者兼雜貨中盤商，後年再成為當地掌握霸權的人。這是我們在國土三千里各郡各府所親眼見證的現象。」——《東亞日報》，一九二六年十二月十四日。

一九二〇年代中期，從日本引入的眼珠糖球與餅乾在朝鮮各地非常暢銷，雜貨零售商迅速變為富商，掌控了地方的經濟權，而且在全國各地都可以看到這樣的情況。日本企業進入殖民地朝鮮，加深了雙方在經濟上的從屬關係。而糖果是掠奪經濟的工具之一，也因此社會上開始瀰漫抵制這些糖果的氛圍。一九三四年十二月十八日，義烈團團員洪加勒因「違反治安維持法事件」，在京城地方法院檢察廳接受調查時，審訊內容中也出現了眼珠糖球。他如此陳述著他與培材高等普通學校同學鄭三鉉的對話：

「朝鮮民眾中有八成是農民，農民中又有八成是佃農，他們平均每天的生活開銷是三分錢，生活十分艱困，而一顆眼珠糖球就足以讓他們吃一頓飯了。蘇聯、滿州國境的局勢相當險惡，很難說何時會因日本與蘇聯斷交，而爆發第二次世界大戰，如果日蘇真的開戰的話，朝鮮同胞的生活將更加嚴峻悲慘。我們不該錯失這個機會，朝鮮青年要齊心協力，共同站上革命前線。」

我們要白米，不要水滴糖！

人們還記得日本眼珠糖球蠶食朝鮮經濟所帶來的慘痛教訓，在他們眼中，這些來自美國的糖果，也正奴役著朝鮮經濟。他們認知到，引進這種非迫切需要的糖果到才剛脫離殖民統治不久的朝鮮，勢必將直接造成國家的負債。進口西洋糖果這種非建設國家所需的物品，將嚴重威脅到朝鮮貧弱的經濟，並促使美國的商品市場化。

根據一九四五年十二月二十二日《東亞日報》的報導，京畿道財務部於一九四五年八月十五日與十一月底，調查了首爾市區主要批發物價指數，發現平均價格指數產生了如下變化：

品名	八月十五日物價指數	十一月底物價指數	備考
白米	三十二．七〇	九百一十	上漲二十七．八倍
玄米	四十八．三五	九百	上漲十八．六倍
糖果	四十七．七八	六千	暴漲一百二十五．五倍

洋菓子以美國的糖果和水滴糖等為代表，從一九四六年下半年開始正式進入到韓國。同年九月十六日，美軍政府宣傳部表示：「商務部根據緊急物資配售計畫，將進口九百萬磅的美國高級糖果（蜜糖）分配給保健福利部和中央糧食行政處，供其配售予南朝鮮的國民。藉此機會，朝鮮人可以品嚐到戰爭中無法獲得的營養糖果。」糖果瞬間充斥於首爾的街道上。

「最近，在首爾街頭，以十韓元販售四顆或五顆美國蜜糖（糖果、水滴糖）的商販暴增。這所謂非常營養且令人讚不絕口的美國糖果，實際上除了糖分之外什麼都沒有。而政府到底是進口了多少糖果，才會像現在這樣，在街道上如此氾濫？」——《自由新聞》，一九四七年一月十日。

還有人斥責說：「人民連飯都沒得吃，到底為什麼需要洋菓子呢？」

「與其用蜜糖獲取營養，倒不如用白米會更好吧；如果沒有白米，那就用大麥，實在沒辦法的話，那至少用大玉米來填飽肚子獲取營養吧。」——《自由新聞》，一九四六年九月十七日。

黃海道延白郡的肥料負責人，要求提供可用於農耕的肥料，而不是提供糖果給人民，他說：

「今年春天，由於麥類需要追加施肥，所以美國所生產的三千石肥料（硝酸銨）也運抵至延安站。農民們非常歡迎，因為這是絕對必要的物品，不僅有助於農作物的增收，還能鞏固建國的基礎。我們希望融化後就消失的水滴糖，就送給原本就喜歡吃甜食的日本人，我們需要的是肥料。」

江華郡更是拒絕配售那些假借「緊急物資」名義，說要用來促進「白米獻納」的美國糖果。

「在這個連糧食都很難買得到的時候，我們不能花費大筆金錢來購買眼珠糖球。」

美軍政府進口洋菓子的費用，可買白米十萬五千石

到了一九四七年一月，洋菓子的問題就升級為社會問題。各媒體紛紛反對美軍政府進口糖果。

首爾的民間團體更要求美國，與其給糖，不如給白米。大家不分左翼、右翼，通通都出面反對進口洋菓子的政策。

「不要再吃洋菓子了！我們不得不擔憂與警惕，目前還在國際制約下的朝鮮，在迎來真正的獨立之前，經濟可能會逐漸衰退。請回想一下，我們過去吃眼珠糖球的經驗，三十八年來它隨著『新開化』一起傳入，最終導致我們的經濟崩壞。（中略）為了重建我們日益衰退的經濟，我們要探究原因、覺醒，並下定決心！我們應該發動新的本土產業振興運動。在這場本土產業振興運動中，我們互相監督，彼此警惕，共同採取行動。」——督促國民會，一九四七年一月七日。

右翼的「督促國民會」主張，進口洋菓子會帶來經濟上的崩壞，為了重建朝鮮的經濟，人民應該發動本土產業振興運動。左翼的「民戰」也發布了一篇題為「關於美軍政府洋菓子政策」的談話：

「我們長期以來反對現在於南朝鮮所實施的殖民地化政策。所謂的『殖民地化政策』無非就是，不管是在政治上或經濟上，將弱小民族綑綁於外國壟斷資本的體制下，這代表著，在沒有經濟獨立的情況下，也就不可能有政治獨立。近代歷史已經證明了這個事實。美軍政府宣稱，美國支援朝鮮實現成為獨立國家的目標，並否認實施殖民地化的政策，但實際上，美國不正在實行將朝鮮『商品市場化』的政策嗎？事實上，美軍政府用二億韓元的巨資進口洋菓子，就已經證明了這一點，洋菓子雖然香甜，但這和我們民族的營養與獨立，沒有任何一點關係。（下略）」——民戰，一九四七年一月十一日。

一九四七年一月八日，根據美軍政府宣傳部的公告，從美國進口的糖果為九百萬磅（四千零八十二噸），每磅（〇．四五公斤）價格為二十韓元，這些糖果總價值高達一億八千萬韓元。以當時的物價來看，這是個相當龐大的數字。對此，一些媒體批評說：「如果是購買建設所需的機器或生產原料，不要說一億韓元，就算是一百億韓元也都是值得的，然而，這些不吃也不會怎樣的糖果，居然要價一億八千萬韓元，這實在是令人感到不可思議。」在某些地區，人們甚至拒絕糖果的配售，轉而要求比糖果更為急迫的必要物資。

媒體將這個金額以白米的價格來進行換算，當時每石白米的公定價格約一千七百韓元，那麼一億八千萬韓元就相當於可以購買十萬五千八百八十二石的白米，如果按一天「二合五勺」（每人每天的配給量，約四百五十毫升）來計算，這個量就相當於四千二百三十五萬二千八百人一天的糧食總量。據說，這個量幾乎可供南北韓的總人口吃上一天半。另外，如果用橡膠鞋的價格來換算，每雙的公定價格以三十五韓元來計算，共可換得五百一十四萬二千八百五十七雙橡膠鞋；若以木柴的價格來換算，以目前一坪（面積三點三平方公尺的木柴量）的公定價格六百五十韓元來計算的話，則可購買約二十七萬六千九百二十三坪的木柴量。媒體也批評，如果換算成播種所需的稻田，以種植面積每坪四十韓元來計算的話，那麼就相當於四百五十萬坪的稻田，也就是說用購買洋菓子的錢，可以種出二萬二千五百斗的稻米量。另外，如果按軍政廳官員當時的平均月薪一千八百韓元來計算的話，那麼就相當於十萬人一個月的薪資。媒體批評大量進口非緊急物資糖果的政策，並表示：「在我們的經濟正處於難以形容的危機之際，將如此龐大的金額拿來購買洋菓子，無異於將身上唯一的一套衣服賣掉，換酒來喝。」

然而，在一九四七年一月，美軍政府宣傳部宣稱，九百萬磅的卡路里相當於一萬七千四百二十二石白米。然後，從同年七月十日起到二十七日止，總共配售合計二萬三千四百二十六箱的巧克力與洋菓子，這個數量價值約二千九百五十一萬五百八十韓元，有將近三千萬韓元的金錢用於巧克力與洋菓子的消費之上。某家報社也提出了這樣的疑問：

「首爾市民已經吃了很多在脫離殖民統治前不怎麼吃的糖果、罐頭，現在又吃掉了相當於三千萬韓元的巧克力和洋菓子。從七月十日到二十七日，配售到首爾市區的巧克力與洋菓子，合計約二萬三千四百二十六箱，換算成金錢的話，相當於二千九百五十一萬五百八十韓元（其中九十五萬九千四百八十二韓元又五十錢的量未配售），將近三千萬韓元。這些錢到底去了哪裡？誰又會從中取得利益？美軍政府表示，這筆錢會先放置於『物資營團』中，待政府成立之後就會處理。」——《自由新聞》，一九四七年七月四日。

濟州學生親身參與的反洋菓子運動

濟州島的情況與其他地區並沒有什麼不同。當全國各地都在呼籲拒吃洋菓子時，濟州島的學生們也親身參與了這場運動。

「脫離殖民統治後，你們可知道濟州島人已陷入了多久的飢餓中？濟州島沒有足夠的糧食。美軍政府得提供糧食，才能讓人活下去，但他們卻配售了洋菓子。也因此，我們才要站出來呼籲，不要配售巧克力，我們要的是糧食。」

這是一九四七年二月發生的事情。以學生為中心而展開的反洋菓子運動，與糧食問題串接在一起，在島民們的響應之下，擴展到了濟州島全境。當時在濟州島發起反洋菓子運動的要角之一，是農業學校二年級的學生玄正宣。當年玄正宣二十歲，他作為學校學生代表，走遍濟州島各地，高喊呼籲不要吃洋菓子。

「日本帝國時代，農業學校的學生們被派往農村，擔任監督獻納穀糧的人員，他們見證了父母兄弟們用血汗勞動所生產的糧食，被迫強制獻納。我在禾北也做過那樣的事情。那些遭剝奪糧食的島民們餓著肚子，被迫獻納糧食。正是這樣的經歷，所以在脫離殖民統治後，當美國進口的不是糧食，而是洋菓子時，我便積極參與了反對運動。」

這是為鼓勵獻納穀糧而引進的洋菓子。日本帝國強佔時期末期，人們對獻納米糧的強烈反感，延續至今。

「脫離殖民統治後，我們面臨到嚴重的糧食短缺，幾乎沒有飯可吃，我們為什麼要吃巧克力呢？為了生存，我們需要糧食。我們再也不要說『give me chocolate』了。請政府配售糧食吧。我經常有這樣的想法。」

青年學生與濟州道軍政中隊首次的正面對抗，就是因為組織反洋菓子運動。在經過二十多天後所舉行的三・一獨立運動紀念大會上，青年學生們也站上了最前線。玄正宣強調，所有參加反洋菓子運動的學生，並不隸屬於任何團體或組織，他們全都是自願參與的。

「有十多名學生代表坐在卡車上。有濟州中學、五賢中學的代表，我以農業學校的代表身分參加。坐上卡車後才發現，其他學校的學生們也坐在上頭。我們繞行島內的村莊，停車演說，呼籲不要吃洋菓子，要求政府提供糧食。」

學生們沒有麥克風，所以靠的是將紙張捲起來，握在手中，以此方式來替代麥克風。他們高喊著「咱們不要吃洋菓子」。玄正宣說，他是在高七鍾老師的提議之下，開始進行反洋菓子運動的。

「老師非常受到學生們的尊敬。老師說：『我們應該要發起反對洋菓子的運動』、『我們不是乞丐』，而我們也是這麼想的。」

子。

反對洋菓子的運動也發生在其他地區。在大邱，教師和學生們意見一致，決議反對配售洋菓子。

「大邱師範附屬中學全校學生果斷決議絕不吃洋菓子。不僅是一般學生，全國人民也舉起了反對洋菓子運動的旗幟。在寒假期間，師大附屬中學接到了濟州道學務局要求分攤配售洋菓子的通知，於是學校當局就先行購買了洋菓子，準備等學生上學時，再行發放給學生。但從一日下午二時開始，學校召開了全校會議（老師和學生均參加），討論有關洋菓子的問題，結果大家幾乎都異口同聲地呼籲說我們不能吃洋菓子，最終會議決議將糖果返還給濟州道學務當局。」——《嶺南日報》，一九四七年二月三日。

這場反對洋菓子的運動，在濟州島尤其具有組織性的規模，而且還引發了反美軍政府的示威抗議。

濟州青年學生的示威與美軍政府的驅散

一九四七年二月十日的下午，隸屬於濟州島中等學校聯盟的初中生們，聚集在濟州邑的觀德亭廣場，這裡也是濟州道美軍政府廳舍的所在地。大部分濟州邑內的學生都參加了這場示威，聚集到廣場上的學生人數多達一千多人。

「避免朝鮮被殖民地化，就從拒絕洋菓子開始。」

青年學生們喊出的口號，震響了整個觀德亭廣場。對於當天的示威，報紙也以「堅決反對洋菓子！千餘名學生奮起大示威」為題，做了如下的報導：

「方才在路邊、在店鋪前，回想起這晚的情景，不合時宜的洋菓子，以驚人的高價，陳列於巷間販賣。島內中等學校聯盟十日高喊『避免朝鮮被殖民地化，就從拒絕洋菓子開始』的口號，包括濟農、五中、濟中、教養等校的學生，足足有千百餘名聚集於觀德亭廣場前，齊聲吶喊堅決反對洋菓子的進口，聲音響徹雲霄，學生們展開了一場壯大的示威遊行。」——《濟州新報》，一九四七年二月十日。

美國第五十九軍政中隊自一九四五年十一月進入濟州島後，首次遭遇到大規模的示威抗議。反對洋菓子，其實代表的就是反對美軍政府的政策，也因此青年學生與美軍政府之間的緊張關係逐漸升級。尤其是，這次的示威是發生在美軍政府的辦公廳舍之前，因而也讓美軍政府感到相當緊張。為了因應示威可能發生的突發狀況，美軍在吉普車上安裝了機關槍，藉以防範意外的發生。雙方面臨著一觸即發的緊張情勢，美軍也將當天的示威狀況，向首爾的駐韓美軍司令部做了這樣的報告：

「一九四七年二月十日下午一時，第五十九軍政中隊本部前的廣場上，爆發了示威抗議。

示威者們放火焚燒了飛行場的草坪，但在建築本體遭受損害之前，火勢已被撲滅。軍政府沒有逮捕任何人。」——第六師情報報告，一九四七年二月十五日。

「一九四七年二月十日下午一時，三百五十多名學生在濟州邑展開反對美軍政府的示威抗議。軍政中隊驅散了示威活動，將學生趕出了濟州（邑內）。學生們隨後縱火，但火勢順利被撲滅，沒有造成任何傷害。」——駐韓美軍司令部週報摘要，一九四七年二月十六日。

學生們以示威抗議的方式，對抗軍政中隊，而軍政中隊則驅散了示威活動。我們不清楚美軍政府是否在驅散學生示威的過程中動用了武力。當學生在美軍政府廳舍前示威抗議時，玄正宣站在了示威隊伍的最前列。學生們目睹美國士兵在吉普車上安裝了機關槍，藉以恫嚇示威學生，也由於害怕美軍開槍射擊，所以他們不敢再前進。

在展開反對洋菓子運動的前一年，也就是一九四六年的下半年，農業學校的學生們也曾發起「同盟罷課」，藉以反對「日本帝國遺毒教育」與「法西斯教育」。日本帝國的遺毒教育，導致前輩對後輩施暴，教師毆打學生的情事經常發生，學生們為了反對這些行徑，發起了罷課行動。

「始於日本帝國時期的不良習慣一直延續至今，不僅有暴力教師，前輩們也經常毆打後輩。日語叫做『てっけんせいしん』，意思是『鐵拳精神』，也就是將後輩毆打到瀕死狀態。我們與大一屆的前輩關係有點不好，所以我們就齊聚於沙羅峰，決定參與『同盟罷課』，我們把這個會議稱為所謂的『沙羅峰會議』。」

這次的「同盟罷課」，在學生家長出面調停後，才得以順利落幕。

參與反洋菓子運動的他，為躲避死亡威脅而逃往日本

在脫離殖民統治的一九四五年，玄正宣還是農業學校一年級的學生。當時對於那些農業學校的學生而言，美軍就是「解放軍」。一九四五年九月二十八日，就在脫離殖民統治後的第四十五天，第一批美軍登陸了濟州島，他們接受了駐濟州島日軍的投降，並解除了日軍的武裝。

那一天，在農業學校舉行了戰勝國美國第二十四軍與戰敗國日本第五十八軍司令部的受降簽署儀式。聽到美軍負責受降的人員要來的消息，玄正宣與他的同伴回憶道：「聽說『解放軍』要來，所以我們製作了美國國旗前往觀德亭要歡迎他們，但是美軍卻故意走了另外一條路。」

「我們把美軍當作是『解放軍』，是要來解救我們的，但隨著時間的流逝，卻逐漸覺得『有點奇怪，明明說是要來解救我們，但怎麼沒有採取那樣的行動？』於是，人民與美軍政府也就逐漸對立了起來。」

在玄正宣的記憶中，人民委員會反而更能獲得島民們的信任。

「參與抗日運動是件非常困難的事情。正因為有像安世勳先生這樣受到尊敬的人物參與其

中，讓我們覺得人民委員會不會有不當的行為。」

安世勳曾擔任南勞黨濟州島黨委員長，日本帝國強佔時期活躍於間島。他在故鄉朝天（新左），曾因參與新左消費合作社運動而入獄。

在一九四七年的三．一獨立運動紀念大會上，玄正宣也和其他農業學校的學生一起站上了最前線。四年級的學生因為面臨升學，所以沒有參加，一到三年級則有一百多名學生參與。玄正宣說，他們並不是受到民戰或南勞黨的指示而前往參加紀念大會，學生團體全都是自發性參與的。

「在學校宿舍生活的學生們，發揮了主導學生運動的角色。我在學校唸書的時候，南勞黨還沒進入校園，我也從未加入過組織。」

遊行結束後，學生們在西門通的朝日俱樂部附近解散。就在那裡，玄正宣聽到了槍聲。槍聲一響，他就和其他學生們一起奔向現場，但中途就被警察攔阻，他只好和其他學生一起回去宿舍。三月十四日，警務部長趙炳玉為平息濟州島「三．一〇官民大罷工」而來到了濟州島。玄正宣在濟州北校聽了趙炳玉的演講。趙炳玉對聚集在操場的人們這樣說道：

「儘管燒吧！哪怕是要從飛機上傾倒汽油至濟州島。」

濟州人民為抗議三・一事件而展開三・一〇官民大罷工，玄正宣因為在街上張貼相關傳單，而和朋友一起被國防警備隊逮捕。六名農業學校的學生各自有負責張貼傳單的區域，玄正宣負責的區域是學校附近的道立醫院。他還記得傳單的內容，內容是要求處罰應該為三・一事件負起責任的警察。他貼完傳單後一轉身，就發現兩名警備隊員站在身後。當他被問到：「你住在哪裡？」時，他回答說：「住在農業學校的宿舍。」警備隊員接著說：「那你跟我們走」，然後就把他帶走了。這是他第二次被警察和警備隊抓走。第一次被抓是在參加反洋菓子運動的時候，他被關押在警察署的拘留所裡二十多天，遭受到了各式各樣的刑求。警察先讓玄正宣跪在棘螺碎殼上，接下來就是一陣毆打。玄正宣與警備隊員一起走在路上時，他想了很多事情。

「我如果帶著警備隊員們回去宿舍的話，我的同學們就會被抓。而且我因為是第二次被抓，所以如果站上法庭的話，很有可能會被判重刑。我沒有辦法，只能趁隙逃跑了。」

玄正宣開始走只有村裡頭的人才會知道，位於三姓穴附近的巷弄。玄正宣曾是短跑選手，也非常瞭解村裡的路，一進入巷弄內，他馬上就拔腿狂奔，一下子就甩開了警備隊員們，逃進了黑暗之中。他經由禾北、三陽，一路跑到了朝天。跑了十二多公里的路。他在朝天親戚家的地板下，躲了整整二十天。在第二十天的夜晚，他終於見到了那位從隔壁村莊，從家鄉咸德前來的，不斷打聽兒子消息的母親。

「正宣啊，跟我走吧。繼續留在這裡，就只是死路一條。你的哥哥在日本，去那裡的話，你就能獲得溫飽。你現在就必須得走！」

他跟在母親身後，利用大半夜的時間離開，藉此躲避人們的視線，他在咸德里的港口搭乘了偷渡的船隻。那個港口就位於現在很有名的咸德海水浴場咖啡廳附近，他趁著深夜時分登上了船。這是他最後一次見到母親。和他一樣，以類似理由偷渡到日本的同班同學就有十三人。在缺乏糧食的情況之下，許多人不得不偷渡，離開濟州島。

之後，他都是從偷渡到日本的鄉親口中，得知四・三的慘狀。他在濟州島的大哥與姪子，後來也遇害了。四十多歲的大哥在日本帝國強佔時期，就從日本搭船回到了故鄉。事件當時，他為了逃命而躲到山裡去，卻不幸遭討伐隊槍殺身亡。據說大哥的兒子是遭到「事先拘禁」，死在濟州機場。

玄正宣去到了日本後，在哥哥居住的大阪待了大約兩年的時間，之後他便去了東京。他說以前從大阪坐火車到東京，要花費十六個小時。

「但命運真的是很奇妙啊。我在大阪的哥哥家住了一段時間後，因為想到東京唸書，所以就來到了東京。在東京上野御徒町，有位前輩在做洋菓子生意，我就在那裡打工，後來竟變成了那家店的老闆。曾經高喊『我們不是乞丐』、『我們也有自尊』的人，後來居然是靠著販賣洋菓子維生，呵呵。」

他一邊在大學工學部就讀，一邊經營著洋菓子店，賺錢貼補家用。學校畢業後，他改經營一家塑膠製造公司。當年利用深夜偷渡到異鄉的他，再次踏上故鄉的土地時，已是五十四年後的二〇〇一年。父親與母親離世時，他也未曾能踏上故鄉的土地。二〇〇八年舉行四・三第六十週年紀念活動時，他又再次回到了濟州。那時，他參觀了濟州四・三和平公園內的「牌位供奉所」，在那裡留下了一段話：

「來到牌位供奉所一看，有些人有牌位，被認定為受難者，有些人則沒有牌位。我們不應該邊說著要澈底解決四・三問題，同時又對這些受難者有所差別待遇。我們應該將所有犧牲的人都視為受難者。」

第七章　目擊者——最初的瞬間，曾在那裡的人們

三・一事件，那天的受難者

一九四七年三月一日下午二時四十五分，濟州邑觀德亭廣場響起了三十八聲的槍響。《四・三特別法》將一九四七年三月一日定義為四・三的起點，而不是一九四八年四月三日。這是因為三・一事件後，美軍政府持續不斷的鎮壓，才是造成武裝起義爆發的真正原因。

在今日濟州牧官衙入口處，立著「守令以下皆下馬」的石碑。緊鄰著垣牆，內側左邊矗立著日本帝國時期建造的鐵製瞭望台，旁邊則是第一區警察署。當年示威隊伍來到這裡後，在瞭望台與警察署前就發生了開槍事件。警察開槍造成六人死亡，多人受傷。

這天出門觀看示威的許斗瑢、朴在玉、梁茂奉、宋德潤、吳英洙、金泰鎮等六人喪命。他們成為四・三的首批受難者。受難者中包含了小學生（許斗瑢），以及才二十出頭歲、抱著嬰兒的婦女（朴在玉）。

三月一日上午十一時，在距離觀德亭約三百多公尺的濟州北校，舉行了「第二十八週年三・一獨立運動紀念大會」，吸引眾多人群湧入。連住在濟州邑東邊的朝天，西邊的涯月的許多居民都步行前往學校參加。學生們則早在當天上午九時左右，就先行聚集於五賢中學舉辦了紀念活動。大會

現場人山人海，從各種文獻檔案推估，當天約有二萬五千至三萬多人參與。當時濟州島約百分之十的人口，都聚集到了濟州北校。濟州邑轄內所有村莊的居民，幾乎都前往了濟州北校。

從城外的吾羅里經過田野，一直往北方再走二公里左右，就能看到觀德亭。也有人爬到柿子樹上，從地勢較高的吾羅里，觀看人們穿越田野前往參加大會。

最年輕的受難者，吾羅里出身的許斗瑢村裡後輩看見和聽到的那一天

當天的受難者中，年紀最小的是十五歲，來自於吾羅里的許斗瑢。濟州北校五年級的許斗瑢，與村裡的五六名同伴，一起前往學校觀看這場吸引大批人群參加的紀念大會。村裡小他兩屆的後輩姜尚敦也跟著他一起去。人們成群結隊，通往學校的道路被擠得水泄不通，舉辦大會的學校現場也是人滿為患。孩子們被人群擠得連學校都進不去，於是爬上了學校正門的籬笆上。

「你待在這裡。學校裡面人太多了，進去會受傷的。我自己進去就好，馬上就回來。」

在擁擠的人群中，許斗瑢叮囑姜尚敦待在學校籬笆外頭，然後獨自進到學校裡頭觀看紀念大會。

「吾羅里的青年們都去參加了，而我也想去看看，於是就跟著去了。斗瑢哥也有一起去。因為聚集的人實在太多，所以斗瑢哥叫我不要進去學校。因為進去的話，可能會被人踩死，所以他叫我不要進去。斗瑢哥比我們都還要成熟，所以他進到了學校裡。我則是站在籬笆上觀看。」

學校的紀念大會結束之後，參加者們也紛紛加入了街頭示威，一時之間，觀德亭前擠滿了人。許斗瑢從學校出來後，便與姜尚敦分開了。由於人潮眾多，他甚至連自己在哪裡都不知道。比許斗瑢大兩歲的堂哥，當天也前往了觀德亭觀看紀念大會。堂哥在觀德亭附近遇見了許斗瑢。

「我是第一次看到這種情景，各有大約四、五排的人群聚在一起，一邊喊著『哇嚇、哇嚇』，一邊以S形隊伍走來走去。當示威群眾喊著『哇嚇、哇嚇』時，我突然聽到了『砰砰』的槍聲。我心想：『這是什麼聲音？』原來是從瞭望台的警報台發射出來的。剛開始還不知道有人死了。觀德亭對面有一條通往道立醫院的路，後來才知道，對面的殖產銀行附近有人中槍。」

其實在街頭示威快要結束的時候，堂哥就對許斗瑢說：「好像已經結束了，我們回去吧。」許斗瑢卻說：「去那邊看看再走吧。」那是堂哥和許斗瑢最後一次的對話。由於許斗瑢受難時，附近剛好有吾羅里的居民，所以才會知道他死亡的事。子彈是從他的身後貫穿了腹部。

和許斗瑢一起去看熱鬧的姜尚敦說，一聽到槍聲，他就跑回家了。一起去的朋友們，也各自散開。姜尚敦一回到家，馬上就挨了父親的棍子。因為父親分明警告過他不要亂跑，結果他還是不聽話。隨著夜幕低垂，許斗瑢死亡的消息也傳了回來。許斗瑢在吾羅里的父母瞬間失去了理智，青年們也驚慌失措。這時的當務之急就是把許斗瑢的遺體帶回家裡。堂哥回憶起那個時候說：

「有些人一看見他的遺體就哀嚎痛哭，那時候叔叔們都還在，所以就製作了擔架，並在遺體上覆蓋上了麻袋，運回了吾羅里。他母親的情況就更不用說了，怎麼可能保持理智呢？痛哭流涕，大喊大叫，場面亂成一團。三．一事件後，立即刮起了逮捕風暴，舉辦喪禮時，也只有家人親戚們敢去參加。」

許斗瑢的母親在兒子去世後，再也沒有說過任何有關於兒子的事情。

許斗瑢的另一個堂哥是濟州北校的教師。他身強體壯，個性剛毅果斷。他曾勇敢地站出來，要求警方對受難者進行補償，並懲處相關負責人員。三．一事件發生後，當警察開始大規模逮捕三．一〇官民大罷工相關人員時，堂哥被誣陷為三．一事件涉案人員，因而遭到警察逮捕。在同年四月二十八日的審判中，他因違反布告令第二號及軍政法令第十九號第四條的規定，被判處有期徒刑一年。他的刑期在三．一事件相關人員中是最長的。

抱著孩子的朴在玉，看到她倒下的國小學生

當時由第五十九軍政中隊，負責在三．一事件現場支援驅散參加集會的人員。那個時候就讀濟州北校五年級的梁有吉，回憶起那天的情景：

「三．一獨立運動紀念大會在我們學校舉行。我是最後走出學校的人，突然的槍響，讓現場變得一片混亂。我躲著看到美軍朝天鳴槍，也看到一位抱著小孩的婦人在殖產銀行前倒下。」

中槍的婦人朴在玉，雖然被送往了道立醫院，但在幾個小時之後便去世了。子彈從她的肋下貫穿左側臀部，懷中的嬰兒也在不久後死亡。

那一天，道頭里有兩百多位村民參加了紀念大會。準備進入紀念大會會場時，道頭里青年們就站在最前面，他們試圖進入，卻遭到警察的制止。然而，後來又在後方民眾的推擠之下，順勢就被推進了場內。當時就在隊伍當中的鄭永澤，是道頭里居民當中走在最前面的。他還被警察的刺刀刺傷手，傷勢相當嚴重。他說：「因為我們最先進入學校，所以也最晚離開。」在街頭示威中，道頭里居民們走在行進隊伍的後端，而最先進入學校的鄭永澤，則走在行進隊伍的最後面。

「我走在隊伍的最後面，一直走到西門橋時，突然間傳來了槍聲。再跑上前去看時，人們

已經四處逃散，一名道頭里的女子被槍打中身亡。道頭里那位身亡的女子是朴在玉，她是梁智鉉的妻子，梁智鉉曾與我們一起籌組建鄉會。」

建鄉會是一個為重建村莊而負責辦理各種活動的組織，鄭永澤擔任該團體的副會長。三·一事件發生後，他也參加了「三·一事件西部地區對策委員會」，曾經前往濟州道美軍政廳抗議。

抱著嬰兒受難的朴在玉，她的喪禮若引用當時《濟州新報》的報導措辭來形容的話，可以說這是一場在道頭里「全里民的憤怒和哀慟中」所舉行的「人民葬」。

「作為三月一日不祥事件的受難者之一，住在一徒里的朴在玉（女，二十一歲）悲慘地留下了出生僅三個月的孩子，無辜死去。她的遺體無言地回到了故鄉道頭里，從四日下午三時開始，在全里民的憤怒和哀慟中，隆重舉行了人民葬。」——《濟州新報》，一九四七年三月八日。

租屋住在南門通路邊，夫婦倆一起生活的梁茂奉，也在那天前去觀德亭現場觀看時，莫名遭到警察開槍射擊。

失去父親的兒子，無法忘記呼喊救命的父親

濟州南國民學校四年級的學生宋永浩，頭上綁著帶子，他也畫了太極旗並繫於竹枝上，和同學一起高喊著「萬歲」、「絕對反對洋菓子」等口號，展開街頭遊行。學校動員學生們前往了濟州北校。父親宋德潤將馬匹留在道南村神房泉（道南橋附近）後，便與朋友一起前往了觀德亭觀看紀念大會。

宋永浩從濟州北校經由山地橋、山地泉，沿著上坡路經過孔德山，來到了東門通。從濟州北校正門出來的話，於七星通彎路上有一家叫做「甲子屋」的店鋪，在去那家店鋪的路上，就可以看到道知事的官邸。騎馬警察所騎乘的馬匹，就是在離官邸不遠的地方，踢傷了一個小孩。

「當時，我看到農業學校的學生與民眾們正從南門通前往中央教堂，但他們只是繼續前進，沒有採取任何措施。激動的民眾『哇！』的一聲，奮起向前。」

當時，他正在觀看遊行隊伍的父親宋德潤被警察開槍擊中。發射子彈的瞭望台與他父親所在位置的直線距離，大約是六十到七十公尺左右。因此，宋永浩認為警方是刻意瞄準射擊的。

聽到槍聲從東門通方向傳來的宋永浩，立刻從南門通方向逃跑，他先回到學校，然後在回去道南里家中的路上，遇見了哥哥與村子裡的長輩們。這時他才知道父親中槍的事。一聽到父親中槍的消息，宋永浩馬上跑往了道立醫院。

「父親一邊喊著救命，一邊尋找著水。當過獸醫的遠房親戚大哥也來了。父親拉著那位大哥的手哀求著說：『侄子，救救我！』我們雖然找到了水，但是卻沒辦法給他水喝。」

道南村的青年們協助搬運宋德潤的遺體。當在準備喪禮時，他們發現子彈是從宋德潤的胳膊貫穿了腰部，槍痕歷歷在目。喪禮當天，整村的人都來協助辦理喪事。當時宋德潤年僅四十九歲。日本帝國強佔時期，宋永浩一家人都住在舊左面松堂里大川洞。當時那裡有日軍的小隊總部，甚至連日本兵也住在他們的屋子裡。宋永浩非常熟悉日軍的九九式步槍。他說擊中父親宋德潤的是機關槍。一九三六年一月出生的宋永浩，在家鄉大川洞生活了十年，搬到道南才剛滿一年，父親就遭遇了這樣的不幸。

這個家庭的悲劇並沒有因此而終止。當宋永浩的父親中槍被送到道立醫院時，是由一位大他九歲的哥哥陪同宋永浩一起去醫院的，而這位哥哥在一九四九年一月七日，當第二團軍人放火焚燒道南村時失蹤了。因為村子被燒毀，大他三歲的姊姊就被收容在達克內公會堂，姊姊後來就在那裡因病去世。

「在我們應該高興、高呼萬歲的日子裡，卻發生這種不幸事件，至今我也還是無法理解。然而，隨著歲月的流逝，現在我們應該要原諒彼此，但是絕對不能忘記。即使不是受難者的子孫，身為一個人，基於做人的道理與做人的根本，我們絕對不能忘記四．三。」

我羅里出身的吳英洙，女兒記憶中父親的最後身影

我羅里出身的吳英洙，原本在日本大阪經營餐廳，這次回來濟州是為了接家人回日本。那一天他也去到了觀德亭廣場，沒想到卻因此受難。在日本結婚的他，於脫離殖民統治後的第二年秋天，便帶著家人回到了濟州，也順便拜訪了位於老衡里的岳父岳母家。回到濟州後，由於一直找不到合適的工作，所以他隻身又去了日本。就在爆發三・一事件的前一天，也就是二月二十八日，為了接家人回日本，他再度回到了濟州。在日本出生長大的女兒吳秋子當時住在濟州家裡。那一年，她十一歲。

「當時我們並不是住在老衡里的外公外婆家，因為父親好幾個月都沒回來，我們就在山地租了間房子住。三・一獨立運動紀念日的前一天，爸爸從日本回來接我們。可能是因為太累了，三月一日早上他比較晚起床，早飯併同午飯一起吃。正好房東爺爺是領班，他說在觀德亭廣場裡有三・一獨立運動紀念日的活動，所以叫爸爸跟他一起去。觀德亭離山地也不遠，所以他就跟著出去了。」

吳英洙在下午一點左右出門，沒過多久就傳來了槍聲與騷動的消息。有人匆匆趕來吳秋子家，告訴她父親已經去世了。

「有人告訴我們父親死了，卻又要我們不要出去。那時候我才十一歲，哪會知道死亡是什麼意思？媽媽叫我們不要出門。我們那時候完全聽不懂韓語。聽說媽媽在爸爸那裡又哭又叫的，場面一團混亂。媽媽當時懷孕了，所以弟弟是遺腹子。當老么弟弟出生後，家裡就剩下媽媽、姊姊、我和三個弟弟，一共六個人。如果當時沒有發生那件事情的話，我們早就去日本了。」

當時她的母親痛哭著說：「難道你是為了死，才從日本回來的嗎？」因為爆發三．一事件，到處都吹起了拘捕之風，父親的喪禮也無法好好舉辦。一剛開始只能暫時找個地方埋葬，等到事情稍稍穩定之後，才正式蓋了墳墓。

現在濟州大學醫院所在的位置，就是當時父親墳墓的所在地，但隨著醫院的建造，那座墳墓也消失了。一九四七年四月，家裡迎來了一位新成員，最小的弟弟作為遺腹子誕生了，但老么弟弟後來因為生病，在四歲那年便去世了。另一個弟弟也因為生病，在同一年死亡。從日本回到濟州的母親，在不到四年的時間裡，就失去了丈夫和兩個孩子。後來這一家人就住在山地海邊附近，每當吹起大浪，浪就會翻過家裡的屋頂。

「我永遠無法忘記，住在海邊村落的母親，一整夜無法入睡，茫然枯坐望著大海的樣子。」

丈夫與孩子們相繼離世後，母親帶著剩下的子女們，前往舅舅居住的釜山，然後再搬遷到了首爾。

所有事發現場都有「他們」，目擊者的證言

觀看示威活動的六個人，在同時間被警察開槍打死後，當地的報紙刊登了公告，為受難者家屬募集慰問金。整座濟州島的人們，也紛紛捐款表達哀悼之意。

「三月一日發生了一起突如其來的不幸事件，造成十餘人死傷，這已是眾所周知之事，這些受難者還未能享受獨立的榮光，便已留下千古怨恨，悲慘地離開了人世。本報社對此表示深切哀悼，同時本報社社會部決定根據左列要項籌集慰問金，以協助這些陷入困境的受難者家屬，並慰問受傷民眾，我們誠摯希望三十萬島民，對受難者抱持人溺己溺之心，發揮同胞愛，不計數量多寡地協助他們。」——《濟州新報》，一九四七年三月十日。

三・一獨立運動紀念大會當天，警察在警察署瞭望台與警察署前戒備。警察顧問官帕特里奇（John S. Partridge）上尉也在現場。當天上午，有學生與居民等兩千多人在五賢中學舉行集會，帕特里奇上尉先前往五賢中學下達解散命令，後來還在濟州監察廳前指揮警察。

最後從舉行三・一獨立運動紀念大會的學校出來的人，是濟州北校五年級的學生梁有吉。他親

眼目睹了美軍朝天鳴槍的情景。從濟州邑山腰地區的月坪村，出發前去觀看紀念大會的姜尚文，也目睹了軍政中隊警察顧問官帕特里奇上尉，在學校東側要求朝天鳴槍的一幕。

美軍情報報告書中稱：「美軍雖然驅散了群眾，但沒有使用武器。」美軍至少公開了動員去驅散群眾的事實。如果綜合報紙報導所說，參加者在學生集會或濟州監察廳前被要求解散，以及有目擊者看到美軍朝天鳴槍等資訊來看，可以肯定帕特里奇上尉當天確實指揮了警察。而為了觀察這場在脫離殖民統治後，史無前例於濟州島所舉辦的大規模集會，朴景勳知事與濟州道民政長官史陶特少校在現場的可能性也很大。

正當防衛？與事實相距甚遠的真相調查團報告

濟州島三．一事件真相調查至少進行了三次，其中包括官方主導的真相調查、中央美軍政廳特別監察室的真相調查，以及由警務部長趙炳玉等人組成的共同委員會所進行的真相調查。

官方主導的真相調查團起初計劃由民戰等左翼團體，網羅各界人士來組成調查團，但後來由於警方的反對而未能如願。雖然不清楚是誰參與了真相調查團，但由於媒體稱其為「官方主持」，因此濟州道廳、警察與濟州道美軍政廳應該都參與其中。

三月七日，濟州道廳職員要求朴景勳知事報告三．一事件的真相，朴景勳表示，調查團完成調查之後將立即報告；而三月十日道廳職員再行召開座談會，要求三．一事件真相調查團報告事件真相，但調查團以「現在不能發表」為由，予以拒絕。從這當中可見，官方主導的調查已經展開。實際上，該調查團的真相調查早在三月十二日前就已完成，調查報告也早就提交給了史陶特少校。他在三月十二日接受記者採訪時，做了這樣的表示：

「調查團雖然已經完成調查，並提交了報告書，但我閱讀內容之後發現，調查當中有許多缺漏之處，因此我已將報告書退還給調查團，並下令重新調查。」

史陶特少校不信任調查團的報告，調查結果也沒有公開，這與他自己原先承諾會迅速公布真相調查結果有所落差。儘管他握有調查「三．一開槍事件」的權限和責任，但他對此卻放任不管。以首爾美軍政廳特別監察室長卡斯蒂爾上校為團長的真相調查團，從三月八日開始到十三日離開濟州島為止，總共在濟州島停留了六天五夜，他們在這段時間內，針對警察、三．一獨立運動紀念大會執行部門與目擊者等，展開了廣泛且深入的調查。

濟州道廳職員決議於三月十日下午一時發起罷工，而就在濟州道朴景勳知事參加道廳職員大會之前，卡斯蒂爾上校於三月十日上午十一時，先行與朴知事、史陶特少校，以及既有的調查團成員，一起來到了三．一事件當時造成六人受難的地點，以及警察在道立醫院前開槍的場所，他們在目擊者的參與之下進行了調查。雖然事發迄今已經過了十天，但現場仍然留有血跡。卡斯蒂爾上校在濟州道廳進行罷工的當天下午，還將三．一獨立運動紀念大會的執行部門，傳喚到濟州道民政長官室進行調查。然而，美軍政廳特別監察室的調查結果並沒有公開。特別是卡斯蒂爾上校在濟州島滯留的期間，還爆發了三．一〇官民大罷工，在這個事態嚴重性逐漸擴大的時期，美軍政府對於大罷工的應對措施或是卡斯蒂爾上校對此的看法等，都沒有出現在美軍情報的報告書中。

美軍政府和警察採取消極態度來應對三・一開槍事件的真相調查，有其背後的原因，而且從最後所執行的真相調查就能證明這一點。那是由趙炳玉警務部長、朴景勳知事與史陶特少校等三人任命的「濟州道濟州邑三・一節開槍事件調查委員會」所進行的真相調查。該調查委員會所執行的調查結果，也是唯一向大眾公開的。

三月十四日來到濟州島的警務部長趙炳玉，在十九日回到了首爾。他也在二十日斷定三・一事件是與「北朝鮮勢力共同謀劃」的，然而他並沒有提出任何可以證明此一論點的證據。當天「三・一節開槍事件調查委員會」公布的核心結論，是開槍屬於「正當防衛」。

「根據當時的情況來看，我們認定濟州監察廳第一區警察署的開槍行為，是基於維持治安大局的正當防衛。」

然而，宣稱開槍射擊為「正當防衛」，這件事本身是否恰當，令人存疑。朴景勳知事後來也這樣說道：

「對於擔任官職的我來說，我無法任意批評，但開槍事件是發生在示威隊伍經過警察署之後，還有中彈的受難者不是示威群眾，而是旁觀的民眾，這些都是事實。」

三次的調查，朴景勳知事全都參與了，儘管警務部發布了「開槍屬於正當防衛」的聲明，但他仍提及受難者其實都是旁觀的民眾。由此看來，警務部長趙炳玉談話中所提及的正當防衛主張，完全沒有任何說服力。

停滯不前的真相調查，導致三・一〇官民大罷工

三・一事件發生後，要求懲處警方負責人員，以及進行真相調查的呼聲傳遍了濟州島全境，然而美軍政府的行動卻顯得猶豫不決。也因此，在三月十日這天，官民大罷工就從濟州道廳開始蔓延到濟州島全境。由於美軍政府沒有對三・一事件相關的警察人員採取任何懲處的措施，也沒有著手進行真相調查，人民為了表示抗議，便決定進行全面罷工。如同在第一章中所提到的，濟州道廳的公務員們在朴景勳知事與金斗鉉總務局長等人都出席會議的情況之下，決定組成「三・一對策委員會」，並向濟州道民政長官和駐韓美軍司令官提出六項訴求。

大罷工在短短的時間內就蔓延至濟州島全境。此次的大罷工，雖然是由南勞黨濟州島委員會所主導，但左、右翼的團體卻都參與其中，可見濟州社會對三・一事件的憤怒相當高漲。

美軍政府對大罷工的反應敏感。美軍防諜隊甚至警告說，濟州島大罷工可能蔓延成為「韓國全境都發起罷工的試金石」，同時還表示，有心人士以三・一獨立運動紀念大會的開槍事件作為契機，藉此煽動當地民眾對抗警察與政府當局，從而引發了大罷工。

三月十四日，警方為壓制大罷工所造成的紛亂，警務部長趙炳玉動員警務部調查局美軍顧問官

等人來到濟州島，並以此為契機，開始逮捕主導罷工的人。趙炳玉來到濟州島的第二天，也就是三月十五日，在金泰日副廳長的指揮之下，緊急從全羅南道與全羅北道各派遣一百二十二名與一百名警察到濟州島；三月十八日，再從京畿道派遣了九十九名警察到濟州島。若加上三．一事件之前，從忠清南、北道所派來的一百名警察的話，總共有四百二十一名警察從其他地區被調派到濟州島執行逮捕與警戒。警方表示，截至三月十八日為止，總共逮捕了二百多名參與三．一獨立運動紀念大會及罷工的相關人士，在一百七十四個罷工單位中，已有五十六個單位停止了罷工。

軍政長官勒奇（Archer L. Lerch）少將對記者團表示：「截至十八日上午九時為止，道廳的職員已全部復工，另外產業部門也已恢復百分之九十的運作，運輸部門的運作則恢復了百分之五十。」然而，在學校方面，島內一百零八所各級學校中只有十所學校停止了罷工。

三．一事件與三．一〇官民大罷工的影響

三．一事件與三．一〇官民大罷工的影響巨大。這兩起事件相互牽連，勢不可擋越演越烈，而美軍政府對此的鎮壓力度也隨之強化。

三月二十二日上午，一百五十多名濟州道美軍政廳的官員，在濟州道廳後方集會，持續了近二十多分鐘，但在史陶特少校出現後便自行解散。罷工的影響一直持續著。民戰在三月二十八日，透過一封信函向駐韓美軍司令官提出了他們的主張：

「最近的罷工是正當的。罷工是為了對抗反動警察與公務員們的法西斯壓迫，他們從日本帝國官員，搖身一變成為美軍政府官員，罷工必然就是針對他們的反抗。濟州島大罷工並不是為了對抗美軍政府，它具有反暴力、反右翼人士的意味。」

民戰強調，即便在這個時候，罷工行動也不是針對美軍政府，而是為了抵抗警察與政府官員的壓迫，以及右翼人士的暴力行徑。

濟州道民政長官史陶特少校儘管擁有可以控制警察的權力，但從三．一事件爆發前開始，他就已被市儈們所左右，非常無能。大罷工到了三月下旬，表面上迎來了穩定局面，但事情並不是在參加罷工的人都回到工作崗位上後，就能劃下句點。

到四月十日為止，因參與大罷工而遭到逮捕的人員達到了五百多位。針對此場大罷工，美軍情報報告書做了這樣的描述：「雖然表面上看起來像是由共產分子煽動所造成的，但實際上則是因為濟州邑發生了三．一獨立運動紀念日的非法示威與暴動，導致了六人死亡，六人受傷，人民為了對此表示抗議，因而不管左翼、右翼都參與了大罷工。」正如該報告書內容所陳述的那樣，在濟州社會中，不管左翼、右翼陣營都參加了三．一〇官民大罷工，這說明了大罷工是為了抗議濟州社會的共同體遭到撕裂，而不是意識形態的問題。

在三．一事件與三．一〇官民大罷工後，被調派到濟州島的警察和西青，成為濟州島人民的恐怖惡夢。警察在大罷工後，開始大規模逮捕與刑求參與三．一事件及三．一〇官民大罷工的相關人士，透過強硬的手段，將濟州島居民逼入絕境之中。此後，一直到一九四八年四月三日發生武裝起義為止，濟州島共有二千五百多人遭到逮捕。無論是美軍的情報報告，還是防諜隊的報告中，都沒有提及三．一事件後濟州島人民所要求的真相調查與對加害者的懲罰。

第八章　痕跡二——留在正房瀑布的收容所與屠殺的記憶

流淌於正房瀑布上的紅色鮮血

「你們去過正房瀑布吧？你們知道那裡曾經發生過什麼事情嗎？」

大約是在一九七九年還是一九八〇年的時候，老師突然向我們提起了正房瀑布。當時還是高中生的我們只是呆呆地注視著老師的嘴巴。對於在西歸浦上學的我來說，正房瀑布給我的印象就是去那邊當志工撿垃圾，或者是看著徑直落下的清涼水柱流進大海，以及和朋友們一起拍照留念的地方。傳說中，中國的秦始皇為了找尋能夠使人長生不老的「不老藥」，於是命令使者徐福，率領童男童女出海求藥，期間曾經過西歸浦。聽說正房瀑布懸崖的某處還刻有「徐福過之」的漢字，代表徐福曾經過此地之意。有人聲稱曾親眼見過這樣的字，說得好像真有那麼一回事。也有人說西歸浦的名稱起源於「徐福過之」[14]。而我所知道的大概也就是這些了。

「我說你們，你們知道四・三事件的時候有多少人死在正房瀑布嗎？他們在正房瀑布上頭，用竹槍刺死那些暴徒，這樣，像這樣。」

當天，老師模仿用竹槍刺人的表情，非常真摯專注，甚至帶點激動。老師說他親眼目睹過現場。我記得當天老師本來是在說當學生就只要管唸書，不准談戀愛，然後突然就冒出：「你們知道你們的父母是怎麼活到現在的嗎？」接著就談到了正房瀑布。老師突如其來的嚴肅態度嚇到了我們。

「我說你們啊，如果和女同學走在一起被我抓到的話，就罰有限期停學，如果還牽著手的話，就罰無限期停學！」

在當時的唸書環境之下，我們不時會聽到老師說這樣的話。理著大平頭，穿著黑色校服，呆呆坐在教室裡頭的我們，比起正房瀑布的故事，我們對老師談到女同學更有反應，因而總是拍著桌子大笑。正房瀑布以從二十三公尺高處垂直落下的巨大水流而聞名。直到那個時候為止，我們都還不知道，正房瀑布竟銘刻著一段悲傷的歷史。因為從未聽說，所以也無從知曉。

國高中時期，我常和朋友一起去遊玩的地方，就位於現在的徐福展示館那邊，那裡有幾座破舊的倉庫。我到現在還記得那些倉庫，位於陡峭的懸崖上，從那個地方往東邊走就是正房瀑布，往西邊走則是牛男頭山。那些舊倉庫有著陳舊、色澤褪去、布滿孔洞的紅色鐵皮屋頂，我們稱之為「澱粉工廠」或「馬鈴薯工廠」，但我從沒想到那裡曾經是個收容所，曾是個濟州人面臨生死交界的地

14 譯註：韓文「西」與「徐」同音。

方。

濟州島處處皆美，尤其有十個地方更是以其絕美的景色而被稱為「瀛州十景」，然而，每一個美麗的地方，其實都與四・三的歷史息息相關。城山日出峰的豁口，還有出現於電視廣告中，以寬闊的白沙灘而聞名的表善海水浴場、咸德海水浴場，以及犀牛峰與正房瀑布等地，其實都是四・三的歷史遺址。

刑求與屠殺的現場：正房瀑布

正房瀑布懸崖上的牛男頭山一帶，在四・三當時是漢拏山南部地區最大的屠殺現場。這裡之所以成為四・三當時的屠殺現場，是因為討伐隊就駐紮於鄰近的西歸面事務所。這座城市以西歸浦港為中心，連接正房瀑布與天地淵瀑布的海岸地區，聚集了面事務所、拘留所、國民學校、切干蕃薯倉庫、鈕釦工廠、警察署、憲兵隊等單位機構。軍隊情報科專門用來刑求居民們的拘留所，就位於面事務所旁，這裡可說是惡名昭彰。

第二團第一營本部設置於西歸面事務所，而鈕釦工廠與切干蕃薯倉庫等地，則被軍警用來當作收容所。自一九四八年十一月以來，收容所裡擠滿了被軍警逮捕或是投誠的居民。不僅是西歸面，還包含了西邊的中文面、安德面、大靜面，以及東邊的南元面、表善面等地的居民，他們大部分都是山南地區的居民。山南指的是濟州島漢拏山以南的地區。這些居民當中包含了老弱者、女性，也有十幾歲出頭或更小的孩子。討伐隊不分男女老少，只要抓到人就全部監禁在收容所。刑求與毆打在這裡是家常便飯。那些原先被關押在收容所，後遭到處決的人們，大部分都是在牛男頭山一帶被槍殺身亡。

西歸浦地區最慘烈的平民屠殺發生在一九四八年十一月至次年一月。剛開始的時候，這場屠殺是由第九團負責執行的，但自一九四八年十二月下旬開始，便更換了鎮壓部隊，改由第二團來執行。第二團包含由西青成員組成的西青中隊在內，營本部就駐紮於面事務所，而位於其南側的西歸國民學校，也有第六中隊駐紮在那裡，大大強化了鎮壓的力度。

畫家李仲燮漫步的海岸，死亡的收容所

「（一九四九年）一到春天，我便往豚川口去投降。駐紮在豚川口的軍人，把我們移送到了西歸浦警察局。警察局裡有個地下室，在那裡我們被打得死去活來。接著，我們又被送到了澱粉工廠，那裡是個收容所。」

後來在軍法會議上被判有期徒刑的鄭基星這樣說。那時他二十六歲。第二團第一營營本部所在的面事務所，它旁邊的建築物被第一營情報科拿來作為偵訊室兼拘留所使用。被拘留於那裡的人們將之稱為「營二科」。在這裡，嚴刑拷打是家常便飯，若遭宣判就地槍決的話，人就會被拖到正房瀑布附近殺害。屠殺就從東邊的巨門汝海岸開始，緊臨著小正房瀑布、正房瀑布、牛男頭山，以及子古里海岸等地，沿著海岸，到處都有屠殺事件發生。

一兩年後，韓戰爆發，難民們湧進了濟州。這些難民當中還包括有畫家李仲燮一家人。李仲燮曾漫步於這片海岸上，並留下了後來成為名作的作品。然而，李仲燮當時真的知道這片海岸的悲傷歷史嗎？

「某一天晚上，特務隊突然來到了家裡（西歸里）。特務隊的西北青年團員們，半夜跑來家裡，把父親抓走。我衝向前找他們理論，於是連我也被抓了。我們被關到了西歸國民學校。到學校教室時，教室裡已有四、五十名左右的女性被關押在這裡。我們在那裡接受調查，包括父親在內的好幾個人，都被用繩子綁在一起。他們在當天晚上全部被拖到正房瀑布槍斃。那一天是一九四八年十二月二日。」

這些證言來自於姜奉柱，當年十五歲的他，上前理論後也被強行帶走。而當年才十五歲的吳燦秀，他的哥哥也是在這裡受難的，吳燦秀更是親自來到這裡收拾哥哥的遺體。

「那時我們家住在東烘里，不知道是警察還是西北青年團的人，闖進家裡後就把哥哥給抓走。哥哥當時二十三歲。那天是一九四八年十二月四日。當時我哥在警察局當『急使』[15]，以為不會有什麼事。但是他最後還是被槍斃了。隔天我和母親在凌晨還有點昏暗的時候，一起去了牛男頭山的現場。當時不是想收屍就能去收屍。我那時年紀還小，覺得沒有關係，所以就和媽媽一起偷偷去找哥哥的屍體。一堆屍體散亂地被棄置於那個地方，我們翻找著，終於發現了已死去的哥哥，他的手還被綑綁著。因為害怕，所以我們在確認完屍體後就先回家。當天晚上，父親和我，另外還有村裡的兩個人，我們四人再次偷偷地去到現場，把哥哥的屍體用擔架抬走，暫時安葬在西歸浦醫療院那邊。當時牛男頭山那邊都是農田。在這裡開槍的聲音，連東烘里的村落都能聽得到。村裡有一位阿姨也和哥哥一起被抓走了，她後來也遭到槍斃。」——《四・三與和平》第十五期，二〇一四年四月。

身為民保團的成員，高昌玉曾與軍警一起參與討伐作戰，他提到他在一九四八年十一月參與討伐時的經歷。民保團是由村民們所組成，是在一九四八年下半年組建成立的，主要是為了自我防禦，避免武裝部隊侵犯村莊。至一九四九年四月一日為止，濟州島內的民保團員已達到五萬多人。他們的主要任務是在村裡站崗，或是被動員參與軍警的討伐作戰。但曾有些人被以沒能好好站崗的理由遭到殺害。他們既是加害者，也是受害者。

「如果仔細想想的話，那些逃到山裡的人都是可憐的人！他們是無罪的。為什麼？當時只要曾在村裡散布過傳單，就會全部被警察抓走。所以反應快一點的人，就會想：『啊，我們如果繼續待在這裡的話，是會被抓走的，所以還是暫時先躲起來吧』，然後他們就跑上山了，而這樣居然就成為了暴徒。若沒這樣做的人就不會是暴徒。」

15 譯註：負責傳遞緊急訊息的人。

高昌玉接著說：

「雖然我們沒有親眼看到，但是參與討伐作戰的人們確實肆意抓來了很多婦女。她們的丈夫逃上了山，如果繼續待在這邊（村子）的話，她們也會被當成是脫逃者家屬而遭逮捕，所以她們也得要逃走。她們是為了活命才上山去的！那些人上山並不是為了要做什麼壞事！這一點要搞清楚！」

高昌玉在那裡看到了被逮捕的女性遭到軍人們槍殺，還看到一名十多歲的少年在逃跑時被槍擊身亡。

「當時有某個女人被抓，就在那裡被第二團的軍人開槍射殺了。當時軍人、警察、平民都去了，總之就是三方聯合行動。那個女的因為受傷，傷勢太嚴重，無法正常行走，所以中隊長乾脆就開槍把她給殺了。其他人被抓了之後，都被帶到了西歸浦，大多數人後來可能都死了。那時候大家從山上下來，因為過於疲憊而坐在溪邊休息。就在這個時候，某個被抓下山的十五六歲男孩打算逃跑，軍人就在那裡開槍把他給殺了。當時下山的人大概有十幾個人吧。」

當時被抓的女人們，會被帶到西歸浦的收容所。她們當中大多數人再也沒能回家去。

「我們討伐歸來後，再過幾個月他們開始宣稱『入山者投降下山的話，就會得救』，但是後來他們也殺了那些投降下山的人。為什麼要殺了他們呢？如果韓戰沒有爆發的話，也許他們還會活下來。當時投降的人全部被安置在西歸浦收容所，韓戰一爆發，他們就失蹤了。」

「釋放」與「大釋放」的差距，不是審判的審判

高昌玉也被帶到了西歸浦澱粉工廠的收容所，在那裡他也險些喪命。這是他二十四歲時所發生的事。下孝里的朋友在離村子稍遠的水岳橋附近尋找牛時，發現了日本帝國強佔時期，日軍駐紮於此地時所使用的彈藥筒，這彈藥筒是用櫸樹製作的。而這就是災難的開始。

高昌玉的朋友是一名支署的協助人員，他拿著彈藥筒裡的子彈，準備到支署去報案時，被西歸浦（第二團）營一科的情報員給發現。軍人們說：「你帶著子彈，是不是要提供給暴徒？」於是就把他槍斃了。當時位於下孝村的是第一分隊，第二分隊則是位於新孝村，高昌玉的朋友也是第一分隊的隊員。第一分隊長許益錫與身為第二分隊長的高昌玉，雙雙遭到逮捕，接受調查。高昌玉在營一科裡，聽到軍人們打電話至警察局時的對話：

「他們在我面前打電話給警察，還要我捂住耳朵。不過，我手稍微離開耳朵一點，就能清楚聽到說話的聲音，所以我還是聽到了軍人們的所有談話。他們問了我的個人情況。警察好像把我說得還不錯。我心裡想著：『或許我可以活下來吧？』我在那裡待了五天，後來他們就把

我釋放了。」

高昌玉在接受軍事審判後獲釋。嚴格來說，那其實也不是審判。

「寫聽取書（即訊問筆錄）的人，面對面坐著，這一邊三個人，另一邊也是三個人。六人邊聽邊寫著被逮捕者的陳述，而老下士則在中間擺了一張桌子坐著。他就是法官！

被逮捕的人則拿著張凳子，坐在老下士面前。老下士將筆錄內容全都讀出來。然後向撰寫的人問說：『這是誰寫的？』接著，負責寫的人舉起手。再來，老下士問道：『這個該怎麼處理？』寫筆錄的人接著回答說：『由於沒有任何嫌疑，可以釋放！』

『釋放！』的話，就會用藍墨水寫個『釋』字，然後，再畫個圓圈圈起來。如同字面上的意思一樣，這裡代表的是真的釋放；然而，如果是寫個『大』字，再用紅色圓圈圈起來的話，這就是所謂『大釋放！』，也就代表著第二天人就會被槍斃。」

這是發生在一九四九年二月九日的事情。高昌玉因為在大兒子出生僅兩天後，就被抓走了，所以印象特別深刻。一同被抓走的第一分隊長也被軍人殺害犧牲了。「釋放」和「大釋放」的判決操控在他們手中，他們掌控著濟州人的生死。

在正房瀑布上失去父母

一九四九年一月二十七日。以冬天的天氣來說，這天算是個溫暖的日子。十二歲的金福順與八歲的金福南的父母，原先被關押在西歸面事務所附近的收容所，這一天突然被士兵帶走，不曉得要被帶到哪裡去，兩姊弟於是邊哭邊追著父母跑。父母的手裡還握著涼掉的飯糰。士兵們大聲斥責地說哭泣的弟弟太吵了，便用槍托打了他。弟弟金福南的左眼流血不止。金福順抱著流血的弟弟委屈地哭了。金福南沒過多久，就因傷勢過重而失明。

「父親把飯糰遞給了福南說：『我們現在要去死了，吃這個有什麼用呢？』我抓住母親說：『我也要一起去。如果媽媽死了，我也要陪妳一起死。』母親說：『你們會沒事的，聽我的話吧。』接著母親也把飯糰拿給我。那是我們見到的最後一面。」

雖然已過了七十多年的歲月，但金福順依然清晰記得父母的最後身影。

「有時候當我經過那條路，我會想起他們兩位把飯糰遞給我們，然後被帶到正房瀑布的身影，那就好像昨天才發生的事情一樣，印象非常鮮明。」

金福順的父親將他身上穿的棉布長袍摺好，遞給了金福順。

「拿去請人家做件工作褲來穿也好。」

這件棉布長袍是貧困的母親第一次下定決心，縫製給父親的禮物。父親在面臨人生盡頭之際，將它交給了女兒。最後一刻，父親流露出難捨難分的心情。這一天被關押的居民全被帶到了正房瀑布附近。

安德面東廣里的居民們在村莊被燒毀之後，就躲在附近的大寬軌洞窟裡，當洞窟被討伐隊發現後，居民們又穿越雪地，躲到了漢拏山。他們大部分不是被前來追捕的討伐隊直接槍殺，就是被逮捕帶到正房瀑布一帶殺害。東廣里的居民當時並無法立即處理父母兄弟的遺體。在過了幾年之後，他們試圖找尋遺體，但是遺體早已被推到懸崖下的海邊。殘存的遺骸也因為破爛不堪，讓人難以辨識身分，不知該如何收拾。家屬們為了召喚受難者的靈魂，建造了沒有遺體的「空墓」，也就是「假墳墓」。西歸浦市安德面東廣里的那些假墳墓，都有著這樣的故事。

躲到山中的家人，遭討伐隊逮捕關進收容所

金福順的父母來自於全羅南道的靈巖。一九四〇年，也就是金福順三歲時，他們一家人才搬到濟州島來居住。同一年，弟弟金福南出生。據說，她的父親原本在全羅道擔任橋樑建設的工頭。某一天，橋樑工程現場下起了暴雨，搭橋的橋樑塌了。父親的腳在此次事故中嚴重受傷，導致之後都得拄著枴杖行走。即便如此，但她的父親力氣大，個子高，長得也很好看，是個鬍子長到可以綁辮

子的帥哥，雖然拄著枴杖，然而他可沒有閒著。

他會去找朋友一起挖藥草賣給藥房。母親則是到處奔波去織棉布、麻布與苧麻布。她幾乎一整天都坐在織布機前。母親因為怕孩子們餓肚子，一到晚上就會先回家，留下大麥米後，又出門織布。她就這樣沒日沒夜地工作。四·三當時，金福順的家人住在安德面東廣里的「朝樹軌」，那裡位於偏僻的山腰地區。村子距離討伐隊縱火燒毀的舞童洞不遠，大約有十多戶人家都住在那裡。但是，金福順的家與其他人家的房子有點距離。因為他們家有四個子女，父親難以維持生計，家境相當貧寒。大她四歲的姊姊很早就被送到翰林去給人家收養。

一九四八年十一月中旬，由於討伐隊發布了疏散令，整個村莊都被燒毀。在濟州島無親無故的金福順一家人沒能到海岸村落避難，只能跟著其他村民們，到離村子較近的東廣里大寬軌洞窟中躲藏。父親本來以為紛亂平息後就可以回家，所以把族譜藏在住家附近的小洞裡，但是後來就找不到了。當全家人躲藏於石牆下時，討伐隊衝進去了村落，把房子全給燒了。哥哥在那之前已經去了朋友待的舞童洞。哥哥與大家分開時，也沒約定好何時再見面。剩下的四口人就一起躲進了洞穴中。她一直躲在洞裡，直到夜幕降臨時，才和母親一起爬出來，回到被燒毀的房子裡，生火煮飯來吃，有時也會煮大麥飯，裝在籃子裡帶回洞穴裡吃。

藏匿的洞穴被發現了。隨著討伐隊逼近的消息傳開，原本躲藏於大寬軌洞窟裡的居民們，紛紛收拾起行囊，往深山裡出發。金福順的家人也跟著大家一起離開。戊子年（一九四八年）的冬雪下得特別大。大寬軌洞窟位於山腰地帶，所以下了更多的雪。大半夜從洞窟裡爬出來的居民們，越過成人膝蓋高的積雪，沿著山路，前往初期瓦地一帶，那裡就位於漢拏山靈室佛來岳附近，海拔超過一千三百公尺。根據金福順的說法，他們整夜都在行走，「噗噹噗噹」的腳步深陷大雪中，就這樣一路走到初期瓦地。在那之前，金福順一家人從未曾聽過初期瓦地，不知道那裡是什麼地方。他們一直住在「朝樹軌」，去過最遠的地方大約是距離一公里外的水源地，目的是為了打水來喝。

「聽說討伐隊要來，我們就跟著其他居民（往山上）走了。為了能多活一天，我們也只得這麼做。那是剛開始積雪的時候。父親的腳不好，所以走得很辛苦。母親攙扶著拄著枴杖的父親，我們深陷雪堆，但仍得緊跟其後。我跟著人們走到凌晨，走到感覺都快要死了。終於，我們抵達了初期瓦地。」

在初期瓦地，金福順還親眼目睹一對上了年紀的夫婦，遺棄了他們的新生嬰兒。

「凌晨的時候，我從被窩裡看到他們夫妻倆走出去。那位大嬸拿著草蓆往外走，走出去的時候，她的雙腿紅通通的。我心裡想：『那個大嬸怎麼會那副模樣走出去呢？』由於實在太害怕了，所以我就靜靜地待著，過了一會兒，她回來了，褲子沒有綁緊，衣服上也沾滿了鮮血。我不敢跟媽媽說。她把孩子生下後就丟棄了。我有聽到人們竊竊私語地說：『她剛剛去生了孩子啊！』但沒有任何人敢向那對夫婦說些什麼。」

走了一整夜，本來想說稍微休息一會兒，但天一亮，槍聲馬上就砰砰砰砰地響了起來。討伐隊來了。太陽升起，四周明亮，前後都是持槍的軍人，只要有人腳步沒跟上，不幸被討伐隊抓到，討伐隊就會毫不留情地肆意毆打，然後把人拖到中文地區。他們的目的地是西歸面事務所附近的倉庫收容所。收容所位於正房瀑布的入口處。

「看得清清楚楚，在正方瀑布上散落的屍體」

「在中文睡了一夜，討伐隊把大人們都叫了過去，把他們人打得頭破血流，要死不活的。去到（西歸浦）那裡後，也把大人一個個叫過來亂打一頓。到了第三天，討伐隊問說想救孩子的人舉手。父親舉手了，看到父親這一舉手，有一半以上的人都舉了手。但也有很多人表示，要死就大家一起死。這一天早晨，孩子加上大人共有八十六人，大家手中握著最後一餐的飯糰，被帶到正房瀑布旁邊。我看得清清楚楚，有許多屍體就散落於正房瀑布那裡。」

濟州道議會於一九九六年出版的《濟州四・三受害報告書》中，是這樣記載著弟弟金福南的證詞。他說父親、母親當天就和那些人一起被殺害了。來到收容所後，由於小孩子們是被另外安置於別的空間，所以一直到父母拿著飯糰出去，並遞飯糰給他與姊姊的那個時候，他才見到了自己的父母。不久之後，金福順也在稍遠的地方，親眼目睹了父母的死亡。

「我從收容所倉庫走出來後，感覺溫暖又愜意，但人聲開始吵雜起來。一位大嬸對我說：

『喂，妳看那太陽升起的地方，妳爸爸和媽媽都在那裡。軍人把他們帶到那裡，正在開槍殺人。』那時候樹木不高，也沒什麼房子，所以看得很清楚。槍聲砰砰砰砰地響，人們一個一個倒下，一想到父母也在那裡頭，我就哭了。」

抬頭望向正房瀑布，就可以看到有人站在那裡，但因為距離太遠，所以只看得到脖子以上的部分。不一會兒就噠噠噠噠，槍聲響起。那個地方就是現在的徐福展示館。金福順說記得時間是在上午九點或十點左右。隨著槍聲，一切就這樣結束了。

金福順不敢想說要找尋父母的遺體。因為之後要如何和弟弟一起生活下去，更是未來要面對的大問題。她記得他們在收容所裡住了兩個多月。收容所裡人很多。每當想起父母的時候，她就會蜷縮在一角，低下頭，肩膀顫動。在那裡生活了一陣子後，金福南被送到江汀村，金福順則留在西歸浦，住在別人的家裡，她後來又被領養，去到了翰林。就這樣她和弟弟金福南分開了。

當金福順還住在別人家裡時，某天在要去天地淵洗衣服的路上，她遇見了失散的哥哥。「福順啊！」她聽到有人在身後叫自己的名字，便回頭一看，發現是哥哥在叫她。她看見了正在搬運石頭的哥哥，但因為人太多，她害羞到不敢跟哥哥說話，只是快步經過。因為住在別人家裡，老是聽到別人叫自己是「暴徒崽子」，所以那天即使看到了哥哥，她也沒有勇氣上前去和哥哥說上一句話。之後，她從哥哥的朋友那裡聽說，哥哥後來被抓到光州監獄去，就在刑期快要服滿之際，卻染上了痢疾死去。「早知如此，就應該在哥哥還活著的時候，和他說句話」，這樣的懊悔，不斷地在她心中浮現。

故事仍在繼續。一九五二年，金福順為了尋找那已前往「陸地」的姊姊，不顧一切地登上了前往釜山的船隻。那年她十五歲，但最終還是沒能找到姊姊，之後她在全國各地流浪生活，直到二十五歲左右才又回到了故鄉，也在故鄉找到了弟弟金福南。在一九八〇年代初，她透過某家電視台「尋找離散家屬」節目的幫忙，才得以和姊姊再次相遇。三姊弟時隔三十年，戲劇性地重逢。

二〇一五年四月十一日，「濟州民藝總」在徐福展示館，也就是當年的屠殺現場舉行了「四．三解冤相生祭」。在這裡，金福順忍不住悲傷地大聲痛哭。

「這裡就是父母死去的地方啊！那裡就是父母給我們飯糰的地方啊！」

第九章　彼日彼地——一九四九年一月十七日北村里

一天之內，單一村莊，三百多人，集體屠殺

在偶來小路第十九號路線上，你可以同時感受到「民族自尊」的痕跡與「瘋狂時代」的存在。我不清楚是否還有其他地方能夠像這裡一樣，同時匯聚著不同的歷史？這條路始於朝天萬歲山附近。朝天里也是一九一九年濟州島三．一萬歲運動的發源地，所以位於朝天里的小山就叫做萬歲山。在日本帝國強佔時期，這裡曾是民族自尊之鄉，培養出眾多的思想家與獨立運動家。再稍微誇張一點來說的話，在這裡每兩戶人家中，就有一戶是獨立運動人士的住家。在脫離殖民統治後，這裡設立了朝天中學院。來自隔壁村莊——新村的濟州島人民游擊隊司令官李德九，就是這所學校的教師。這條偶來小路通往咸德，路線上除了有翡翠光般的咸德海水浴場之外，犀牛峰也像屏風般矗立著。一到春天，油菜花就會把山脊染成黃色。然而，在這片美麗的土地上，卻曾瀰漫著殺戮的狂氣。

偶來小路的下一站是北村。進入北村里後，首先會看到瑙芬松伊四．三紀念館。在濟州島的村里中，唯一設有四．三紀念館的地方就是北村里。這座紀念館展示了村裡所發生的四．三慘狀。一天之內就有三百多人被軍人殺害，村子也被燒毀殆盡。在紀念館前有個嬰童塚，埋葬著當時還來不

及長大的嬰孩，此外，還有小說家玄基榮的《順伊三寸》文學碑，《順伊三寸》也是首次將北村里悲劇公諸於世的文學作品。在這個村子裡，雖然有三百多人的生命一下子被奪走，但卻沒有任何人為此負起責任。

燃燒的住屋，走向學校運動場的人們

一九四九年一月十七日白晝，這天是寒風凜冽、大雪紛飛的嚴寒天氣。突然之間，從村子的西北邊傳來砰砰砰的槍聲。雖然這已不是第一次聽到，但是那天的槍聲格外響亮。這是軍人們進入到北村里海東村，於警戒哨所朝站崗居民們開槍射擊的聲音。

「到學校廣場去！」

「快點出去！」

手持刺槍的軍人們逐一衝進每個住屋，催促著居民們到村裡國民學校的運動場集合。軍人們喊著「出來！出來！」的聲音，在巷弄裡迴盪。

軍人們闖進了小巷。巷弄裡住著七戶人家。不一會兒，軍人衝進了九歲的李在厚家。用槍上的刺刀砍劈開門後，軍人們的軍靴徑直踏入小小的茅草屋。軍人們威脅說：「如果不出來，我就開槍打死你們」，同時要他們通通都到學校運動場去。李在厚的父親先走出去，母親也揹著妹妹跟著出去，哥哥與二姊緊隨其後。奶奶則緊緊拉著年幼的李在厚的手，一同走出了家門。大家都嚇壞了。

一出家門，細雪就落在臉上。走出巷弄後，驚恐不安的長輩們握著孩子們的手，聽從指令，走向了學校運動場。軍人們踏遍了村子裡的各個角落，威脅著居民，把他們都驅趕到了運動場。

與李在厚同齡的學校同學高琓順，她家也位於巷弄內。軍人們先從巷弄外邊放火，瞬間巷弄裡瀰漫著濃煙。當軍人們再也無法進到巷弄內，腳步聲逐漸遠去之際，突然間從隔壁傳來了孩子的哭聲。於是軍人們拿著插著刺刀的槍，循聲衝進了高琓順的家。在軍人們的脅迫之下，高琓順的母親揹著三歲的弟弟，而姊姊則牽著高琓順的手走向學校。誰都不知道之後會發生什麼事。

天空充滿了烏黑的濃煙。有人只是牽著孩子去趟村莊，在回家的路上就被趕到學校，也有人只是去村裡的朋友家玩，結果也被趕到了學校。面對持槍軍人殺氣騰騰的表情，有人連鞋都來不及穿，光著腳就出門了。躲藏起來的居民一旦被軍人發現，馬上就會被槍斃。那些行動不便的人也是當場就被槍斃。長輩們對一切感到心灰意冷。

就在那天的上午，駐紮在細花的第二團第三營中隊的部分兵力，正欲前往營本部所在的咸德里。在路上，就在瑙芬松伊附近，他們遭到了武裝隊的突襲。這次的攻擊導致了兩名軍人死亡。北村里屠殺就是為了替這兩名死亡軍人報仇的報復性屠殺。主導北村里屠殺的第二團第三營，以西青成員為主，所以又被稱為「西北大隊」。他們命令村裡的民保團員負責將軍人遺體移送回營本部。於是，有九名村民被要求製作擔架，並負責抬送軍人的屍體。這些村民整天遭到軍人毆打。入夜之後，這九人中除了一名警察眷屬倖免於難之外，其餘八人就在咸德的沙灘上被槍殺身亡。

在大家都搞不清楚發生什麼事情的狀況之下，北村里的居民已經一個又一個被聚集到了北村國民學校的運動場。在前往學校的路上，有人偷偷地回頭一看，整個村子已陷入了火海當中。軍人們正挨家挨戶地放火，茅草屋上燃起的火焰，正隨著強風瘋狂地蔓延擴散。軍人們的臉龐在火光之中顯得無比通紅。還有東西隨風揚起，那是夾帶著雨的雪。白雪和紅色的火焰形成了微妙的對比。一股茅草屋被燒焦的刺鼻氣味迎面而來，大家都瑟縮在一起。房子被燒毀後的黑灰和白灰混在一起，隨風飄盪。

充斥於運動場上的恐懼

在運動場南側的正門與東側，軍人們手持刺刀圍住了運動場，這讓李在厚深感不安。西側由於是窪地地形，所以看不清楚。高琓順則看到了設置在學校柵欄上的三挺機關槍，其中二挺機關槍的槍口朝向著運動場。

住在學校附近或是先到達學校的人，就從北側司令台那邊開始一一坐下。婦女們揹著嬰兒，或緊緊牽著年幼子女的手，不知所措地踱來踱去。高琓順一家人很晚才被軍人們發現，當他們移動腳步前來學校後，就坐在離學校正門不遠的地方。一批批陸續聚集而來的居民，估計有超過一千多人，人群一直延伸到面對司令台的南側正門為止。學校運動場上擠滿了人。有三名軍官站在司令台旁，當人們都到齊了之後，其中的一名軍官走上了司令台。

「你們當中，如果有人曾經上過山，或者是家人曾經上過山的話，那就站出來吧。如果不站出來的話，今天就是你們生命終結的日子！」

沒有人敢站出去，因為一站出去就死定了，有誰敢這麼做呢？另一名軍官也走上司令台大聲催促，但同樣沒有人敢站出去。軍官命令民保團長站出來。北村里為了阻擋武裝隊攻擊，建造了一座堡壘，並設置了三處的出入口。而由村民組成的民保團，一直守護著這裡。軍人們要民保團團長跑步出列，然後朝著居民說：「看這裡！」，接著就在那個地方，朝民保團長開槍射擊。

「砰砰砰！」

高玧順聽到了槍聲。四名軍人將民保團團長的屍體扔出了學校圍牆。看到這一幕的居民們驚恐地尖叫起來。然而，真正的悲劇還沒有開始。最先走上司令台的軍官又再次上台。

「如果你們再不出來的話，下場就會變成這樣。」

沒有人敢走出去。軍人們一方面威脅著居民，另一方面也開始分隔人群。

「軍人眷屬出來！」

「警察眷屬出來！」

「民保團眷屬出來！」

被叫出去的警察或軍人眷屬們，被安排到運動場西邊坐著烤火取暖。軍人們將教室裡的桌椅拿給他們，並點起火來。村民們在恐懼中蜷縮坐著。高琓順把這一天的情景牢牢地記在腦海裡。

「那些竹子很長。軍人們將兩根長長的竹子綑綁在一起，抓住竹子的兩端，由上往下用力壓下去，藉以將村民們分隔開來。軍人們一喊『那個誰誰誰出來吧』，就有人一窩蜂地跟著出去，所以士兵就只好用長竹子往他們中間用力打下去。士兵朝這些大人們揮舞著棍子，他們也喊著『哎呀、爸爸、媽媽』。如果人們想往運動場的西邊走，軍人們就會報以一陣拳打腳踢。」

軍人們用長竿將運動場一分為二。那些被長竿劃分開來，或被人們推擠以致於與家人走失的村民，為了找到失散的家人，拼盡全力。

推開軍人的長竿，生與死的界線

軍人們想要將人群一分為二，但村民們卻一次次地湧向其中一邊。這時軍人們都毫不留情地用槍托痛打村民。高琓順的母親揹著三歲的弟弟，每次只要聽到槍聲，母親都會用雙手緊握著姊姊和高琓順的手，低頭看向地面。

在狂風細雪中，燒毀茅草屋的灰燼在運動場上漫天飛舞。片刻後，運動場外傳來了槍聲。「噠噠噠！」「噠噠噠！」槍聲與哭喊聲籠罩著整個運動場。原先聚坐在運動場上的村民們，一下子往這邊跑，另一下子往那邊衝，四處逃散。

在混亂當中，有某位大叔鼓起勇氣站起來喊：「我沒有兒子」、「我是警察眷屬」，同時邊往西邊走，如此才得以活命。每個人都哀怨地說：「我們沒有罪啊！」

軍人們一一喊出入山者的名字，同時要他們的家人站出來，一方面也要這些家屬排成一排。有人因為哥哥躲去山上而被唱名，但他趁軍人轉身喊別人名字，分心不注意時，迅速地往西邊靠，因而保住了性命。孩子們聽到槍聲，紛紛躲進母親或奶奶的裙子裡。李在厚也躲在奶奶的裙子中，他探出頭來，目睹了當天現場的情況。在驚慌失措之際，有母親為了保護獨生子，用自己的身體全力阻擋軍人的槍托毆打。在軍人胡亂揮舞的棍棒之下，居民們遭受了慘無人道的暴行。沒能坐在北側司令台那邊的家屬們，在運動場中不斷遭受軍人毆打。即使聽到軍人喊「出來！」的聲音，人們也會像在躲避些什麼一樣低著頭，以免被軍人帶走。槍聲一響，人們為了不被軍人看見，便到處找尋可藏身之處。現場可謂慘絕人寰。

高琓順的家人也在生死邊緣徘徊。高琓順在被人推擠的過程中，以蹲伏的姿勢摸到了某人，右手掌馬上傳來了黏滑的觸感。那是運動場中央的某個婦女被槍殺後身上所流出的紅色血液。那個婦女揹著四歲的兒子，和家人一起被推趕出去，不幸遭軍人開槍射殺身亡。原先婦女揹在背上的孩子，緊緊抱著死去母親的胸部，吸吮著乳汁。

「媽媽，我手上沾了血，好恐怖，我好害怕。」

高琓順受到驚嚇，邊哭邊說，弟弟也纏著媽媽說：「好恐怖喔，回家吧，我們回家吧。」拿著棍子的軍人，朝弟弟的頭部敲打了兩次。母親連阻止的機會都沒有。弟弟被打之後，不再鬧彆扭，也不再哭泣，直接癱倒在母親的背上。三歲的弟弟此後便一直疾病纏身，最終在一九五二年離世。

「這裡的人全部都要上車，然後要前往濟州邑。」

槍聲停止後，軍人們這樣說道。村民們跟著軍人們走出運動場後沒過多久，「噠噠噠！」「噠噠噠！」槍聲再度響起。人們在恐懼中尖叫著。每次約有三十到四十人左右被軍人帶走，一次是往學校西側的高田，再來是往東側的瑙芬松伊窪地。被帶走的這些人，後來全都遭到屠殺。屠殺發生了好幾次。李在厚的父親也遭殺害了。這些被帶往學校外邊的人們，為了重新回到運動場來而奮力掙扎。越是掙扎，軍人們的棍棒也越無情。細雪紛飛，刺鼻的氣味隨風飄入運動場。痛哭聲不絕於耳。

像玻璃珠般閃耀的血色大地

高琓順一邊對媽媽說：「我們不要被拖走啊」，一邊努力往運動場內移動，但最後她仍與家人都被帶到了窪地處。母親揹著弟弟，兩手緊抓著姊姊與高琓順坐了下來。死亡逐漸逼近。先前已被殺害的鄰居長輩屍體散落各處。軍人們讓村民們橫著坐成一排，不經任何思考，完全按照自己的心情隨意殺害。高琓順現在只要路過窪地處，就會想起那些冤死的鄰居長輩們。

就在那一刻，死亡的瞬間，高琓順看到了微紅色的土壤閃著黑色的光芒。當雲層掠過，太陽進進出出，忽隱忽現。

「地面微微散發著暗紅的光，那天的土地被鮮血染得漆黑。時間大概已經過了下午四點，當時太陽光從雲層中透射出來，鮮血反射著太陽光，就如同玻璃珠般閃閃發亮。過了一會，太陽下山，整片大地變得漆黑，真的完全是黑漆漆一片。那是因為血浸溼了土地的關係。」

暗紅色的泥土因血液滲入地面，所以透露著血色，土壤也像結冰一樣閃閃發光。雖然風和雪一整天都打在滿是淚水的臉上，但她卻未曾感到寒冷。在死亡的恐懼面前，感受寒冷是一種奢侈。突然，她的身後傳來了「喀嗒」的聲音。

「不知道是不是裝填子彈的聲音，還是什麼金屬聲。媽媽緊緊握住了我和姊姊的手，她背上還揹著弟弟。大家的心已死，暗自想著：『已到盡頭了啊！』真不知道時間是怎麼過去的。當大家坐著的時候，突然聽到了什麼聲音。」

那是喊著停止射擊的聲音。剛開始，還不知道是在說停止射擊。但乘坐吉普車而來的團長不斷高喊「停止射擊」。

「這些混蛋，沒想到你們的性命比蒼蠅還長。」

軍人所說的話裡頭，夾雜著北邊的方言。軍人們按照團長的命令，讓村民們站起身來，重新回到學校。原先被帶到窪地準備處死的高琓順以及家人、村民們，在面臨死亡的瞬間，戲劇性地存活了下來。

重新回到學校運動場後，看到村民們仍舊一下子往這裡聚集，一下子往那邊靠攏。十五歲的李承禮與家人一直都待在運動場，看到剛剛坐在正前方的村民被帶走後，接下來輪到他們了，他握著母親的手正準備出去時，團長乘坐的吉普車開過來，大喊著「停止、停止」，這讓他們改變了行進的方向。當時是下午五點左右。

重新回到學校運動場，如晚霞般燃燒的村莊

高琓順從窪地中走回來後，映入她眼簾的村莊，像是冬天的晚霞一般，被大火燒得通紅，在黑灰與白灰交織之間，火焰隨風飛舞。那幅景象令她終生難忘。

寒冬的太陽，出現的時間很短暫，充滿悲嘆之聲的運動場也逐漸昏暗了下來。然而，恐懼依然

籠罩於嚴冬的空氣中。團長於這個時候登上了司令台。

「去沒被燒毀的屋裡躺著休息，明天再撤往咸德避難吧。我會救大家的。」

當團長在講話時，高玧順從卡車上那群被成排捆綁的人們當中，看到了自己的阿姨。阿姨當時二十一歲。身穿黃卡其色上衣的阿姨，和其他村民們一起，像黃魚乾一樣被捆綁著。包括阿姨在內，共有三名女性和四名男性。十五歲李承禮的父親也在其中。他們之前生怕會被軍人發現而遭到殺害，所以躲在靠近村莊海邊的洞穴中，但最終還是被抓到了。一名受傷的善屹里居民在洞穴中直接遭槍擊身亡。阿姨的新婚丈夫因為逃到山上去，阿姨因而成為脫逃者家屬，她經常在討伐隊到來時藏匿起來，但這一次卻不幸被抓到，所以人才會在卡車上。當團長從司令台下來，乘坐吉普車離開後，載著阿姨的那輛卡車也緊跟其後。

「哎呦喂，爸爸！」

「哎呦喂，媽媽！」

村民們從那個時候開始，就在運動場與鄰近屠殺的現場周圍徘徊，為的是尋找死去的家人。天色已晚，十三歲的金錫寶住在靠海的地區，他和母親因濃煙瀰漫，無法直接返家，只好繞過海邊，好不容易回到家一看，家裡只剩下石柱，什麼東西都沒了。他們只好再次走上通往學校運動場的道路。金錫寶的背上還揹著一個兩歲的弟弟。路上他跟隨著母親，月亮也逐漸升至黑暗的天空。在石牆角落裡，有一位老爺爺蹲坐在那裡。瞬間，金錫寶嚇了一大跳。老爺爺已死亡，大片血液凝結在他的臉上，看起來像是沒有了半張臉。

李承禮的母親到處找尋著爺爺。因為爺爺被人押到窪地旁邊的「陽蓋田」殺害，但後來居然奇蹟般地倖存下來。爺爺背部被子彈穿過的痕跡較小，但胸部上方卻被子彈穿出了一個大洞。子彈可能是從爺爺身後射出的。爺爺用一隻手壓住子彈穿過的胸膛，另一隻手握住煙桿，用胳膊的力量爬過「陽蓋田」的石牆，來到了路上。李承禮的母親在深夜時分，好不容易從一堆屍體中翻找出中槍的爺爺，並揹著他回來。母親撕下棉絮堵住子彈穿過的地方。然而，爺爺在跟著大家一起被疏散到咸德後，沒幾天就去世了。

當天很多人都沒能找到家人的遺體。金錫寶的母親也是如此。一直到第二天早上，母親才找到死去的子女。六歲的孩子是受寒凍死，八歲、十歲的孩子則是中彈身亡。他們死的時候，雙手還緊握著橡膠鞋。

返家之路

整個村莊都籠罩著煙霧、灰燼與嗆鼻的氣味。離開運動場的返家路上，到處充斥著穀物燒焦與家畜被燒死的味道，令人感到窒息難受。村裡的茅草屋大多都被燒毀了。無論是莊稼，還是牲畜，也全被燒光燒死了，村子裡什麼也沒留下。雖然回到了家，卻發現已一無所有。擁有的僅剩身上所穿的衣服。

巷弄深處的某個牛棚裡，死了一頭黃牛，牠被綁在繩子上，失火時也沒辦法掙脫逃跑。這頭牛不知吸了多少濃煙，腹部鼓脹著倒在地上。還有個老太太中彈身亡，倒在路旁。

李在厚他們家的房子，相對來說還不算太糟。二十多位失去家園的鄰居長輩，聚集來到李在厚的家裡。他們把燒死的豬搬移過來，放進鍋中烹煮，另一鍋則煮著小米飯。這天是農曆臘月十九。很晚才升起的冬月，映照著被火燒毀的北村。奶奶拉著李在厚的手，站在自家院子裡，對著月亮自言自語：

「像明鏡般的神明啊，我們究竟是犯了什麼罪呢？請告訴我啊。黑色的是烏鴉，白色的是白鷺，要祭祀的話我就分享食物，鄰居家的孩子哭了，我就餵他喝奶，下雨時我就去蓋上醬缸蓋，原本過著和平生活的我們，這究竟是怎麼一回事呢？」

過了一會，母親回來了。母親身上的褐衣與腳上的黑膠鞋上沾滿了血。母親洗好手，走進村裡鄰居長輩們聚坐在一起的廚房，開口說道：

「還不夠傷心，所以才會流淚。吃吧，來吃吧。今晚的事，我們不知道，明天的事，我們也不知道。讓我們好好地吃，吃飽了就一起死吧。」

他們將小米飯放在木製大瓢中，將烤熟的豬肉置於稻草上。這裡已不可能會有碗筷，所以大家就徒手撕肉吃，抓飯吞食，所有的人都像沒了靈魂一樣。鄰居長輩們中，有人突然向母親問道：「妳父親後來怎麼樣了？」母親回答說：「找到人後，蓋了麻布袋，我就回來了。」接著長輩們就開始談論說，誰的母親是怎麼死的，誰的父親又是在哪裡死的。

翌日，北村里的居民聽從團長的命令，被疏散到了附近的咸德里。在那裡又有數十人遭到槍殺身亡。前一天，在卡車上被綁到咸德的女性們，在第二天，也就是一月十八日，就在咸德沙灘上被槍殺了。高琓順的母親開始著尋找阿姨。母親在咸德海邊的沙坑裡找到了阿姨的遺體，遺體令人不忍卒睹。從那天以後，再也沒有人提起那些死去女性們的故事。

李承禮的父親於一月十九日被槍殺身亡。李承禮的母親在那天早上還將早飯帶到了父親被拘留的收容所，但卻被告知父親已經被「釋放」了。這裡的「釋放」意味著死亡。李承禮與母親一起前往咸德，在路邊凹陷的田地裡，發現了已經斷氣的父親。

看似永無止境的冬天終於過去了。在一九四九年的春天，原先居住在咸德親戚家或收容所裡的北村里居民也回到了故鄉。借住於大姑家牛棚的李在厚一家人也返家了。那個時候，濟州島爆發了「馬奴拉」疫情。在濟州島，人們將麻疹稱為「馬奴拉」。好不容易躲過屠殺的孩子們如今卻又無可奈何地死去。李在厚的二姊和妹妹也躲不過這場災禍。

在被燒毀的家園上，村民們堆疊著撿拾而來的石頭，用紫芒或松樹樹枝搭建了簡陋的屋頂，然後在屋頂上鋪上麻布袋，就這樣和親戚、村裡的鄰居長輩們生活在一起。有星星就看看星星，下雨就淋雨，因為沒有東西吃，所以只要不會拉肚子的，什麼東西都會被拿來吃。在地上找到的艾草、松脂、蘿蔔與綿棗兒，在海裡撈到的海青菜、鹿尾菜等，這些東西都會被拿來與小米或大麥米拌著食用。在這裡，沒有人沒吃過海青菜飯、艾草飯、蘿蔔飯與綿棗兒飯。成為「無男村」的北村里，女性們靠自己綁茅草屋頂上的繩子，收拾處理丈夫與父母兄弟的遺體，靠自己的力量開始重建村莊。

一顆地瓜、一把愛心白米的募集運動

李在厚和北村里的朋友們，幾乎不記得曾在讀初中的時候有吃過像樣的一頓飯。不僅是他們，與他們同年齡的人也都是如此。初中一年級時，每當下課的時候，大家經常就只是喝個水，然後就回家了。

有一天，有位學生因為實在是太餓了，在田裡偷偷挖了一顆地瓜來吃。第二天，地瓜田的主人跑到學校來告狀：「有北村里的孩子偷了我的地瓜。」下課後，來自北村里的學生通通被叫到運動場集合。老師瞪大眼睛說：「偷挖地瓜的傢伙給我出來！」老師命令學生趴著，以頭、雙腳抵地，雙手揹在身後，做出「元山轟炸」的姿勢[16]。沒過多久學生們一個一個累到往側邊倒。之後，有三個學生站了出來，其中一位邊哭邊說：

「我的父親在四．三時失蹤了。我和媽媽，還有兩個弟弟一起住，家裡什麼吃的東西都沒有，昨天我在學校也只喝了水。在回家的路上，因為實在是太餓了，所以就挖了地瓜來吃。請老師原諒我。」

那位學生哭著，其他學生們也都哭了。好一陣子沉默不語的老師突然說：「知道了。」然後就讓學生們回家。第二天，老師把一個便當拿給了那位學生，之後就離開了。那位同學突然從座位上站起來，對著空無一人的講桌，大聲喊道：「老師，謝謝您！」教室裡的同學們拍手鼓掌。在這件事之後，這個班也開始為餓著肚子的同學發起「一把愛心白米募集運動」，這個運動很快就傳遍了整個學校。

奪走這些性命的「他們」是誰？

根據濟州四・三和平基金會出版的《濟州四・三事件追加真相調查報告書 I》指出，向四・三委員會申報為「一月十七日北村里屠殺事件」的受難者共有二百七十人。這當中包含北村里居民二百五十一人、善屹里居民十六人、德泉里居民兩人、咸德里居民一人。以性別比例來看的話，男性佔了百分之六十五。第二天，也就是一月十八日，被疏散到咸德里的北村里居民中，亦有二十九人在咸德里沙灘上遭到殺害，兩天之內共有二百九十九人被屠殺身亡。

16 譯註：一種體罰動作。韓戰期間美軍曾強力轟炸元山地區，此體罰因姿勢與飛機俯衝投擲炸彈的模樣相似，且體罰殘酷程度堪比元山轟炸，因而得名。

而北村里「村元老會」於一九九三年進行了調查，該調查資料中顯示，北村里四・三受難者共有四百二十六人。在一九九四年的第二次調查中，死亡人數增加到了四百七十九人。向四・三委員會申報的北村里四・三受難者人數則為四百六十二人。而「北村犧牲者聯合慰靈祭」資料集中記載，依據《四・三特別法》所認定受難者的人數為六百三十一人。

為了勾勒出北村里事件發生當天的樣貌，我採訪過許許多多的人。我也很好奇，當時究竟是誰下達了停止射擊的命令。政府報告書說，北村里事件當時是由營長下達了停止射擊的命令，但我親自訪談的人們卻說下達命令的人是團長。政府報告書和基金會報告書對於停止射擊命令的原委說法也不相同。在如此不同的記錄當中，加害者仍舊是個謎。一天有二百七十個人，兩天合計就有三百人同時被殺害，迄今卻沒有任何人出來為此負責。在眾多的受難者面前，不曾有任何一個加害者出面道歉。「他們」究竟是誰呢？

第十章　痕跡三——飄落於漢拏山雪上的紅色山茶花

那年冬天，十二歲少女的漢拏山

「這裡是座巨島，也是座高大的山。那座島就是山，那座山就是島。那就是濟州島的漢拏山，漢拏山的濟州島。」

這是日本帝國強佔時期的社會主義運動家金丹冶所寫的文字。一九二四年十二月三十一日，他從日本門司港出發，在前往中國上海的海上，經過了濟州島的沿岸，他遠眺著濟州島，留下了這段文字。正如他所說的，漢拏山是巨大而高聳，深遠而寬闊的存在。漢拏山就是濟州島，濟州島也就是漢拏山。不論在濟州島的什麼地方，島上的居民們每天都能望見漢拏山，看見大海。

四・三的時候，島上的人們為了躲避討伐隊的追擊而進入山區，也有人因討伐隊的鎮壓而受難犧牲。部分討伐隊員也遭到武裝隊員殺害。在整個四・三期間，漢拏山這座濟州島存在的根基，一直都是生與死交錯的地區。

那年冬天，大雪紛飛。漢拏山山腰地區的積雪，足足有成人膝蓋那麼高，整個世界雪白一片。十二歲的金平淳一家人，為了躲避殺戮，與村裡的其他居民一起躲進了漢拏山深處，過著隱蔽的生活。濟州島是座火山島，從海岸到漢拏山，到處都有洞穴。這剛好為那些四處被軍人與警察追捕的難民及武裝隊員，提供了一個安全的庇護。

金平淳說：「每天所能吃到的量，也就只是剛好不會讓自己餓死而已。」

人們每天都在與生存進行鬥爭。食物總是不夠，而漢拏山降下的冰冷大雪，寒氣逼人，深深刺入肌膚當中。當討伐隊一接近，人們就得迅速地躲藏起來。躲在洞穴裡的人數，還曾到十五個人之多。白天怕被發現，連火都不敢生。連氣味都不能讓它飄出去。一到晚上，才能悄悄走出洞穴，撿起樹枝生火。煮飯時，常使用一種叫菝葜的植物，濟州話叫「美給囊」，這種植物即使著火也不容易冒煙，也不怕被雨淋溼，因此常被拿來當作柴火燒。

一九四九年一月二十七日上午，討伐隊突襲而至。槍聲從四面八方傳來。只要一走出洞穴，馬上就被射殺身亡，甚至連躲在洞裡也難逃厄運。白雪覆蓋的地面，被紅色鮮血染成一片，就像一朵朵紅色的山茶花落於雪地一樣。這裡也聽得到嬰兒的哭聲與呻吟聲。一起避難的大哥、揹著兩歲姪女的嫂嫂，以及四歲的侄子先從洞裡出去，金平淳則把三歲的弟弟用毯子裹住，揹在背上，和十六歲的三姊、八歲弟弟一起緊跟在後。討伐隊說姊姊的年紀較大，便用繩子將她與另外二名逃難村民綁在一起。

金平淳才剛走出洞口，就發現大哥一家人都死了。沿途跟著討伐隊下山的路上，也有很多屍體。突然間槍聲大作，討伐隊也開始開槍還擊。前後方的人們砰砰地倒在雪地裡。嬰兒的哭聲與人們的呻吟聲混雜在一起。驚慌失措的金平淳也跌入了雪堆中。片刻過後。

「都已經死了，怎麼還能聽到人說話的聲音呢？」

揹著最小的弟弟，方才還跌入雪堆中的金平淳，好不容易站了起來，片刻之間，她有了這樣的想法。鮮血嘩嘩地湧出，在她的頭、臉和肩膀上流淌著。

「啊，我的臉、頭髮怎麼都沾滿了血啊？」

她甚至沒有意識到自己一直揹著弟弟。她趕緊解開裹住弟弟的帶子，卻發現弟弟早已死去。心中一陣劇痛，就像手被熱水燙傷一樣。她心裡感受到巨大的衝擊，大到想把自己再度埋入雪堆中，永遠不想出來。

「當我跌入雪堆中時，弟弟也跟著我倒下了。因為弟弟的關係，我才像被壓扁一樣，埋入了雪堆當中。討伐隊的子彈從上方飛過，正好打在弟弟身上。要不是弟弟，我早就死了。是弟弟救了我的命。」

被用繩子綑綁住的三姊與八歲的弟弟也在她的身旁死去。二姊則是在避難途中死於山中。九歲的弟弟從洞裡出來時，趁著大家四處逃散紛亂之際，僥倖地保住了性命。當天，一天之內，金平淳的八名家人被深埋於冬天漢拏山的雪堆當中。躲到山裡後還不到一個月，全家人幾乎都滅絕了。金平淳在小小的田地上，渾身是血，淚流滿面，手足無措。她用沾滿血跡的手，整理因鮮血凝固而糾結的頭髮，再將原本揹在身後的弟弟移到姊姊身邊，之後站了起來。紅色的山茶花落於漢拏山的雪地上，而雪花也不斷地飄落。

深夜爬上漢拏山的少女

一九四八年十二月二十九日，在漆黑的夜空中，星星格外閃亮。金平淳的家人被視為脫逃者家屬，關押在安德面倉川里，一個破爛簡陋的茅草屋裡。這裡原本是鄰里老奶奶的家，她同樣也被視為脫逃者家屬。

那天晚上，從山上來的人們襲擊了村莊。那時，大家過著不是監禁的監禁生活，還不到一個月的時間。負責看守的警察逃跑了。大半夜，被監禁於這裡的村民們被人聲給吵醒。一群陌生人來到了這裡，不知道有多少人，也不知道誰是誰。

「繼續待在這裡的話，大家都會死。走吧，走吧。去山上吧。把孩子們揹起來。」

大家催促著彼此趕緊離開。金平淳的家人慌慌張張地收拾白米、分著行李，走在前頭。她匆忙地穿上棉褲，披掛上衣，揹起三歲的小妹妹，圍著一條毯子就上路了。她的嫂嫂、侄兒們、八歲與九歲的弟弟也一起倉促地趕著昏暗的夜路。揹著妹妹行走的十二歲少女感到非常吃力，因為揹著妹妹，她無法好好地行走。

「試想著在寒冷的冬夜，一個年僅十二歲的少女，揹著三歲的妹妹，走著山路的樣子吧。」

她不知道自己要去哪裡。一會兒行走，一會兒休息，不斷反覆。漫無目的往前行走，不知不覺來到了漢拏山的高地，那裡樹叢密佈。黑漆漆的天空逐漸亮了起來，眼前大片白雪覆蓋，到處可見人影。金平淳的大哥躺在只能遮風的破舊茅草屋裡。這裡位於漢拏山的佛來岳附近，海拔高一千三百七十五公尺。大哥躺在沒有門，只遮住天空的茅草屋地板上，看起來病得很嚴重。見到生病的丈夫，嫂嫂除了難過之外，也沒有其他辦法。金平淳告訴了大哥，父親、母親還有二哥都已死去。大哥只是躺著，不斷地流淚。

突如其來的苦難開端

金平淳的四．三很早就開始了。一九四七年農曆臘月的某一天，也就是一九四八年一月的上、中旬，或是二月上旬的某一天。村裡的姊姊們說要去鄉社玩，所以她也就跟著一起去了。鄉社就在家的旁邊，緊鄰著石牆。金平淳記得那一天就是村裡發生四．三的日子。

附近甘山里的金老師正在鄉社的黑板上寫著字，教導著孩子。這時警察突然闖了進來。金老師被抓了，人們四散奔逃。鄰近國民學校的後方正好有一場喪禮。逃跑的人混進了喪禮中，假扮成準備食物的人，因而逃過一劫。在這些逃跑的人當中，有人後來也逃往了日本。而這就是金平淳四．三的開端。

一九四八年十一月二十三日的白晝，苦難正式降臨。出現在村裡的警察們來到家裡，逼迫父親「把兒子交出來」。當時，大哥二十四歲，很早就結婚的他，已有一對兒女。可是大哥在家人也不知情的情況下，神秘消失。

大哥消失後，金平淳一家人被視為脫逃者家屬。父親訴苦說：「我怎麼會知道兒子去哪裡了呢？」躲藏起來的人不只有大哥一人。警察把村民們都叫到鄉社前。患病中的父親必須拄著柺杖出門，金平淳也和村裡的朋友們一起去了。鄉社前擠滿了村民。警察有好幾個。警察命令所有人坐下後，一名帽子上綁著紅色帶子的警察喊著父親的名字，要他站出來。金平淳心裡想著：「警察叫的是我的爸爸啊！」

「你把兒子送到哪裡去了？」

「我病得這麼重，怎麼會知道兒子去哪裡了。就連住在一起的家人也都不知道啊。」

過了一會兒，槍聲響起，金平淳的父親當場倒下。年幼的金平淳心裡這麼想著：

「人中槍的話就會死嗎？」

警察用槍上的刺刀，刺了斷氣的父親兩次，要再刺第三次時，身旁支署長要他住手。

被羅織為脫逃者家屬的家人，父親中槍倒地

警察來到家裡，點燃了火苗。金平淳一家所住的三間房子全都著火了。在回去的路上，警察又開槍多殺了兩名居民。在警察視線所及的地方，死亡接連不斷。

母親和家人們急忙滅火，搬走還沒被火燒毀的東西。金平淳此時正急忙跑回家，想告訴大家父親中槍死亡的消息。當母親一聽到父親已經去世，原本還在滅火的母親，馬上和二十二歲的二哥、十八歲的姊姊、嫂嫂一起跑去收拾父親的遺體。金平淳說：「母親又哭又叫的樣子，真的無法用語言來形容。」由於房子全燒光了，無法在家裡為父親辦喪事，只好先在家附近放置馬車的馬車店裡擺放祭品。父親的遺體則暫時安放在附近的石牆邊。

「去把飯放在父親的供桌上。」

金平淳按照母親的指示，把飯放上供桌之後，出於好奇心，她掀開了覆蓋於父親身上的被子。父親的衣服上沾染著鮮紅色的血。由於房子被燒毀，金平淳一家人無處可去，只能暫住在馬車店裡。兩天後，來自支署的警察將脫逃者家屬全都趕進了一間小茅草屋裡。因為分開居住的話，可能有人會與山上的人聯繫，不易管理，所以警察就將人們全都集中在一起。這裡原本是一對祖父母與

他們的孫子所居住的房子，現在卻成了脫逃者家屬的收容所。雖然房子被拿來作為收容所使用，但其實也就只是一間房、一塊木地板的大小而已。內屋已經被警察燒毀，但至少外屋沒有被火給燒掉，大家就聚集在那裡生活。房間裡住著那對祖父母與孫子三人、木地板上則住著嫂嫂一家三人與金平淳一家七人總共十人。警察命令村民們負責看守，不准讓他們離開。

「饒命啊！饒命啊！」母親最後的哀求

一九四八年十二月八日上午，在「假的」收容所裡已經度過了十多天。支署警察又找上門來。他們抓走了母親、二哥、二姊和房東老爺爺四人，之後又到對面只有一位老奶奶居住的房子，對老奶奶說：「把兒子交出來吧」，說著也把老奶奶給抓走了。在前往支署的路上，警察向老奶奶、房東老爺爺開了槍。接著輪到金平淳的家人，母親死纏著警察說：

「為什麼非得殺害一個無辜的孩子啊？我因為生了兒子而罪該萬死，但是女兒到底犯了什麼罪，你們非得要殺死她？家裡還有很多連飯都沒得吃的孩子們。饒命啊！我求求你們饒命啊！」

母親哀求著。這樣的哀求並非是為了讓自己活命，而是為了拯救她的孩子們。然而，警察還是向母親與二哥開了槍，二姊則被帶往支署。親眼看到母親與二哥在自己眼前死去，二姊整夜哭泣，不斷地懇求著警察：

「你們怎麼可以一直把我囚禁在這裡？家裡的小弟小妹們有什麼罪啊？現在所有能說話的人都已經死了，還有誰可以來幫助這些弟弟妹妹呢？拜託饒命啊！請讓我走吧！」

第二天，二姊從支署被放了出來。回家的路上她看到了媽媽與哥哥的遺體，而房東老爺爺和鄰居老奶奶的遺體，早就不知道被誰給收走了。二姊、金平淳和嫂嫂一起拉著馬車，搬運並安葬了母親與哥哥的遺體。在親戚們的幫助之下，他們將家人葬在了父親身邊。村裡的孩子們嘲笑他們是「暴徒崽子」，還說：「不要和暴徒崽子交朋友」，連理都不理他們。

「世界上再也沒有比這更大的仇人了。我們甚至連屋外都去不了。沒有經歷過那個時期的人們是不會理解的。」

「假的」收容所裡，現在只剩下嫂嫂一家三口和金平淳一家五口。

逃了又逃，收容所，再次相遇的弟弟

一九四九年一月二十七日，金平淳一家人逃到山上後，不幸又遭遇到討伐隊的襲擊，原本倖存的家人因而受難。而金平淳從混亂的現場中，僥倖生還。

「這裡是哪裡？我又該往哪裡去呢？」

她孤身陷入一片無法擺脫的漆黑深淵。所有家人都已離世，但是她連悲傷的時間都沒有，腦中一片空白，毫無思緒。好一段時間，她就默默地站在那裡。然後，只要遠處傳來槍聲，她就會毫不猶豫地奮力奔跑。

「如果東邊有槍聲，我就往西跑，如果西邊有槍聲，我就往東跑，就這樣一個人在那裡跑來跑去。」

在某處的樹林裡突然傳出動靜，金平淳將目光轉向樹林，發現有人正在向她揮手。「那個人」也正在避難中，他向金平淳說：「一個人到處遊蕩，妳打算怎麼辦？」金平淳和他一起在夜晚行走時，突然間響起了槍聲。他們急忙跑到溪邊的岩石上，尋找安全之地。不知不覺間，那個人消失了，金平淳又變成了一個人。十二歲少女的面前，是一條充滿荊棘的道路，她不知道該往哪兒走，天一亮，她就朝山裡頭走去，然後在那裡又遇見了其他人們。這些難民們每每屏住呼吸，只為了躲避不知會從哪裡，以及如何襲來的死亡陰影。

「妳怎麼能一個人在這種地方遊蕩呢？跟著我，我要妳躲起來的時候，妳就躲起來。」

有人這麼對金平淳說。

「因為討伐隊一直上山來，我們也只能一直轉移遷徙。在樹縫間裡生活，在洞穴裡生活，在叢林裡生活。」

一九四九年二月的某一天，金平淳撿到了從天空飄落的紙片。那是飛機從上空投下的勸降傳單。但是當時並不識字的金平淳，其實是在行走躲避之間，遭到討伐隊逮捕的。這次她被帶去的收容所，是位於正房瀑布附近的鈕釦工廠。當時那裡面已經擠滿了人。在山上曾遇見的那些人，也同樣被抓到了那裡。有一位婦女來到了金平淳的身邊，說要認她做養女，但是金平淳拒絕了。

「我們家所有人都死了，只剩我一個人活了下來。大家都在我面前死去，如果我也走了，誰來祭拜他們呢？」

好不容易從收容所活著回來的金平淳，在以前住的馬車店裡，遇見她以為早已死去的九歲弟弟。這對年幼的姊弟就住在馬車店的窩棚裡，並在那裡祭拜逝去的親人。這裡被稱為「暴徒之家」，沒人敢來拜訪，小姊弟難以承受內心的悲傷。

無數個接連湧現的回憶，歲月的刑求

生活本身就是一場為了逃離歲月刑求，而努力與其對抗的戰爭。她為了掙脫枷鎖而拼死掙扎。但是無數個接連湧現的回憶，無盡的悲傷，就像熾熱的火團一樣，每一刻都在試圖壓垮金平淳。她看見漢拏山裡皚皚白雪上，散落著滿地的紅色山茶，她聽見槍聲不斷，她看見在被焚燬之前所居住的茅草屋，她看見父親與母親，揹在背上的三歲弟弟，以及姊姊們、哥哥們的臉龐。就像潛游於大海中的海女們，隨著時間的推移，需不斷浮上水面換氣般，家人們的面容也在金平淳的腦海中，不斷地反覆出現、消失。

二〇一二年，金平淳把自己的經歷，用生疏的文字寫在了筆記本上。這麼做，是為了給她的子女們看：

「一九四八年四・三的時候，外公、外婆、舅舅、舅媽，甚至包括姨媽們在內，我的十一位家人全都離世了。只有我和小舅舅活了下來。那時我十二歲，小舅舅九歲。我們姊弟變成了孤兒。

原本有十三名家人住在一起，但後來只剩下我們兩個人，當時我什麼事都無法思考。無論再怎麼難過，怎麼哭泣，也不會有人理會安慰。我因為揹著弟弟，弟弟替我擋住了子彈，我才得以活命。我只要一閉上眼睛，就會想起那時候。我的家人全都死在我的面前，但我卻什麼也做不了。我想活著償還我的罪孽，但我卻無能為力。我從未好好地向他人述說過這段經歷。誰也不知道我經歷過什麼樣的苦難。以後就算我離開人世，不能去參加四．三慰靈祭，但你們不管如何，每年一定要去四．三慰靈祭，至少是為了我著想。你們一定要去參加。」

南原面十一歲少年的漢拏山

這樣的故事哪會是金平淳才有的經歷呢？那年冬天，冰冷的漢拏山上有許多吃不飽、穿不暖，挨餓受凍的濟州人，他們在恐懼中瑟瑟發抖。在「焦土化」時期，濟州島成為了一座死亡之島。

一九四八年十一月七日上午，東風颳得特別大。雖然沒有下雨，但天氣相當寒冷。載著第九團軍人的「GMC」軍用卡車，陸續從下面的村莊上山來了。從卡車上跳下來的軍人們，開始挨家挨戶從屋子上方點火。茅草屋屋頂的「黑繩」與「舊繩」燒焦的味道，在整個村子裡蔓延開來。茅草燃燒形成的濃煙和火花佈滿了整片天空，一片漆黑，隨風襲來。

當天，南原地區展開了軍警聯合作戰。討伐隊上午放火燒了水望里和衣貴里，下午則放火燒了漢南里。環狀公路周邊交由警察負責縱火，而衣貴里等山腰地區村莊則由軍隊負責。「焦土化」行動開始。「焦土化」顧名思義，就是要將村民們的居住地放火燒成廢墟，消滅殆盡。

南原面山腰地區村落的衣貴里，有一個十一歲的少年高基正，他們一家三代生活的房子，也被嗆鼻的濃煙與熾熱的火焰所籠罩。這是祖傳的房子。外屋住著爺爺奶奶，內屋則住著他與其他家人。

高基正與父親、母親、二姊和兩個妹妹同住。大姊結婚之後，就不住在家裡。軍人們挨家挨戶縱火焚燒，槍聲從四處傳來，家人們聚集在外屋裡，顫抖不安。爸爸急切建議要快點逃離躲避，但是爺爺卻搖了搖頭。

「有罪的人才需要逃離躲避，我們為什麼需要這麼做呢？」

爺爺反而責罵了父親，而父親則再次試著說服他。

「即便沒有罪，也還是要躲開啊。您看那邊，上頭冒著煙，槍聲砰砰響，我們能怎麼辦呢？」

在這個時候，有三名軍人闖了進來，不曉得是不是為了遮風禦寒，他們全都罩上了披肩式雨衣。出現在家院子裡的軍人們大喊：「赤匪崽子出來！」父親先走了出去，接著是爺爺奶奶，再來是揹著小妹的母親走出去。軍人開槍了，也沒有說任何原因。軍人們先射殺了父親，接著射殺了爺爺、奶奶。爺爺七十八歲，奶奶七十七歲。他們沒有向揹著妹妹的母親開槍。他們放火燒了房子，火焰順著風勢蔓延到院子裡放置稻穀的地方，稻穀因此燒了起來。倒臥在院子裡的爺爺、奶奶身上也著了火。高基正與其他家人屏住呼吸，躲在廚房裡，這一切就如同拍電影般。他將這一生難忘的情景，深深地印在腦海裡。即使到了現在，只要一回想起那一天的情景，他就無法入眠。

那一天，在衣貴里的三百多戶人家中，除二十餘戶外，其餘的房屋全部都被燒毀。等軍人們離開，槍聲逐漸消退後，叔叔和村裡的長輩們就聚在一起。他們代替驚魂未定的家人，處理收拾了爺爺、奶奶與父親的遺體，並小心翼翼將他們葬在鄰近的田地裡。然後，大家就去暫住於田地旁邊的姑姑家。在這樣的情況下，他們還在姑姑家裡舉行了「成服祭」（譯註：穿著喪服祭祀）。姑姑說要妥善安葬逝去的親人，所以隔年就正式蓋了個墳墓。

「一個星期過後就能迎來和平」，跟著長輩去到漢拏山

他們在姑姑家住了十多天。只要槍聲一響，大家就會躲起來，而當槍聲停止，一切又恢復平靜時，為了存活，大家就會到處尋找農作物來吃。村裡的長輩們說只要躲一個星期，局勢就會穩定下來，和平即將到來。據說漢拏山一帶的叢林地很安全，所以大家踏上了前往漢拏山的道路。大家與衣貴里、水望里、漢南里的居民一起，往漢拏山方向行進，躲到距離村子十多公里外，「馬赫尼岳」西側的早津川地區。

「因為聽說只要再等一個星期就可以了。母親於是想著，只是到山上躲一個星期而已，有什麼做不到的呢？於是裝上了牛鞍架，磨了些小米放上去，並帶了足夠吃一個星期的糧食上山去。」

母親、決定結婚日期在農曆十一月的十八歲二姊、七歲妹妹、年紀再小一點的妹妹，以及揹在

母親背上的三歲小弟，大家都走上了避難之路。

大家避難的地點聚集了約六十到七十多戶人家。每個人開始築起了低矮的石牆，再鋪上紫芒，一天又一天地忍耐過活。原本預計一個星期就能結束的避難生活，如今卻無限期地延長了。糧食不夠就挖地瓜來吃。為了找尋食物，人們往返於村莊與山間，不知不覺都走出一條路來了。當大雪過後，人們行走的腳印就原封不動地留在了雪地上。討伐隊便沿著那些腳印上山了。

一九四八年十二月二十日左右，討伐隊發現了村民們的藏匿之處。行動不便的老弱者和剛生下孩子的產婦們，皆無法倖免於槍口之下。據推估，在這裡受難的居民就超過了三十多人。有四到六名嬰兒也在當時遭到殺害。村民四處逃竄，討伐隊砸毀了鍋碗瓢盆，並放火焚燒了糧食，以及石牆上交錯綑綁的紫芒。當天一早，高基正的母親在跑去找躲藏於附近的外婆時，也遭到了軍警討伐隊的逮捕。

「外婆躲在離我們避難處再稍微往山下一點的地方。母親就是在前往那裡的半路上被逮捕的。之後，她就被帶往表善支署，當時也有其他人一起被抓。母親被關押於表善支署時，有人說要出去上廁所，她也跟著一起出去了。那天雪下得很大，她趁著警察們不注意的時候，越過環繞著支署的石牆，循著雪地上的腳印，沿著下山時的那條路，一步一步上山，在深更半夜之際，找到了我們。」

和母親一起被抓到支署的三十多名居民，大部分都在表善沙灘上被槍殺身亡。

「他們開槍射殺每個看到的人，只要會動的都開槍。也沒有問任何問題。他們說，因為戒嚴的關係，任何在山裡看到的人，如果沒有舉手投降的話，一律都開槍射殺。」

從那時起，這些逃難的人們就無法在同一個地方逗留太久的時間，以免成為討伐隊襲擊的目標。他們每隔幾天就得再去找別的地方躲藏。不斷重複在洞窟和樹叢裡藏匿的日子。他們只能下山到鄰近的村子裡，撿些腐爛的地瓜煮來吃，如果連那個都吃完了的話，那就只能餓肚子了。

早津川附近的討伐行動越來越激烈。居民們總是在聽到討伐隊的槍聲時，逃往漢拏山的城板岳附近躲避，一直等到槍聲停止後才再下山來。他們必須越過位於海拔高六百公尺至八百公尺的鉢卷路（像髮圈一樣繞著漢拏山山腰的路，是日本帝國強佔時期所建造的日軍兵站道路）。

當槍聲響起或有任何動靜時，村民們就會往反方向逃跑。母親在那年冬天揹著最小的妹妹，到處尋找可以藏身的地方。當天氣特別寒冷的時候，她甚至冒著被發現的危險，生火取暖。

「雪下得非常大。我們隨身攜帶著被子，但萬一遇到討伐隊的襲擊，他們就會把一切都給燒毀。我們得到處躲來躲去，衣服都被荊棘給刺破了。真難以想像，在冬天山區的夜晚，冷得不得了，大家只好生火取暖，並做好被討伐隊發現的準備。」

家人們都躲到了離城板岳不遠，海拔高七百九十二公尺的孤片岳附近，孤片岳前有一片大紫芒田與小紫芒田。然而，討伐隊為了澈底消除山區內的所有藏身之處，因而到處放火，燒掉各個可供藏匿的樹叢。

在寒冷逐漸消退，冰雪消融之際，山上傳來了吵雜的哨聲。駐屯在朝天面橋來里的第二團兩個中隊的兵力，就像在驅趕兔子般，以城板岳為起點，開始朝山下展開了討伐作戰。

「軍人成列，彼此之間各相隔著幾公尺，整齊地從城板岳一路下山來，像在趕兔子一樣進行驅趕。他們說村民們如果無處可去，自然就會來到他們縱火燒毀的地方。」

討伐作戰持續進行，由於樹林被大火焚燒殆盡，村民們根本找不到藏身之處，於是叔父、堂姊、母親、二姊與妹妹等人，一一遭到討伐隊逮捕。他們先被帶往軍人駐紮的橋來里，之後就被收容在濟州邑的酒精工廠。高基正與堂哥看到軍人來到，馬上就朝著相反的方向逃跑，然後再與在山上遇到的村民們，一起過著逃難的生活。他們腳上的鞋子充其量就只是胡亂編織而成的草鞋而已。村民們的腳早已被凍傷，不斷流著膿。

靠菩提果維繫生命，十一歲上山，十二歲下山

用手掌抓住菩提樹樹枝使勁地拉，熟得通紅的菩提果就一把落入手心。高基正邊擦拭著菩提果塞進嘴裡，邊又跑進了樹叢。在濟州，菩提樹被稱為「波列囊」，菩提果則叫做「波列」。一九四九年一、二月，在大雪紛飛的漢拏山，每棵菩提樹上都結滿了茂盛的紅色菩提果。在白雪覆蓋的嚴

冬裡，對於飢餓的難民們來說，漢拏山上的菩提果就是他們維繫生命的糧食。高基正說，他之後就再也沒有見過菩提樹如此結實纍纍的樣子。一九三七年八月，登上漢拏山的詩人李殷相看到岩高蘭說：「很常看到人們將它摘下來吃，果實飽滿，多到垂地。」當時比比皆是的菩提果，就成為了飢寒交迫的漢拏山難民們，他們躲藏避難時的日用糧食。

「當時菩提果結實纍纍，下雪的時候，它長得特別好，果實也熟了。因為葉子掉光了，我們就一把握住，扯下果實，邊吃邊逃。連種籽都吃進肚子裡去，所以隨著屎拉出來的種籽，常常弄得屁股很痛。如果沒有菩提果，應該會有很多人餓死。菩提果成為當時的主要糧食來源。」

一九四九年春天，飛機從天空中撒下勸說投降的傳單。山裡的菩提果早被吃完，已經沒有其他食物了。按照傳單上「歸順投降者請舉白旗」的指示，高基正與堂哥拿著掛著白色破布的棍子往山下走。長時間躲於漢拏山樹林中的他們，看到討伐隊將所有東西焚燒殆盡，眼前一片開闊的原野，彷彿來到了另一個世界。

「我們從山上走下來，半路上還在洞穴裡睡了一晚，之後再經由衣貴國民學校，前往南原支署去歸順投降。軍人駐屯在學校運動場上約一個半月，上頭滿是白色的牛骨。牛是居民們耕田時不可或缺的財產，但現在卻全被軍人們抓來吃掉了。為了生存，我在十一歲時躲進了山裡，一直到十二歲才下了山。」

西歸浦的鈕釦工廠被當成了收容所，高基正在那裡生活了十四天之後，才回到了家鄉。年紀比他大的堂哥則在那裡多住了一個月。他們對鈕釦工廠的記憶非常深刻。

「那裡根本不是人住的地方。似乎有數百人都被收容在那裡，當我還在那裡的時候，好像每天都有人死去，因為審訊刑求非常嚴重。有些人在接受完審訊後，回來時只剩下一口氣，有些人甚至需要一起接受審訊的人幫忙攙扶才回得來。」

軍警們圍繞著衣貴里構築起一道城牆，並讓衣貴里、水望里與漢南里的居民們住在那裡面。原先被拘禁在酒精工廠的母親、二姊與妹妹們，也在那裡生活了兩個多月後，終於回到了故鄉。

此後的生活過得並不順利。原先在城裡生活的母親，在隔年，也就是一九五〇年的八月就去世了。最小的妹妹在那之後，不到一年就因為營養不良而死亡。一起歸順投降的叔叔，在被送到大田監獄後就失蹤了。從鈕釦工廠回來的高基正也住在城裡，他經常被動員到水望里、漢南里以及附近的新興里，負責築城的工作。

「這真是令人無言以對。因為父親、爺爺和奶奶通通在我眼前死去，他們連一句辯駁的話都還來不及說。每當我想起在山裡避難的時候，我就難以入眠。因為討伐隊的襲擊，人們一個一個地死去。我們受到了比豬、狗還不如的對待。天地之間怎麼會發生這種事情呢?如果告訴現在的年輕人,他們一定不會相信的。」

二十歲的漢南里青年,仰賴漢拏山的野玫瑰葉存活

南原面漢南里也在衣貴里被燒毀的當天,變成了灰燼。當時二十歲的吳榮鍾與他的家人,為了躲避討伐隊的攻擊而上了山。吳榮鍾的父母帶著兩個年幼的弟弟一起上山,他則隻身一人躲避藏匿。

「當時大家都叫他們為討伐隊。如果討伐隊來了,大家就會逃跑,往上走,再往上走,一直走到山上。從那時候開始,大家過著躲躲藏藏的生活。他們把住在山上原野、山腰地區的人們,都叫做是暴徒。我也不知道自己是如何度過那個冬天的。」

一九四八年的冬天,對於沒什麼禦寒衣物的吳榮鍾來說,寒冷並不是一個問題。他的心中只有一個可怕的念頭,那就是一旦被抓,就會死。當他在躲避討伐隊追捕時,有時會遇見同村的村民,但也會與不認識的人一起行走。而當討伐隊一接近,大家就各自逃散,等到天黑,討伐隊都下山之後,人們就會再次與遇到的人一起行動。

一九四九年一月七日,房子被燒毀,逃到山中也已經快兩個月,吳榮鍾的父母、兩個年幼的弟

弟以及三名村民，通通遭到第二團的軍人逮捕。他的父親與另外遭到逮捕的村民們，在當天就被槍殺身亡。但吳榮鍾後來才得知這個消息。

在山上躲藏的期間，吳榮鍾並沒有躲進洞穴裡。因為討伐隊的帶路人非常清楚這些洞穴的位置，所以被抓到的風險很大。相反地，他躲在像荊棘叢一樣的地方。他主要躲在村子上方，往漢拏山的方向，海拔高四百八十九公尺的巨人岳後溪邊附近。肚子餓時就用野玫瑰葉來充飢。當野玫瑰綻放新芽的四月中旬，他不幸在村子附近鹿岳坡後的小溪邊，遇到了討伐隊。他在試圖逃跑時中彈被捕。

「討伐隊之前都不會在早上行動，但那天卻突然出現了。他們有可能是從晚上就開始執行任務。和我一起行走的人一聽到槍聲後，馬上就躲進溪邊中間的大岩石下，我則在岩石上奔跑，然後就中彈了。子彈從我的後面射入，經由臀部貫穿了腿部。不只我被抓，還有很多村民也被逮捕了。討伐隊看我流了很多血，沒辦法走動，就命令同樣被抓的親戚揹著我行走。」

吳榮鍾被別人揹在背上，來到了土坪里上方的軍人駐屯所，在那裡停留了一夜。軍人們說：「這種傢伙殺了就好，為什麼還要帶回來？」說著邊用木柴猛力毆打他，毆打他這個因中槍連走路都沒辦法好好走的人。吳榮鍾就這樣暈了過去。醒來後已經過了三天。跟吳榮鍾在一起的人都說，當時他就好像是死了一樣。

幾天後，他被移送到了西歸浦鈕釦工廠的收容所，約兩個月後，他又被轉送到了濟州邑酒精工廠的收容所。收容所裡人滿為患。直到那時都還無法好好行走的他，幾乎只能躺在收容所的一隅，日復一日。

在收容所裡被判處十五年徒刑，死裡逃生的他七年半後回到故鄉

他在那裡待了好幾個月。據說他曾在一九四九年七月接受了審判，但吳榮鍾卻說：「我不記得我有接受過任何審判。」他所接受的，其實就是「不法軍法會議」的審判。

「我是被同事揹過去的。當有人喊『某某村的某某人』，是的話你就回答。這就是他們用來確認身分的方式。」

吳榮鍾對審判的記憶就只有這些了。之後，他就被移送至大邱監獄。當時有三百人共乘一條船，但其中有一人死了，最後只剩二百九十九人抵達監獄。然而，沒有任何人告訴他，究竟他是犯了什麼罪，被判了什麼刑。不只有吳榮鍾才這樣，船上的所有人都是如此。在這座監獄裡，他們說濟州島人是思想犯，所以根本不把他們當成人來看待。他被關到監獄之後，才知道自己被判處了十五年的有期徒刑。吳榮鍾被關在監獄裡的時候，還是無法好好走路。他的腿上一直流著膿。後來，在另一個被關押者的幫助之下，才勉強得以獲得治療。

「在那些被關押的人當中，有一位醫術很好的人。他沒有施打任何的麻醉針，就直接用刀切掉了疼痛的部位。不曉得是不是因為那裡已經腐爛的關係，所以我不怎麼感覺到疼。他用刀一一刮掉了腐爛的部位後，慢慢地也就好了。」

歷經大邱監獄、釜山監獄與馬山監獄，最後再至首爾麻浦監獄服刑的吳榮鍾，因三．一獨立運動紀念日的特赦，減刑七年六個月，終於在一九五六年二月獲釋。

在監獄裡，他也經歷過許多生死考驗。他在釜山監獄的時候，聽到了韓戰爆發的消息。戰爭爆發後，其他地區監獄的囚犯紛紛被送至釜山。釜山監獄裡關押的人犯越來越多，本來一間三到四坪的牢房，最多只能關押七到八個人，現在一下子卻關到了四十二人。由於空間太過於狹窄，以致於大家在夏天的時候，也就只能夠站著。不久之後，警察就開始槍殺囚犯。囚犯們依次從牢房中被帶走槍斃。

「當天一暗下來之後，他們就會呼喊號碼，叫人出去，再來就會聽到車輛的聲音。我們透過牢房的窗戶看到了那個景象。看到他們那樣出去之後，就再也沒回來了。再過個兩天左右的話，我們應該也會被殺死。可是到了隔壁牢房的時候，槍殺卻停止了。」

停止槍殺之後，也產生了一些空的牢房。從那之後開始，人們終於可以坐下或躺下。當吳榮鍾被關在監獄的時候，連家鄉的人們都不知道吳榮鍾其實還活著。而當他被釋放，回到故鄉後，人們驚嚇地說中槍死掉的人居然出現了，不僅是村民們，連吳榮鍾的家人也大吃一驚。可惜的是，當時他的母親早已經去世。

吳榮鍾與其他在四・三當時因「不法軍法會議」審判，而被關押在監獄的受刑人，於二〇一七年四月，正式向法院提請再審。二〇一九年一月十七日，國家宣判他們無罪。經歷過四・三的許多「吳榮鍾們」都是無辜的。

第十一章　「代殺」——代替逃亡的親人受死

「代殺」，替人受死

「開槍射擊的人是誰？」

「他們是中文支署的警察。」

「您是說射殺親人的人是警察嗎？」

「是的。」

一九八九年九月二十四日凌晨五點，在第十三屆國會內務委員會的「濟州道廳國政監查」現場，國政監查一直持續到深夜。對於國會議員的提問，李相河作為證人出席所做的答覆，讓現場的人們難以置信。他說開槍射擊親人的人是警察，這讓對四・三完全不瞭解的國會議員無法理解，然而這並不奇怪。作為證人出席的李相河，徹夜地等待，內心十分焦慮，但他還是得要說出來。現在，他想擺脫內心長久以來飽受煎熬的創傷。李相河在國政監查現場這樣說道：

「我一直非常努力，努力想要忘記過去。剛好有機會作為證人出席，然而，實際上我的心情並不愉快。」

從那天的國政監查速記錄來看，國政監查在前一天，也就是九月二十三日下午三點十二分才開始，李相河徹夜等待，一直到第二天，九月二十四日凌晨五點左右，他好不容易才站到了證人席上。當時坐在證人席上的時間只有二十多分鐘。為了那一刻，他等了十四個小時。一位國會議員要求他在國政監查現場，只能說出事先約定好說的話，但李相河回答說：「我會說出真相。」他如實地公開了四．三對他自己及家人所造成的傷害。四．三曾是任何人都不能說出口，且被認為是絕對禁忌的事情，而這是首次在國政監查現場，透過受難者的陳述，將四．三公諸於世的時刻。

站在國政監查現場的四．三證人，「射殺親人的人就是警察嗎？」

一九四八年，中文面廻水里的李相河十三歲。十二月十七日是舉行爺爺與奶奶喪禮的日子。雖是冬季，但卻是個不冷且晴朗的好天氣。上午七點左右，在廻水里鄉社旁邊的家裡，包括親戚、抬棺人在內，約有二、三十餘人聚集在一起。那時剛吃完早餐，大家正準備要前往墓地。

李相河的爺爺在距離村子一點五公里遠的大浦與廻水里之間，經營私塾，爺爺在三天前遭到警察殺害。包括李相河的哥哥在內，村裡的幾個男丁全都躲到了山上，也因此李相河的父親在警察的傳喚之下，已經去過好幾趟支署。李相河與十六歲的姊姊也是。

當時大家正準備前往墓地，中文支署的一名巡警和三、四名拿著竹槍的西青成員突然闖進了他們家中。李相河還記得那位闖進家裡的巡警名字。他劈頭就不斷催促著李相河的父母「趕緊出來」。已經去過好幾趟支署的父親以為不會有事，所以他要其他的家人也跟著一起出去，於是除了父親，連同母親、姊姊、大哥的七歲兒子與六歲的女兒，還有李相河全都一起出去了。

「其實我和侄兒們都不用出去，但父親是個很死腦筋的人。他覺得之前去支署的時候也都沒有什麼事，所以這次應該也不會有什麼問題。」

原本大家都忙於準備喪禮，突然之間，家門前卻籠罩起緊張氛圍。警察把全家人都驅趕到家門前的田裡，並強迫其他親戚鄰居圍觀。之後，警察要家人們都轉身坐下。大家預知到了死亡的到來。父親抱著孫子，母親則抱著孫女坐了下來。就讀中文國民學校五年級的李相河，以及大他三歲的姊姊也一起坐了下來。親戚與鄰居們屏住呼吸看著這一切。行刑的時刻到來。父親說，臨死前要高呼「大韓民國萬歲」。李相河猜想，父親可能認為這樣做的話，說不定能夠撿回一命。

「大韓民國萬歲！」

這一切都是白費力氣。槍聲從身後傳來。李相河本能反應地趴了下來。家人們也一一倒下。父親最後高呼萬歲的那個大韓民國，從李相河手中奪走了所有家人。

「韓國脫離殖民統治的時候，我正就讀於國民學校一年級。雖然那時候只有一年級，但我們常邊聽著『kuu syuu kei hou』（くうしゅうけいほう），邊做練習。『kuu syuu kei hou』是空襲警報的意思。老師邊喊著『kuu syuu kei hou！』邊敲鐘，我們就練習跑向大浦里方向，然後撲倒趴下。所以當那個巡警開槍的時候，我就自動『啪』地，往前撲倒。」

槍聲不斷響起。那個朝家人開槍的警察，再次開槍，藉此確認人已經被擊斃。然而，瞄準李相河頭部的子彈打歪了，子彈從他的脖子上掠過，打到了地上，地上塵土揚起，噴飛進嘴巴裡。七歲的侄子大腿內側中彈，大叫一聲哭了起來。警察不曉得是不是因為害怕的關係，便與西青成員們一起離去。

親戚鄰居們驚慌失措。這時，「遺逝」老爺爺不知從哪裡弄來了一條毯子，他迅速用毯子將受傷的李相河給包覆起來，送往親戚奶奶家。在濟州島，負責處理村裡喪事的人叫做「遺逝」。受傷的侄子也一起被送去了，他哭了一整夜，但後來似乎是因為失血過多，不幸離世。

警察離開之後，原先來到這裡是為了給爺爺奶奶送葬的抬棺人們，立即在隔壁的田地裡弄了個土墳，安葬家人們的遺體。繼爺爺與奶奶之後，李相河的父親、母親、姊姊和年幼的侄兒們等一家五口人，也都在同一天不幸受難。

而受難的理由就只有一個。就只因為哥哥不在家，他們便成為了脫逃者家屬。討伐隊僅以他們是脫逃者家屬為由，就殺害了他的親人。除了李相河的親人之外，當天在中文面轄下的廻水里與中文里神社舊址等地，數十名所謂的脫逃者家屬，也遭到了討伐隊集體屠殺。

為親人逃亡付出代價的人們

如果家中有一人不在家，那麼他們就會被指控為脫逃者家屬。一旦被指控為脫逃者家屬，就必須要付出代價。理由是，如果放任這些家屬不管，他們就有可能會與山裡的人私通。為了事先阻斷這種可能性的發生，所以討伐隊必須採取行動。政府報告書在講述「受害情況」的章節中，也專章介紹了「脫逃者家屬的殺戮」。

「即使是根據疏散令，從山腰地區下山來到海邊村落的人們，若家族成員中有一名青年消失不見，便會因此被指控為『脫逃者家屬』，而遭到槍斃。就算原本就居住在海邊村落，也無法從脫逃者家屬的指控中倖免於難。在部分地區，討伐隊會集結居民，並對照戶籍資料，藉以找出脫逃者家屬。當時，有許多年邁的父母、妻子以及兒童等老弱婦孺受難，他們受難的理由，僅是因家中有青年消失不見。居民們將此一現象稱為『代殺』。」——《濟州四・三事件真相調查報告書》，第三百九十一頁。

也因此，許多山腰地區的居民們不願下山來到海岸村落，反而躲進更深的山林之中。當討伐隊遭到武裝隊的襲擊時，他們便會立即展開反擊，而此時脫逃者家屬便成了討伐隊報復的首要目標。討伐隊殺害了脫逃者家屬，也就是所謂的「代殺」，伴隨著「代殺」而來的，常是整個村莊或親族共同體的大規模屠殺。在四・三初期，濟州居民曾以迫切的心情，向在濟州島現地採訪的記者們，訴說他們心中的苦衷：

「在這個村莊裡最可憐的，是由於理髮店關閉，不能理髮，頭髮長的話，就會被訓斥為『山人』，（中略）大家對於討伐隊要求交出根本不在戶籍內的年輕兒子和女兒，非常反感。在朝天、咸德村落，看不到任何青年的身影，也看不到任何雞隻的行蹤，由於槍彈的洗禮，原本居住的房子裡如今空空如也，人們不知該往何處去，必須隱匿自身行蹤的人何止一兩個人。」

——《湖南新聞》，一九四八年七月十八日。

如果家中有兒子或兄弟逃亡的話，留在家裡的家人就會變成脫逃者家屬，進而成為討伐隊捉捕的目標。討伐隊如果遭到武裝隊的襲擊，他們不會去尋找武裝隊進行報復，而是去找脫逃者家屬，恣行槍殺。

一九四八年十一月五日，中文面事務所與支署遭到了武裝隊的襲擊。由西青成員組成的第九團特別中隊，立刻前往中文國民學校駐屯，中文支署也增加了來自其他地區的警力。在面事務所與支署遭到武裝隊的襲擊後，原先正由西歸浦步行前往中文里的第九團軍人，順道來到了廻水里。

軍人們不知道從哪裡聽說這裡就是脫逃者家屬的家，於是就朝李相河大哥所居住的外屋裡頭，投擲了手榴彈，並把門給關上。正好那時是秋季，收穫的小米就堆在地上，因此手榴彈被扔進去後，小米桿也倒在了手榴彈上。雖然發出了砰的一聲巨響，但火勢並沒有因此延燒起來。第二天，李相河的父親怕引起別人誤會，於是親手燒毀了房子。這是父親在考慮到其他家人的安危後，所做出的選擇。為了拯救家人，即使得做出一些犧牲，父親也是無所畏懼。

李相河回憶說，在日本帝國強佔時期，從國民學校畢業後就被徵召去當兵的大哥，可說是「青年中的一等一」，在舉行村際運動對抗賽時，身為跑步和摔跤選手的他，在村裡聲名大噪。當他還在摹瑟浦接受訓練時，韓國脫離了殖民統治。這樣的哥哥為了躲避死亡的威脅，逃到了山裡，留在家裡的家人卻成為脫逃者家屬，度過了慘不忍睹的生活。

大哥在第二年，也就是一九四九年的三月左右歸順投降。當時討伐隊利用飛機向濟州島山區散布「自首就能保命」的傳單。大哥與兩三名村民一起下山，他一見到廻水里的紳耆，就向他們說：「拜託多照顧我的弟弟」。他被帶往了西歸浦警察署，之後便下落不明。有傳聞說，他在同年八月死於濟州機場。

奇蹟般的倖存，一生飽受創傷

在全家人幾乎都慘遭殺害的情況下，奇蹟般倖存下來的李相河，由親戚接手照顧，然而，親戚內心感到十分不安。經過約十天左右後，親戚透過熟人的引見，向當時負責支署的軍隊少尉問道：「這孩子還活著，我們該怎麼辦才好呢？」少尉則要他們帶李相河過去找他。

「我親自去到了支署。到了那裡後，那位少尉說：『這孩子是上天救活的孩子，就由軍隊來帶領他吧』。親戚們聽到這句話後說：『只要您同意，我們可以負責照顧他』，於是後來我就在親戚家裡住了下來。」

原本只是暫留於親戚家的李相河，在獲得軍方的同意之後，就安心地回到親戚家繼續居住。親戚老奶奶有好一段時間，都負責煮飯給他吃。在四．三之前就出嫁的大姊，因為爆發韓戰的關係，姊夫受徵召入伍，於是大姊也來到了親戚家裡，和他一起生活了兩年。家族祭祀就是從那個時候開始的。

「一剛開始都是由大姊負責祭祀。每天按三餐奉上祭品，由於所有逝去的親人都要祭拜，所以供桌上的擺設就有如過節一般豐盛。又因為那些祭拜的飯全部都得要吃完，所以有段時間，我們都沒辦法吃剛煮好的飯。」

李相河變成孤兒之後，並沒有因此中斷學業。從濟州市的高中畢業之後，他進入到大學就讀。一九五七年左右，他在上了一個學期的大學後，因下學期的學費沒有著落，於是他試圖偷渡到日本東京，找尋住在當地的親戚。他經由釜山，前往日本，不幸卻在日本長崎縣的一個島嶼上遭到逮捕。四十個人一起偷渡，只有兩人因為日語說得很好，所以被釋放了。李相河被關在佐世保監獄八個月，後來又在大村收容所，被關了一年四個月。終於，他得以回到故鄉。回鄉後，他在軍中度過了三年的時間，一九六二年退伍之後，他從故鄉廻水里搬到了鄰近的中文里。一九七〇年，他又到了日本東京，在那裡花了一年的時間，學習柑橘的栽培技術，也因此，他成為了栽培柑橘的先驅，除此之外，他還學習了養豬的技術。在他年幼時，親眼目睹了家人慘遭殺害的情景，這為李相河帶來了巨大的心理創傷。

「只有一個人的時候，就會想一些有的沒的。每天沉浸在空想當中，也因此無法集中精神，好好念書。就讀國民學校的時候，我很擅長珠算，算數也很厲害，但是在四・三發生之後，我對數字的感覺就變遲鈍了。就像蚯蚓一樣，即使身體被切斷，也還會扭動。人中槍倒下後，呼吸並不會馬上中止。我親眼目睹了這一切，但誰能夠理解我的心情呢？」

在國政監查現場，某位國會議員這樣問道：

「你對這個社會沒有怨言嗎？」

李相河如此答覆：

「我認為自己會出生在那樣的時代，那是我自己的命運。因此，一直以來我對於國家並不具有任何的感情，或者是你說的那種東西。」

對於濟州人來說，四・三就是如此。當年年幼的他們，在長大之後，並沒有向加害者進行報復。他們將那個時代的一切視為命運。相反地，他們更以「愛國公民」的身分自居。然而，他們並沒有忘記四．三。永遠無法忘記。

「哪怕只救活一個子孫也行」，說完這些話就離去的下道里父母

一九四九年二月十日上午十點左右，舊左面細花里細花支署的警察，不斷喊著「出來！」催促著待在支署對面收容所的居民們。約有五六名的警察將數十名居民，帶到鄰近下道里的煙頭望山。這些人是這地區附近下道里、終達里與細花里的居民。前一天，冬雨傾盆而下，路上泥濘不堪。冬天的寒氣籠罩全身。煙頭望山距離細花支署雖然只有一公里左右，但走在這條路上的感覺，卻如同千里路般的遙遠。十五歲的吳秀松原本就住在下道里，他與父親、母親一起被帶走。

吳秀松與家人也是脫逃者家屬。父親與母親是在一九四八年十月三十日左右被抓去細花支署的。他們一剛開始是被帶到下道里的公會堂，後來當天在公會堂裡的所有居民，又通通都被帶往了支署，他們在支署那裡受到了殘酷的刑求。在父親和母親被抓走半個月後，吳秀松也遭到逮捕，並被帶往細花支署。一進支署，他就受到各種嚴刑拷打。警察從電刑開始，之後再用木棍夾住手指，使勁按壓，甚至還把樹木夾於大腿內側和小腿肚之間，先讓吳秀松跪坐，再從他身上踩踏。對於一個十五歲的少年來說，西青出身的警察是野蠻的。細花支署當時隸屬於城山浦警察署。

「我一被抓走就遭到了非常暴力的審訊，我被搞到幾乎是瀕死的狀態。他們要我說出大哥

逃到哪裡去，我根本也沒有大哥的消息，是要我如何回答呢？我因為答不出來，所以他們就用各種酷刑想把我折磨到死。不是只有我遭受到這種待遇，大部分被帶到支署裡去的人，在一剛開始的時候，都受到了這樣的刑求。在當時有很多西青出身的警察，這些人在刑求時，非常兇狠。」

吳秀松右手的中指有受到電擊刑求的痕跡。在受到嚴刑拷打後，他被監禁在細花支署對面的收容所。雖說是收容所，但其實是個破舊建築，之前曾作為倉庫使用，只有七、八坪左右的大小。吳秀松回憶道，有四十六人被關押在那個地方。

「無論是晚上，還是白天，他們就隨意將人們塞進一個小房間，我很難用言語形容。人們一整天都像個豆芽菜頭一樣，只能用雙手抱住膝蓋，蜷曲地坐著。警察真的是隨便抓人塞進來，有很多人被關在那個地方，整個房間被擠得密密麻麻的。真不像話。真的。」

一九四九年二月十日，警察將吳秀松還有他的父母等人帶往煙頭望山，當時他們已經在收容所被監禁了三個月左右。當大夥抵達了煙頭望山後，警察讓這些居民排隊站立。隨即準備要開始行刑。此時，父親向警察哭喊哀求著。

「孩子沒出息，我死是應該的。但是，請您至少留下一個能在祖宗面前，盛上一碗水來祭拜祖先的子孫啊！」

母親也大聲疾呼：「拜託您了，至少讓我的兒子可以活下去啊！」吳秀松在收容所的期間，經常在支署負責跑腿、打雜的工作。也許是因為父母懇切的哀求，說服了平時經常碰面的警察，因此吳秀松才得以活命，再度回到支署。他才走了大概一百五十多公尺的距離，便從後頭聽到了槍聲，他當場僵住，眼淚奪眶而出。但即便如此，他也不能回頭奔向父母。

「當時我的腦袋一片空白，心臟也好像停止跳動一樣。我好幾天都吃不下飯，因為包括父親和母親在內的許多人，都在我面前死去。不僅是年邁的人，甚至連剛出生的嬰兒，他們也不放過。有個剛出生的嬰兒被奶奶揹在背上，他也無辜地受難了。」

那一天，有數十人在煙頭望山遭到殺害。被殺害的這些居民全都是脫逃者家屬。幸運歸來的吳秀松又回到了支署，在親手殺害自己父母親的警察面前，負責跑腿、打雜的工作。

「饒命啊，饒命啊」，苦苦哀求的弟弟妹妹

殺害父母和鄰居的警察們，當天下午又來到下道里，逮捕脫逃者家屬。兩個年幼的弟弟與妹妹也被帶到同一個地方。年幼的弟弟妹妹，苦苦哀求著警察：

「饒命啊，饒命啊！」

十二歲的妹妹和八歲的弟弟苦苦哀求著，希望警察能饒他們一命。村裡的鄰居們不忍心看到這一幕，紛紛別過頭去。儘管心很痛，但也無能為力。如果他們挺身而出的話，可能會因此喪命，所以他們也不敢採取任何行動。警察並不會因年紀小或苦苦哀求就心軟。吳秀松知道那是自己的弟弟與妹妹，當初他們兩人留在家裡，還拜託親戚老奶奶幫忙照顧。就在吳秀松的父親與母親受難兩天之後，在細花里經營肥料供應所的姨丈，來到了他們位於下道里的家，想要帶走這兩個孩子，但卻也因此得知了他們已經遇害的消息。

「當時有很多居民都目睹了行刑的場面。聽孩子們說出那些話，就讓人難過到說不出話來。弟弟妹妹們哀求著警察饒命，已經到了令人不忍直視的地步。你覺得當我聽到那些話時，我會是怎麼樣的心情呢？」

吳秀松根本也不敢想說要收拾父母和弟弟妹妹們的遺體。

「有親戚幫忙的人，早就已經把親人遺體給收拾整理好，但我因為心力交瘁，加上也無法獨自應對，於是就先由姨丈在父母和弟弟妹妹們的遺體上，覆蓋上泥土，做了標記，經過五個月左右之後，再將他們進行安葬。」

因警察刑求而被迫逃亡的哥哥，留下來的家人成為脫逃者家屬

大吳秀松三歲的哥哥下落不明，這也使得他們一家人成為了脫逃者家屬。一九四七年三月一日以後，警方在濟州島全境下達了大規模拘捕相關人員的命令。哥哥因曾參加在朝天萬歲山所舉行的三·一獨立運動紀念大會，而遭到細花支署的警察逮捕。警方對哥哥進行了各種嚴刑拷打，頻頻逼問他：「誰是主使者？你做了些什麼事？」

「哥哥被刑求到牙齒都快斷了。警察用棍子猛力毆打，打到瀕死的程度，只差沒變成殘廢而已。他遭受到了極為殘酷的毒打。」

哥哥被關押在支署前的收容所裡，經歷了二十多天左右的嚴刑拷打，好不容易才被釋放出來。但是他待在家裡，既害怕又不安，不知道警察又會在何時，從何處闖入家中。一九四八年五月，他決定離家出走，而留下來的家人就成了脫逃者家屬。

「五月到來，天氣也變得溫暖，哥哥選擇離家生活。因為警方仍持續搜捕，如果留在家裡的話，他認為最終還是會被警察逮捕喪命。為了避免遭到逮捕，一開始他選擇躲藏在海岸邊，後來逐漸深入山區，最後走到了隱月峰（多郎休岳），而那個地方有洞穴。」

為了躲避警察的拘捕，哥哥躲在人煙稀少的海岸邊、田野與倉庫等地。父親則努力想把哥哥送去別的地方。在日本帝國強佔時期，父親曾持有動力船駕駛執照，他甚至也在日本開過船。三十多歲時，他招募船員，最遠曾到咸鏡道的清津抓沙丁魚。脫離殖民統治之後，他回到故鄉，駕駛帆船。四・三發生之前，由下道里居民們所營運的動力船，多達四十五艘，捕魚業非常盛行。

「父親就是用那艘船往返『陸地』的。隨著時局逐漸惡化，父親亟欲找到哥哥，並設法將他送往『陸地』。但是，警察卻把船隻全都聚集在下道的港口，並在船身上打洞，為的就是防止人民搭船逃逸。警察採取了這樣的手段，使船無法航行。那時警方的討伐行動還未正式開始。」

在支署負責跑腿工作的吳秀松，偶然間遇見了哥哥在國民學校的同學。他與哥哥一起跑到山上避難，但之後他就歸順投降了。

「您有哥哥的消息嗎？」

「啊，寒冬之際，他在山腰地區被嚴寒凍傷，所以就用衣服裹著腳，繼續躲避藏匿，但最終還是離開了這個世界。」

吳秀松的天空好似崩塌了一般。父母離世，連弟弟妹妹也相繼離去，哥哥原本是吳秀松在這個世界裡的唯一希望。但是這份希望現在也隨之破滅了。如今，他成了一個真正的孤兒。

在殺害家人的警察底下，過著跑腿打雜生活的吳秀松，在姨丈位於細花里的供應所裡，住了兩年多。偶爾他也會順道去老家看看。在返回空蕩房子的路上，就像漫步在虛空當中。他不知道哥哥是什麼時候去世的，雖然曾聽說過哥哥死於山區某處，但因為當時若沒有警察的允許，任何人都無法隨意出入山區，所以他也無能為力前去替哥哥收屍。他選定在父母去世的那天，作為哥哥以及弟弟妹妹的忌日。

「一剛開始是由阿姨幫我準備祭品，我就只負責把祭品帶回家，擺放在供桌上。因為不知道如何祭拜，所以我就把飯放在銅碗裡，插上餐具，再擺上杯子，就這樣來祭拜。一直到結婚之後，我才開始按照禮俗來祭拜。」

失去親人的房子顯得寬闊空蕩，孤獨與寂寞如潮水般湧來。那是一種無法用言語表達的心情。未來的日子顯得茫然，對於找工作也提不起勁。

「只要一提到四．三，我內心就很難受。我是聽著別人叫我『暴徒家屬』長大的。我身邊一個人也沒有，這多令人感到難受啊。每當經過煙頭望山時，當時的記憶就會浮現，雖然我想逃避，但最終也只能低下頭。一看到煙頭望山，我內心就無法平靜。」

屠殺脫逃者家屬，國家暴力

當時，屠殺脫逃者家屬的行徑，隨處可見。政府報告書也列出了許多起有關屠殺脫逃者家屬的案例。西青出身的警察，所屬濟州邑外都支署，其所恣行的屠殺行徑，即便用「非人道行為」來描述，也不足以呈現它的殘暴本質。來自於光令里，當時擔任外都支署特工隊員的高治敦，為歷史作了這樣的見證：

「我在外都支署擔任特工隊員的時候，我永遠無法忘記西青出身的警察李允道的屠殺行徑。那一天，支署警察把所謂的脫逃者家屬抓到支署來，實施嚴刑拷打。當他們被帶到準備槍斃的地方時，早就已經筋疲力盡，連走路都無法好好地走。李允道強迫特工隊員刺殺他們，然後自己也拔出刀子，一個一個地刺入他們的後背。他們眼珠突出地倒地身亡。當時約有八十人受難，其中以女性居多。當中還包含抱著吃奶嬰兒的婦女。李允道看到嬰兒在死去的媽媽面前，揮舞小手、踢著雙腿，便用刀刺向嬰兒，向上舉起，藉以展現他的威嚴。都坪里的孩子們當時都死了。他根本就不是人啊。看到這樣的場景，我好幾天都吃不下飯。」——《濟州四·三事件真相調查報告書》，第二百七十一至二百七十二頁。

朝天面朝天里的夫成邦，因為自己的躲避藏匿，導致母親、年幼的孩子等十二名家人與親戚失去性命。一九四八年十二月十三日，大靜面上摹里與下摹里共有四十八名居民，在上摹里伊橋洞鄉社前的田地裡，被軍人們以脫逃者家屬的名義，槍殺身亡。軍人們還強迫其他居民們目睹這場屠殺。

一九四八年十二月二十二日，被拘留在表善面表善里表善國民學校的加時里居民中，有七十六人遭到集體屠殺。軍人們先是讓居民們聚集在運動場，之後便進行戶籍資料的比對，如果家庭成員中有人不在現場，就會被視為脫逃者家屬，隨後也會被軍人們拉到附近的柳塘槍斃。

屠殺這些脫逃者家屬是國家無差別的暴力行為。政府以斷絕人們與武裝隊的聯繫為由，將他們羅織為「赤匪」，屠殺他們的家屬，這種行徑與種族滅絕沒有什麼兩樣。

在濟州四．三和平公園裡，吳秀松兄長的石碑上刻著這樣的字句：

「一九四九年三月二十八日之後，在濟州地區行蹤不明。」

第十二章　女性們——跨越沉默，走向世界

跨越沉默，讓真相走向世界

這不僅是暴力，根本是野蠻人的行徑。以國家機器為名義，在恣意妄為的暴行面前，人民根本無處可躲。女性們更是直接暴露在暴力之下。濟州島女性們所遭受的暴力，是超出一般人所想像的。父母與兄弟姊妹的受難、村莊的瓦解固然使人哀傷，但女性個人所經歷的痛苦更是無法估量的。這種痛苦為倖存者們帶來了巨大的心理創傷。有很長的一段時間，女性們對於揭示自身所經歷的事情都是謹慎的，且大多數的人寧可選擇保持沉默。因為在講究血緣與地緣關係的韓國社會中，女性的發言若稍有不慎，就會對自己、子女和親戚產生負面影響。悲劇的真相，似乎就在沉默中沉寂下來。然而，加害者的野蠻行徑，終究無法一直被掩蓋。透過受害者與目擊者們的口述，國家強加於女性身上的暴力真相，開始逐漸被外界所知。

「當時漢拏山下著細細白雪，應該是冬天，大概是十一月左右。沒有男人，只有女人！男人早就逃之夭夭了，所以沒有男人，只剩下女人。女人的年齡大約是在三十歲到四十歲之間。軍人們不會戲弄女人，都是警察們在戲弄啊。哎呀，那些警官們，如果問當時他們是如何做那

些壞事的話，他們把女人，就是上下全身，把她們的衣服全脫了。全部！全部脫掉，還戲弄她們。這就是警察們所做的事。不是有些孩子以討伐隊的身分來到濟州嗎？那些西北青年們。哎呀！那些傢伙，該是人做的，不該是人做的，他們全都做了！」

一九四八年十一月，身為民保團員的高吉昌，曾在南元面山腰地帶與軍警們一起執行討伐行動，他是這樣描述自己所親眼見到的事情。

在日本帝國強佔時期，大部分的人們只要一聽到「獻納」這個詞，就會感到不寒而慄。脫離殖民統治後，隨著全國糧食危機日益嚴重，美軍政府又重新恢復了日本帝國曾經施行的穀糧收集制度——「獻納」。在濟州島，它也被稱為「誠出」，代表著「誠心誠意獻出」。當然，這讓人民對政府的不滿情緒更加惡化了。但是，「獻納」這個詞在四．三當時，具有另一個更可怕的含意。

筆者在日本東京採訪到的某位在日韓僑，四．三剛發生的時候他才十四歲。他曾被動員到警察支署站崗，還聽到自己父親與母親遭逮捕刑求的聲音。他在韓戰快接近尾聲的一九五三年二月，偷渡到了日本。

「當時他們派了一個叫『白骨隊』的討伐隊。那些傢伙駐屯在那裡的時候，還要人們『獻納』姑娘。他們要區長（里長）交出姑娘，還有牛和豬。因此，當時的姑娘們都刻意喬裝打扮得像老人一樣。」

為了不要引起討伐隊的注意，當時父母們都刻意讓女兒穿上破舊的衣服，或者故意讓她們披頭散髮，顯得邋遢，甚至讓她們看起來像瘋子一樣。那些被「獻納」的姑娘們成了政府的祭品。根據疏散命令，從山腰地區下山，被關押在公會堂的女性們，當夜幕降臨時，她們就成了犧牲品。日帝強佔時期舊左面海女鬥爭要角之一的金玉蓮，一九四八年時，她三十八歲。從鬼門關前走一遭的她這樣說道：

「駐屯在村裡的軍人或警察要求送姑娘們過去。家境富裕一點的家庭還好，但對於一無所有的家庭來說，真的是什麼辦法也沒有。家境貧困的女孩們，就這樣一個一個被帶走。」

另一位在日韓僑還講述了女性被強迫結婚的案例：

「西青成員們對女性做了很多壞事，甚至還逼迫人家嫁給他。我認識的姊姊就是遇到這種事的人。」

一九四九年二月二十四日，西青出身的三陽支署主任鄭勇哲，他所犯下的野蠻行徑令人髮指。當時擔任大韓青年團分隊長的居民，告訴筆者他的親身見聞：

「有一天早上，我去支署做例行報告，結果有一名年輕女子因為丈夫跑到山上去，就被抓到支署來。但是鄭主任不知怎麼一回事，竟然把槍口放進爐子裡燒。然後他又把這名年輕女子全身脫光。因為懷孕的關係，所以她的肚子和胸部明顯都突了出來。之後，鄭主任把燒得通紅的槍口塞進她身體下面。那景象令人不忍直視。鄭主任做完那件事後，便在支署旁邊的田地，把汽油往女人的頭上澆，並點火燒死了她。之後鄭主任命令我們用泥土把屍體給埋起來，但由於女人尚未完全斷氣，所以泥土還微微上下起伏。鄭主任那傢伙，聽說沒有活很久。」——《濟州四·三事件真相調查報告書》，第四百一十九頁。

沒有人能夠阻止這些持槍者們的暴行。某位女性在日韓僑，四·三時跟隨父親在木浦生活，一九五一年去到了故鄉舊左面，她是這樣描述當時聽到的故事：

「最令我感到衝擊的，是小我兩屆的後輩的母親在某塊田地裡死去的時候。西青成員命令村民們殺了那位母親。那位母親當時眼睛被蒙住。但村民們怎麼可能無緣無故殺人啊？當村民們猶豫不決的時候，西青成員們便威脅說，如果不殺，他們就要殺死村民。村民們不得已，便向那位母親說：『請您原諒啊！』接著拿起竹槍亂捅亂刺。實在是太可怕了，讓人不禁渾身顫抖。整個村裡的人都閉口不談，誰敢提起那件事啊？」

飛鶴山丘的悲劇，那個女人

一九四八年十二月十日上午，多輛卡車朝東開去，揚起一陣灰塵，卡車沿著新公路（環狀公路），經過濟州西部地區涯月面的下貴村，往漢拏山方向駛去。討伐隊來到下貴里蓋水洞，包圍了村莊，將居民驅趕到了有朴樹的飛鶴山丘。村民們也把飛鶴山丘稱為小雞山丘。

七歲的金蓉列還記得，當天是家裡的早飯時間，母親卻要吃不吃地催促著年幼的子女們說：「快走，快走。他們要我們去，如果不快點，會挨揍的。」三歲的弟弟騎坐在母親肩膀上，母親揹著剛出生的妹妹，再牽著蓉列與五歲妹妹的手，一同離開了家。

那天是個晴朗的日子。先抵達的居民們已坐在恐懼當中。警察命令他們依靠著朴樹，之後便將母親的手綁在後面。金蓉列則和弟弟妹妹們坐在母親旁邊或前面。討伐隊用麻繩，一個接著一個將被認定是脫逃者家屬的人捆綁起來，準備殺掉他們。討伐隊朝向居民們威脅說：「給我看好了！」被綁在麻繩上的人，如果自己解開繩索逃走的話，機關槍就會朝他射擊。

「機關槍就是會發出『噠噠噠』的聲音。『噠噠噠』的槍聲一響，人也就倒地而亡。」

屍體被丟棄在馬路對面的田地裡。那一天，從十幾歲到七十幾歲的男女老少，超過二十人遭到集體屠殺。在驚恐中顫抖的弟弟妹妹們，被嚇到從鼻子裡「嘩嘩地」流出鼻血來。接著，在眾人眼前又發生了令人難以言喻的可怕暴行。討伐隊大喊：「看好了」，要大家往朴樹的方向看。害怕的居民們將目光望向朴樹。在朴樹前方，一位懷孕約八個月左右的女人，全身顫抖地蜷縮著。討伐隊把孕婦全身脫光，將用來綑綁牛背物品的繩索，繞過孕婦腋下，用力拉拽，將她懸吊在朴樹上。兩三名的討伐隊員用鐵槍刺向那位孕婦。討伐隊犯下了可怕的暴行。他們接著說道：「她太晚從家裡出來了。如果你們不仔細看的話，我也會這樣殺掉你們的。」金蓉列只看了拉繩子的動作，之後就不敢再看下去了。就連年幼充滿好奇的雙眼，也無法直視這恐怖的情景。

「他們就像把豬吊掛在樹上一樣，將孕婦綁起來拉拽，然後她就被拉上去了。別說尖叫了，居民們甚至說不出任何話來，也不敢亂動。」

一旦被認定是脫逃者家屬，居民們所居住的房子就會遭到燒毀。金蓉列的家也是。他們一家人被迫去到大約兩公里外的可文洞，親戚就住在那邊的海岸村莊。還沒來得及取名字的妹妹，因沒能得到適當的餵養而夭折。此前的十二月五日，父親因為外都支署要他去尋找柴火，於是父親便帶著便當出門，後來竟被逮捕，在十二月九日的軍法會議上，他遭判處無期徒刑，被關押在木浦監獄，之後便下落不明。父親在那之前只捎來消息說，他要去「陸地」的監獄，並託人送來他身上所穿的褐赤衫。母親將父親的衣服掛在房間裡說：「即使是父親的靈魂，也不能讓他餓著」，每天吃飯時，母親都會為父親盛一碗飯，擺放在飯桌上。

前往監獄的路上，失去懷中孩子的母親

孩子比自己早死的人能說些什麼呢？尤其是孩子就餓死在自己的懷裡。二十六歲吳癸春住在臨近山區的西歸邑西烘里，她在抱著孩子前往監獄的途中，失去了孩子。孩子在自己懷中死去的愧疚，伴隨著她一輩子。筆者於二〇一七年採訪她時，她對於孩子的死亡仍表示「心都裂了」。一九四八年十一月中旬，討伐隊要吳癸春找回脫逃的丈夫，為了躲避討伐隊的脅迫，她白天躲在山上，晚上則去到親戚家，躺在鋪著紫菜的廚房裡。然後，在天亮時又上山。每天都重複著同樣的生活。吳癸春有一個十個月大的兒子。那天，她也是像往常那樣，到處躲著討伐隊，卻不幸在路邊被警察給抓住。警察要她上車，雖然不知道為什麼要被帶走，但她還是揹著孩子上了車。

「去西歸浦警察署待了兩天後，我們被叫了出去。他們要我爬上卡車，於是我就抱著孩子上了車，之後我們被載到了濟州邑，並被關押在濟州警察署監獄（拘留所），由於人實在是太多了，我根本無法抱著孩子伸直我的腳，於是我蜷縮膝蓋坐著，並把孩子抱在身上。我們在那裡待了整整一個月。」

同年十二月，吳癸春在濟州所召開的軍事審判中，被判處一年有期徒刑。她詳細地講述了那時候的情形。

「我們從監獄裡出來，說是要去接受審判，判刑坐牢。哎呀，真是的！那是什麼審判啊？去到法院，他們就說某某人（有期徒刑）五年，某某人十年，剩下的全部都一年。我知道他們沒有我的名字，但我一聽到刑期是一年，我就想：『要待一年？』我們在監獄裡待了一個月，每天都餓肚子，孩子連哭的力氣都沒有，這樣下去我們不是會死嗎？嬰兒在肚子裡也會死啊。」

為了去「陸地」的監獄，吳癸春與被判處有期徒刑的濟州島民，一起坐上了前往木浦的船隻。沒過多久，吳癸春懷裡的孩子就沒有了呼吸，她抱著孩子悲憤痛哭。一起搭船的女性們都懷著沉痛的心情，輪流看著吳癸春與她懷裡的孩子。然而，大家都是要被帶往監獄的人，也無法給予任何的幫助。天空逐漸白亮了起來，船隻已抵達了木浦港。吳癸春抱著死去的孩子下船。

「我問帶隊的警官，死去的嬰兒該怎麼辦？他叫我揹著下船。我抱著孩子下船後，我又再一次問警官說：『那我現在該怎麼辦呢？』我們去了警察署，帶隊警察叫我把孩子放在警察署的院子裡。他說孩子放下後，他會幫我埋葬。於是，我也不得不放下孩子了。放下孩子後，我便和同行的人，一起去了一個叫做全州的地方。」

放下死去的嬰兒，大家一大早乘坐著火車出發，抵達全州後，天色逐漸昏暗。吳癸春滿腦子都是孩子的身影，她連自己要去哪裡都不曉得，便進了全州監獄。

「進到牢房後，只要是帶著孩子的人，他們就會發一個破爛的鋁碗，碗裡頭還盛著粥。那時我還真希望能早幾天被關進監獄裡來，這樣至少孩子在死去之前，還可以喝點粥，吃幾粒米，我的內心就比較不會感到那麼委屈。但只要一想到孩子是因為完全沒東西可吃而餓死的，我就心痛到說不出任何話來。」

她的內心一次次崩潰。

「一想到孩子是餓死的，那一整年，我什麼話也不想說，也笑不出來，簡直成了個廢人、啞巴。一想到那個餓死的孩子，我就心痛欲裂啊！」

到了次年春天，她從全州監獄移監至安東監獄。原先被判處一年有期徒刑的她，獲減刑兩個月，她於一九四九年八月底獲得釋放。但即便獲釋，每當她想起餓死的孩子時，她的心就劇痛難忍。

孕婦親眼目睹，經歷悖倫與殘酷的現場

故鄉在濟州邑吾羅里淵味村的十八歲新嫁娘文順善，她與十九歲的丈夫一起住在外屋，婆婆則住在內屋。一九四八年九月的某一天，秋老虎的氣焰消退，初秋氣息轉濃。

「天還沒亮的凌晨時分。東邊田野傳來槍聲，火光燒得紅通通一片。甚至還傳來人們哭泣的聲音。婆婆跑到外邊來，叫我們躲到竹林裡去，當時房子周圍有很多竹林。丈夫躲到那裡去，我則躲在廚房旁邊的一個小庫房裡。婆婆要我躲在那裡，說他們不會找到庫房裡去。」

不久之後，我就聽到了大同青年（大青）團員們粗獷的聲音。他們在屋子裡到處亂翻，並厲聲威嚇著婆婆：

「妳把丈夫送到哪座山裡去了？他人現在在哪裡？」

「他已經去日本兩年多了。村裡的人都知道啊。」

「不要說謊！」

「為什麼要說謊？為什麼我要送他到山裡？」

婆婆努力解釋丈夫不在的原因。實際上，公公在四·三發生之前就已經去了大阪，早在日本帝國強佔時期，他就曾於大阪生活過，他去大阪是為了購買兒子與兒媳婦婚禮要用的布料。大青團員原本已經走出家門，沒想到他們又突然調頭回來，打開庫房，用槍四處捅。最終，文順善還是被抓到了。雖然她苦苦哀求說：「我知道錯了，請饒命啊！」但她與婆婆還是一起被帶到淵味村的公會堂。文順善至今也無法忘記，她在那裡所目睹到的大青團員們的悖倫惡行。當時村裡的居民們都來到了公會堂。

「當時我正要進入公會堂的院子，看到了他們命令年邁的老奶奶們趴下，並要老爺爺們像騎馬一樣騎上去，然後繞著院子轉圈圈。有很多老人都被迫那樣做。這難道是一般人會做的事情嗎？」

這一天的場景深深烙印在當時被抓來公會堂的居民腦海中。帶走文順善與婆婆的大青團員們，還將文順善推倒在公會堂一側的木材堆上，並在文順善身上放置兩塊木頭，然後從木頭兩邊踩上去追問她：「妳丈夫人去哪裡了？」文順善當時正值懷孕初期。婆婆擔心懷孕的兒媳婦受傷，流著眼淚懇求大青團員們手下留情。但是大青團員們卻打了婆婆一記耳光，繼續幹著殘忍的勾當。

「那時在公會堂院子裡，堆著從房子上拆卸下來的木頭。青年們突然把我推到那邊，我也就跌倒了。他們把木頭放在我的肚子上，一陣猛踩。他們人站到上面不斷地踩。那時我懷有身孕。他們把木頭放到肚子上面，男人們就在那上頭猛踩著。我感覺就快要斷氣了。」

刑求隨著警察的到來而停止。警察將包括文順善在內的兩名女性與兩名男性的手綁起來，帶到濟州警察署。雖然她在五天後即被釋放，但由於害怕擔心，她不敢待在家裡。不久之後，警察與大青團員們便在村裡放火燒屋。

失去丈夫成為年輕寡婦的她，為躲避討伐隊而逃到山區，逃到收容所

事情發生在一九四八年十二月左右，那時的記憶依舊鮮明。房子被燒毀後，婆婆和她的子女們，還有文順善和丈夫，不斷躲藏於宅邊田野與溪邊等地，最後他們躲到了漢拏山半山腰的列雁地岳。討伐隊上山來了，曾一起躲藏的人們一個一個死去。婆婆對文順善的丈夫說：「帶著我們走，最後連你也會死，你自己隨便找個地方躲起來吧。」這就是他們與丈夫的最後對話。此後，丈夫便不知去向。後來才聽說有人看到丈夫在一九四九年十月，被卡車載到濟州機場的消息。文順善在十九歲就成了寡婦。她與丈夫一起共度的時光只有一年多。

漢拏山上飄著白雪。只要一聽到有人說：「討伐隊來包圍了」，大家就會死命奔跑。婆婆對文順善說：「不要擔心我們，至少妳要活下去。」婆婆揹著四歲的小叔，而六歲的小姑在滿是積雪的山路上，連走路都走不好。

「媽媽您先走吧。我要在這裡睡一下。」

文順善懷著身孕，但還是揹著說想要躺下睡覺的小姑，再牽著七歲小叔的手上了山。討伐隊來了的話，他們就躲在樹叢裡，以度過這短暫的危機。而即使因為沒有東西可吃，導致挨餓了好幾天，然而內心巨大的恐懼，常使他們忘了飢餓的感覺。就這樣他們在山裡度過了二十天。有傳聞說，如果歸順投降的話就能得救。

「如果這麼做是為了要殺我們的話，就算真的會死，我們也還是下山吧。實在是無法再繼續過這樣的生活了。」

他們大約是在一九四九年一月左右歸順投降。最初前往的地方是濟州邑西門通的某學校建築。

「大青團員們把男人們都叫出來，要他們脫光衣服，舉手行走，接著用棍棒狠狠地毆打他們。痛苦的呻吟聲不斷，他們好像一時片刻也活不下去了。這些都是相信『下山就得救』而下山的人們。我們也很害怕會遭受到同樣的對待，不過最終他們並沒有那樣對我們。」

在收容所裡生產的媳婦，因弄錯名字而前往「陸地」的婆婆

他們被關在學校建築裡半個多月後，又被轉送至酒精工廠的收容所。在那裡儘管也接受了調查，但是審訊並不嚴重。然而，收容所的環境非常惡劣，一個小房間裡關押了數十人。白天時人們得要挨著坐，晚上睡覺時則連腳都無法伸直。一九四九年七月一日，文順善在大半夜裡生下了兒子。即便有孕婦在這裡生下了孩子，房裡的其他人們也對此毫不知情。

「婆婆把一位認識的，同時也住在同間房的阿姨給叫了過來。那位阿姨用力地摟抱住我的腰，『啪』一下，孩子就出來了。如果痛很久的話，同房的人可能都會醒來，還好一下子就出

來了。」

生下孩子後，婆婆脫下身上的工作褲包住了產婦與嬰兒。這時別說是海帶湯了，就連要喝一口水都很困難。

在酒精工廠收容所待了一個多月後，收容所相關人員一邊喊著婆婆的名字，一邊說：「要去『陸地』了」，感到莫名其妙的婆婆訴苦說：「我是做了什麼事情，為什麼要把我送到『陸地』去呢？」但這一點用也沒有。婆婆只好拋下了六歲的小姑與七歲的小叔，只帶著四歲的小叔，被移送往全州監獄。根據國家紀錄院所藏的檔案資料，婆婆接受軍法會議判決的日期是一九四九年七月七日。然而，就在不久後，典獄長把婆婆給叫了過去。

「因為名單上的名字被弄錯，所以妳來錯地方了。如果是被判了三年左右的話，我就會更正並送妳回去，但因為妳的刑期只有十個月，所以妳就當作在這裡修養，之後再走吧。」

婆婆茫然若失。儘管她要求獄方送她回去，但獄方最後還是沒有這麼做。四歲的小叔在監獄裡因麻疹而離世。婆婆在獲釋後，回憶起當時的情況，她說當她聽到自己是因為名字被弄錯，所以才來錯地方時，她覺得自己的身體像是被掏空一般。

文順善在婆婆被送往「陸地」監獄後，便抱著在酒精工廠生下的新生嬰兒回到了故鄉。老家成了一片廢墟，她只好寄住於吾羅里舅舅家的一間房裡。而託付在吾羅里親戚家的七歲小叔，某一天在去挖艾草的路上，意外去世。

回到故鄉的婆婆得知大兒子與七歲兒子都已離世。二兒子則因為住在城裡的親戚家，所以得以倖免於難。婆婆失去了四個兒子中的三個，她與文順善在那之後便拚命地工作。她們在離村子幾公里遠的地方，砍柴搬運販賣。存了一些錢後，買了田，也蓋了房。

十二歲少女，遭受刑求

「老鼠們為了吃庫房裡的糧食進進出出，看到這一幕的貓，踩著我的後背，『啪嗒嗒』地前去追捕。待在沒有電的庫房裡，雖然令人感到害怕，但我更害怕的是老鼠和貓在我的身上跑來跑去。我獨自蜷縮著身體，顫抖不已。」

金淑姬永遠無法忘卻一九四八年，當時還只是個十二歲少女的她，在小小年紀裡所經歷的恐怖刑求。軍人們先是包圍了她的家，命令她們找出十七歲的二哥，之後軍人們便把二姊帶到了附近的法還支署，她則被帶往了江汀國民學校。她被關在學校前方茅草屋的庫房中。小茅草屋的內屋住著由西青成員所組成的軍人，其他房間則是刑求的地方。軍人們說：「有人看到妳們姊妹把哥哥藏起來，還送食物給他吃」。此外，軍人們還對她施予極大痛苦的折磨。

「他們先用粗繩纏繞著腿、腰、胸部和手臂，然後再把我綁在門板上。之後再將門板倒立，猛力地朝地上撞擊。你覺得這樣做，人的頭會變成什麼樣？」

他們用水壺，把水注入人的鼻子與嘴巴中。刑求、嘲弄，笑聲在空氣中迴盪。

「當他們猛灌我水的時候，我覺得呼吸困難到感覺自己都快要死了。他們還用鐵棍塞進嘴巴裡，強迫你張嘴，要你說實話。從那時候開始，我有好長的一段時間都缺了兩顆牙。他們猛灌水，讓你肚子漲起來，再用力按壓你的肚子，讓你喘不過氣來。之後再用鐵桶打水，猛一下地潑在你身上，讓你嚇一大跳，驚醒過來。」

軍人們甚至對小女孩實施電刑。

「那還算好的。他們還會把鐵片裝在竹竿上，連續猛刺你的腿，刺的時候你還可以聽到『滋嚕滋嚕』的聲音。腿上的膿液流淌著，胸部和肩膀也因被鐵片刺戳，腫脹了起來。」

十二歲少女的冬天被凍僵了。癱軟虛脫，被刑求折磨到不成人形的她，從寒風咻咻吹進來的庫房縫隙中，看到外面全被白雪覆蓋的世界。酷寒使她的痛苦更加深刻。

「你以為他們會給你什麼東西蓋嗎？一個水刑，衣服整個就溼了，他們也就這樣放任不管。」

即使在寒冷的冬天，這些執行刑求的人，仍舊放任穿著單薄，全身濕答答的人不管。而每天吃東西的機會只有一次，軍人扔給他們吃的，是像小孩手掌大小般的飯糰。大金淑姬三歲，被帶到法還支署的姊姊，她所承受的痛苦也十分巨大。她遭到了嚴刑拷打。但是姊姊並沒有跟妹妹說。姊姊被關押在法還支署，而金淑姬則被關押在庫房裡，她們各在那裡待了一個月。她說：「因為有人謊稱我們姊妹把哥哥藏起來，還給哥哥送吃的，所以我們才遭到了刑求。」她們向軍人們要求讓她們與告密者見面。軍人們把那個人叫到茅草屋來。金淑姬朝他衝過去，哭喊著說：「我好想哥哥啊。他在哪裡？請你告訴我。」軍人打了那個人說：「這孩子不像在說謊。請你如實回答」，他馬上改口說：「我好像看錯了。」不久後，姊妹倆被釋放，回到了家裡。

過了幾天之後的一九四八年十二月十六日，西青軍人將村民們帶到學校西側的鷹坐岳去。她們姊妹與母親也去到了那裡。這時，一名軍人走過來說：「孩子們是無罪的。這樣做是不是太過分了？」軍人牽著這對姊妹的手離開。就這樣，姊妹倆在死亡邊緣存活了下來。但是那天卻成為她們與母親相聚的最後一天。

「軍人們說他們是暴徒的家屬，然後讓這些人排成一排。同時，還要其他人睜大眼睛看，接著軍人開槍，媽媽就在我們眼前離開了這個世界。」

金淑姬在二十歲時與村裡的青年結婚後，拚了命地生活。她用十七歲時所學會的技術，潛入海裡捕撈海產，揹到市場上兜售。她也賣過菜，賣過雞蛋，幾乎沒有沒做過的事情。之後，她還蓋了房子。但是刑求所導致的後遺症，讓她一潛入到水裡，就會全身酸痛，還會抽筋。刑求的痛苦與記憶伴隨了她一輩子。

女性們，倖存者的生存之道

這是一堵巨大的牆。原本以為四．三結束後，就能擺脫絕望的深淵，結果迎來的卻是一段充滿悲傷、憂慮、恐懼與不安的日子。但即便如此，生活還是得要過下去。哀悼那些在眼前所發生的屠殺，或尋找那些被帶走、下落不明的父母與兄弟姊妹，這些都只是次要之事。倖存者的生活十分艱困，生存本身就是一場鬥爭。她們一生奮鬥，只為了自己和存活下來的家人。她們得要開拓自己的人生，為了生存，她們的人生陷入了不斷的掙扎當中。

四．三從根本上改變了女性勞動的本質。在變成廢墟的宅地上，尋找食物與維持生計才是當務之急。在被要求疏散的日子中，她們悲慘得只能寄居在牛棚或窩棚裡。十多歲的女孩們也不得不整天辛勤工作，沒有人會因為妳年紀幼小，而有所寬容。她們在山裡砍伐松樹，揹在背上，搬運下山，並用那些樹木搭建起支柱，再用紫芒纏繞覆蓋成屋頂。如果搭建窩棚的工作力不從心，她們才會向親戚或村裡的長輩們求助。她們辛苦將周圍散落的石頭，搬來堆砌成牆，並於地面鋪上紫菜或大麥稈。在小洞上掛個麻袋，它就象徵性地成了出入的門。然而，萬一祭祀的時候，紫芒不小心著火，整個屋子就會被燃燒殆盡。那麼，一切又得從頭開始。一家人就住在如此簡陋砌蓋而成的屋子裡，有些人甚至還會與親戚們一起居住。一下雨，地面便完全溼透，一到冬天，寒氣更是直接滲入到窩棚裡。即便想要換穿衣服，也會因為沒有可替換的衣物，只能等待洗好的衣物晾乾，而這段等待的時間，她們便無法出門。她們就是如此艱困地生活著。

飢餓，只要能吃，什麼都可以

沒有東西可以吃。一九四八年到一九四九年冬天，正值「焦土化」掃蕩的高峰期，飢餓與寒冷讓幼小的生命先行離世。在安德面舞童洞周圍過著避難生活的洪春好，她的三名弟弟都因飢餓而先行離開了人世。從那之後，她的母親再也沒看過其他人家的孩子。父親身為四代單傳的獨子，能生下三個兒子，他原本非常地高興，然而，現在三個兒子卻全都餓死了。他對孩子最後的愛，就是親手安葬他們。

只要是能吃的，就沒有不吃的道理。腐爛的馬鈴薯粉、麥麩、海藻等，所有能吃的東西，全都吃到肚子裡，唯有這樣才能存活下去。當年十五歲的鄭鳳瑛，原本住在日本，在日本帝國強佔時期，過著富裕的生活。她的證言就是生存鬥爭的真實寫照。

「我們使用（討伐隊用過的）殺人刀切蘿蔔、切馬鈴薯，做飯來吃，生活過得非常茫然。由於三年來都沒有人能夠好好地從事農作，我們只能買點大麥殼，加點糖精，放點鹽，再加水煮來吃。我們也喝用麥麩所煮的水，麥麩本來是豬才在吃的東西。五歲的弟弟因為屎拉不出來就一直哭。因為他三餐只喝大麥殼加糖精煮開的水，所以屎拉不出來。我讓弟弟趴下，然後折一根木棍，用木棍把屎從弟弟的肛門裡挖出來。靠近大海就撕海藻來吃，在山上就摘蕨菜吃，或採艾草之類的來煮粥吃，沒有一餐是吃得正常的。每天就只是餓肚子，挨餓而已。」

有時候想煮小米野菜粥來吃時，又因為怕會被別人取笑，還會刻意等到沒有人的時候，才敢偷偷地煮來吃。

濟州邑我羅里的金乙生被疏散到巨老村後，她用美國所配給的玉米粉，加上開水煮成粥，餵給年紀最小的弟弟吃，自己則與妹妹們去買用腐爛馬鈴薯所製作的，帶有苦味的馬鈴薯粉，做成大圓白糕來果腹。

「我買了爛掉的馬鈴薯粉，把它做成像大圓白糕一樣，放到水裡煮。吃進一口，那味道真的是苦澀得令人說不出話來。但是為了生存，還是得吃一兩個，若不是為了活下去，這東西我還真的是吞不下去。住在巨老三區通的時候，我都在幫別人做事，藉此維持生計。如果有好好地吃飯的話，我應該會長得更高一點，但現實生活並不允許。」

奉蓋里的宋順子也是如此。

「當時小米就堆在外邊，先把小米秸抽掉後，再鋪上麻袋，然後在上面踩踏，這樣做可以讓小米的殼掉落。我用腳踩的時候，兩歲的弟弟連穿的衣服都沒有，他也跟著來來回回地踩。我一想到這就覺得心疼。我用那些小米煮粥來吃。現在那些是狗才吃的東西。吃的時候嘴巴一直被刺到，咯吱咯吱。老么弟弟因為肚子餓，也跟著吃。老么肚子鼓鼓的，腿卻很細瘦，就像非洲飢餓的孩子們一樣。」

當廚娘、幹農活、做海女、服兵役，想盡辦法活下去

還是得生存下去。為了生活，勞動是基本的。除此之外，女性還必須擔任一家之主，負責家庭的生計。在沒有男人的家庭中，女性得承擔起男性的職責。不管是漁獲、木柴，還是海帶，只要是可以拿來做生意的事情，她們都盡可能找來販售，維持生計。

「事件發生之前，我們是靠務農維生，而事件一結束，我們卻變得一無所有。」

二十二歲的蔡桂秋住在舊左面松堂里，她砍伐橡樹，製成木炭販售，藉此維持生計。她與家人也會把木炭裝載於牛車上，從松堂里到水山里、終達里等地，換取馬鈴薯或鹽，謀求生計。蔡桂秋每當結束農活後回到家，先是生火煮飯，再餵孩子喝奶，之後才能擦洗自己身體。為了撫養七個孩子，她幾乎沒有時間休息。婆婆留下來的一頭牛，成為家庭生計的根基。她後來賣掉了兩頭牛，用

所得購買了約三萬三千平方公尺（一萬坪）的田地。

宋順子住在濟州邑山腰的龍崗村，她曾為了減輕母親的負擔，與弟弟一起去了孤兒院。當母親不在的時候，她承擔起一家之主的責任。宋順子在十歲時遭遇了四．三，十六歲時去到了首爾，當了三年的廚娘。她在首爾所待的那戶人家，戶主是銀行的分行經理，但他卻突然之間遭逢巨變，家庭破產。宋順子反倒還安慰起他們：

「人生在世，總還是會有好事降臨的。雖然目前暫時會很辛苦，但人生在世，總還是會有好的時候到來的。」

宋順子回到濟州後，做了泥作、鋤草、賣鯷魚等的工作，有什麼就做什麼。二十一歲時，她開始在一家西裝店學習裁縫的技術，期間卻因為老闆的責罵，而燃起了她好勝的鬥志。

「老闆總是用日語說我做得不好。當時我就下定決心：『我一定要贏過你們』。二十歲的我，切齒痛恨。」

宋順子在二十一歲那年，成了一名熟練的技術人員。在海岸村落，她當海女捕撈海產，這也成為了她生存的資產。即使在寒冷的冬天，她也只是穿上一件底褲，靠著捕撈海產維持生計。她將海帶曬乾後，拿到濟州市區販售，再將所得拿來買白米，如果東西賣不出去，她就拿來交換其他物品。有時為了「出家捕撈」，還必須得到「陸地」去，雖然常流淚思念那些留在家鄉裡的孩子們，但是至少這樣做可以賺取到金錢。海女們不去海裡的時候，就去農田耕作。一到冬天，下海捕撈變得更為辛苦，冰冷的感覺就像是要把肉給割下來一樣，但如此拚命地捕撈海產，積累財富，終於讓她們得以買房買地。

當兵原本被視為男性的專屬物，但對於鄭鳳瑛而言，當兵則是為了擺脫四・三枷鎖的逃生出口。據說，只要在軍中服役滿五年，就可以擔任打字員的工作，並擺脫「赤匪家屬」的污名。一九五二年，十九歲的她自願從軍。光是與她一起從濟州島去當兵的女性就有六十人。入伍典禮在濟州邑觀德亭廣場舉行。對鄭鳳瑛來說，那個地方是充滿複雜回憶的場域。

「父親在觀德亭廣場被抓，被棍子打，再被送到監獄，被扔進大海，我就在那個觀德亭廣場，就在道知事與居民的掌聲和歡呼聲中，參加了入伍典禮。」

一九四八年十二月，父親在被警察抓走之後，遭判處了一年的有期徒刑，關在木浦監獄，過著囚禁的生活。在韓戰爆發後的一九五〇年七月，他遭到「事先拘禁」，後被殺害。鄭鳳瑛就在父親曾經遭受刑求，被帶往監獄的那個地方，在人們的歡送之下參軍。她不顧母親的淚水，離開了故鄉碼頭。在前往論山訓練所的路上，濟州女性們搭上了專門載運牛馬的貨物列車。這是艱困軍旅生活的前兆。因為父親的「赤色背景」，使得她從訓練所時期開始，就被叫到特務隊去，遭到調查與毆打。

「我那時連韓語都說不好，就被帶到了特務隊去，我實在是太害怕了，哪能好好回答問題？結果我就挨了一記耳光，打得我眼珠子好像快掉出來一樣。但還是得以立正的姿勢乖乖站好。」

特務隊軍人在黑板上用漢字寫上「愛國」兩字，並問說：「啊，妳是因為愛國才來當兵的嗎？」鄭鳳瑛回答說：「是的！」對鄭鳳瑛來說，國家是什麼呢？「愛國」並不是她所關心的事情。

「老實說，我不知道什麼是愛國。以前在日本，雖然也曾被叫做『朝鮮人』，受到日本人的輕蔑對待，但在那邊並不會隨便亂殺人。在這裡，大人也被殺，孩子也被殺，開槍打死，用竹槍捅死，用石頭砸死，在這樣的情況下，還能有所謂的愛國嗎？」

對於鄭鳳瑛而言，從軍是唯一確定能夠擺脫「赤色背景」的途徑。而那就是她所追尋的全部了。

「活著活著，就活下來了」

「如果我識字的話，我就要把我的故事寫成一本小說。」

在採訪曾經歷過四・三的女性時，大部分的人都是這樣說的。這句話的意思是，她們在當時就已被剝奪了對學習的渴望。為了重建已成灰燼的家庭，也為了求取溫飽，繼續活下去，生存比起任何事物都要來得迫切。就這樣，女性們錯失了學習的機會。當初對於學習的熱情，如今卻成了心中的遺憾。為了彌補這一點，她們努力教導自己與子女學習。對學習的眷戀成為了讓自己過上自主生活的契機。從未踏進過學校校門的宋順子，也努力拚命地讓自己學好國字。

「對我來說，文字是撿來的。每次去澡堂的時候，看到那棟建築物上所寫的字，我就會想，原來這就是『澡堂』的意思啊，而這也就是我學習國字的開端。全大韓民國我都跑遍了，每次去到一個新的地方，我就會藉由專注地看招牌，讓我的眼睛熟悉這些標記，然後再去找新的地點，再看著招牌，藉由這樣的方式讓自己逐漸熟悉文字。我用盡全身力氣，努力看招牌識字，終於在過了二十歲之後，學會看國字了。」

住在下貴里鶴園洞的金蓉列，戶籍上的年齡比實際年齡小兩歲，當村裡的姊姊們要去夜校讀書的時候，她總是糾纏著姊姊們讓她跟著去上學。雖然母親要求她去工作，不讓她去上學，但她對學習的熱誠卻十分高昂。金蓉列在十三歲時開始上學。她和比自己年紀小四歲的弟弟妹妹們一起讀書。只要能夠讀書，什麼事情她都能做。只是，她後來去了親戚那邊幫忙照顧小孩，終究沒能完成國民學校四年級的學業。她在十五歲的時候，去了親戚家，本來說什麼事都不用做，只要幫忙看家就好。她原本以為這樣就可以看書，但是實際上並非她想像的那樣。金蓉列在十六歲時，到了朋友在釜山任職的針織品工廠上班。讀書成了她心中的遺憾。

「老闆說會給我更多的錢，所以要我去釜山，但我在釜山的時候，還是比較想讀書。去到那裡之後發現，一堆人沒唸過書。每當下午三、四點工作結束後，老闆就開始教我們讀書。他買了很多白紙，要我們儘管拿去用，還給我們出考試題目。我的珠算也是在工廠裡學的。」

經歷過四・三的女性們，生活中充滿了許多辛酸。在所有人所經歷過的痛苦之中，她們作為少女，作為女性所經歷的痛苦是更為悽慘的。然而，即便在這樣的痛苦當中，她們仍舊生存了下來，重建了家庭與村莊。這是一場為了脫離時間的鞭笞，而展開的殊死鬥爭。

「活著，終會找到出路。」
「活著活著，就活下來了。」

四・三之後的女性們，被扔擲到吞噬一切的時代巨牆前。這些話，支撐著像是雜草般的她們，讓她們勇敢地生存下去。這些話蘊含著頑強的生命力。生存於瘋狂年代與疾風怒濤時代底下的女性們，開拓了自己的生活，維持了家庭的生計，並體悟到了自我生存的意志。與其說她們過去是踩踏在一片荒蕪的空地，朝向著迷茫的未來找尋道路，倒不如說她們開創了新的道路，並且走到了現今的這個位置。今日的濟州，就位於她們所開闢的道路之上。

第十三章　正名——誰來呼喚我們的名字

看待四・三的不同觀點

濟州四・三和平紀念館位於濟州市的奉蓋洞。當走進昏暗的第一展示館「歷史洞穴」時，短暫的鳥鳴迴盪其中，走道兩側擺放著破碎的壺罐與甕缸。聽著好似從天花板上滴落的水滴聲再走進去，就像走進黑暗的洞穴一樣。在那洞穴的盡頭，橫放著一座白色的大理石石碑。陽光透過天花板上的圓筒形立柱，灑落於石碑上，閃耀發光。石碑的表面上並未刻上任何文字。這就是「白碑」。在「白碑」的說明文字中這樣寫道：

「四・三白碑，無法命名的歷史」

四・三根據觀點的不同而存在著分歧的立場差異。或許因為如此，所以四・三到現在都還沒有正式的名稱。儘管政府已經針對這個「事件」進行了真相調查，也發布了調查報告，大韓民國總統甚至還對此公開道歉，然而迄今人們對於四・三仍抱持著許多不一樣的看法，不曉得歷史上是否還能夠找到像四・三一樣，存在著多種不同觀點的案例？這種觀點上的差異，從「名稱」上便能明顯地感受到。對於四．三的觀點，一般可以歸納為四種類型。

首先，是將四．三視為暴動的觀點。時至今日，雖然在很大的程度上已經完成了真相調查與回復名譽，「暴動論」的色彩也隨之消退許多，但是，仍然有些人將其稱之為暴動。這些人主張，四．三就是人們以一九四八年四月三日為起點，根據南勞黨勢力或北韓的指令，為阻撓大韓民國政府成立所發起的暴動。這些人並聲稱當時的參與者支持了北韓政權的建立。也因此，他們認為政府的鎮壓是正當的，而在鎮壓過程中，部分無辜良民的受難也是無可避免的。大規模屠殺、縱火、「焦土化」掃蕩等違反人道的犯罪行為，全被看成是鎮壓過程中的輕微過失。相反地，他們卻特別強調武裝隊的殺人與縱火行徑。

再來，就是「抗爭論」。一九八七年民主化運動以後，隨著查明真相與回復名譽運動的展開，大學生、知識分子團體以及公民社會領域等提出了「抗爭論」，並認為傳統的「暴動論」，實際上是受到了反共意識形態的束縛，因而扭曲了歷史的真相。「抗爭論」是對前一時期「暴動論」的反擊，具有防禦性的特點，這也代表著人民對於「暴動論」在認知上產生了轉變。自一九八〇年代後期以來，文化藝術運動一直把焦點置放在「抗爭論」上。

就像「事出必有因」這句話一樣，這樣的論點更著重於四．三武裝起義的爆發原因。實際上，從一九四七年發生三．一事件和三．一〇官民大罷工後，一直到一九四八年的四．三武裝起義爆發為止，濟州社會的憤怒已達到了極限，這主要是由於外來的警察對濟州島居民進行了大規模的逮捕與刑求，以及西青等右翼團體的掠奪與鎮壓所導致。也就是說，四．三是為了抵抗外部勢力的鎮壓而引發的抗爭。他們的立場是，人們亦應該如實地接受有些人對於武裝隊恣行屠殺與縱火的批評，因為這樣做並不會因此削弱四・三抗爭的名分。他們還主張四・三是為了反對五・一〇單獨選舉永久分裂韓半島，所以，四・三也是一場「反分裂運動」與「統一運動」。

第三個則是「受難者論」。這種觀點在四・三的論述中佔了很大的部分。講述四・三的小說或與四・三相關的媒體連載、電視台的紀錄片等各種著作與報導，都把重點置於濟州人的犧牲與受難之上。四・三的悲劇性彰顯出濟州人所遭受的巨大災難與犧牲。四・三以後生存下來的人，他們所經歷的連坐法與心理創傷，也以同樣的方式被呈現出來。長期以來，查明真相與回復名譽運動就是以這種「受難者論」為基礎而展開的。透過提出和平、人權、和解與共生的議題，促使政府查明真相、回復名譽與正式道歉。

最後，是「事件論」。他們將之稱為「四・三事件」或是作為符號印記般的「四・三」。他們著重於四・三發展過程中所發生的各種事件，並認為將這些事件統稱為「四・三事件」或「四・三」也是一種表述的方式。《四・三特別法》與政府報告書裡也稱其為「四・三事件」。也就是說，使用「事件」這個字詞，並不會使「四・三」所代表的意義淡化。他們的立場是，在四月三日的武裝起義發生之前，雖然存在著抗爭性的意涵，但在事件的發展過程中，像是武裝隊殺害平民等等錯誤，也應該予以承認接受。他們認為，以折衷的立場，將其稱之為「四・三事件」或「四・三」，並不會掩飾了四・三的抗爭性。

一段無法命名的歷史

政府報告書於二〇〇三年十月確定，同月盧武鉉前總統代表政府正式道歉，接著二〇一四年政府將四月三日指定為國家追悼日，但即便如此，四．三依然是一段「無法命名的歷史」。為什麼說四．三是「無法命名的歷史」呢？前國務總理高建在政府報告書的序文中，做了這樣的描述：

「報告書的撰述，以查明事件的真相，回復受難者及其家屬的名譽為重點，並未定義整個四．三事件的性質，也未做出歷史評價。我認為這是之後的歷史學者們所應當承擔的責任。」

大韓民國政府公布了自政府成立以來，首部揭露自身錯誤的歷史真相報告書，然而，報告內容中卻沒有定義事件的性質，也未做出任何的歷史評價，並且將這個課題留給了後代的歷史學者。正因如此，我們更應該面對「正名」的問題。為了賦予四．三正確的名稱，首要的工作便是正確理解它的歷史本質。

四．三因特別法的制定而步入制度化的軌道，但當時的濟州人民卻仍被侷限於國家暴力受難者或受害者的框架當中。難道，這就是全部了嗎？當時的濟州人民在脫離殖民統治後的時空裡，在國民參與國家建設的過程中，他們作為歷史的主體，有著參與建設統一國家的意志，亦有島嶼地區特有的共同體意識，與對抗外部掠奪的迎戰認知。因此，一味地將當時的受難者視為「什麼都不懂的無知者」，或是將他們視為什麼事都不清楚，就「無辜受難」的可憐受害者，這樣的觀點反而是削弱了四・三所代表的意義。

歷史學者們認為，若要定義一個歷史事件的本質，就必須思考事件的背景與原因。四・三是由冷戰與分裂等外部條件，結合了濟州島共同體抵抗外部鎮壓勢力的內在條件，兩者相互作用而發生的。隨著第二次世界大戰的結束，以歐洲為始的冷戰秩序擴展到了亞洲，全世界也都陷入了形成冷戰體制的進程中。脫離殖民統治後的韓半島，南邊與北邊各自被美國軍隊與蘇聯軍隊佔領，於是這裡的冷戰也發展得比別人更快。經過聯合國決議實施的南韓五・一〇單獨選舉，將韓半島帶向了分裂的道路，反對的聲浪也因而湧現。隨著南北雙方益形敵對，彼此也逐步開展屬於自己的國家建設。現代史研究學者徐仲錫教授曾說：

「探究四・三爆發的原因非常重要。雖然政府報告書中亦有所記載，尤其是三・一獨立運動紀念日以後，湧入濟州島的『陸地』人所展現出的橫行霸道、美軍政府的治理失當，以及人民對於脫離殖民統治已逾兩三年卻仍未實現統一自主國家的心灰意冷，種種因素最終導致了四・三的爆發。強烈的受害意識，尤其是西北青年團等所施加的傷害，也在其中發揮了一定作用。從這一點來看，四・三的確具有抗爭特性。而且，與其他事件不同的是，四・三持續的時間相當漫長。若非具有堅韌的抗爭性格，是不可能持續如此長久的。」

抵抗鎮壓的歷史，還有四・三

如前所述，濟州島共同體的內在條件也不容忽視。當面對警察與西青等外部勢力的鎮壓與蹂躪時，為了守護家人、村莊與島嶼共同體，濟州島人展開了積極、團結且具組織性的抗議與鬥爭。在邊緣島嶼這一孤立的地理條件下，濟州島人所形成的固有生命力，以及當外部施予不當壓力時，自發性站出來抵抗的共同體意識，都成為了四・三的內在推動力。濟州島人面對外部勢力掠奪時的集體防衛，即使不追溯到遙遠的高麗時代，還是可以輕易地找到例證。光是從二十世紀初所發生的李在守之亂，到日本帝國強佔時期的一九三〇年代，在濟州島內外所發生的民族解放運動、海女鬥爭等幾個事例，就足以讓人瞭解到濟州島人在過往對抗外部壓迫與侵略時的歷史。

四・三時期的媒體報導是觀察濟州島抗爭歷史的線索。媒體將武裝起義的淵源，追溯到一八九八年，為反抗中央牧使貪婪暴虐而發生的房星七之亂，與三年之後，在一九〇一年所發生的李在守之亂，以及日本帝國強佔時期的民族解放運動。

「當派遣官員的壓迫超過一定的限度時，就會受到島民團結合作的強烈反擊，因此，李朝末年之際，在這座島上爆發了李在守之亂及房星七之亂，這些事件以其激烈的抗爭力量與全面激底的手段，讓人留下了深刻的啟示。進入日帝時代後，島民們的抗爭力道持續發揮，不僅在三・一運動中抗爭激烈，連之後著名的海女暴動事件，也在如銅牆鐵壁般的日本帝國統治下，進行了大規模的示威運動，造成了數百人的犧牲。（中略）不僅像金明植這樣全國知名的人物在這裡出生，在學生運動的鼎盛時期，濟州島出身的學生也參與甚深，甚至到了首爾各公立中學一律拒絕濟州島學生入學的程度，在學生運動的核心人物中，總有著濟州島出身的學生。此外，由於濟州島與大阪之間存在著特殊的聯繫管道，因而普遍提升了濟州島人的文化水準（中略）因此，濟州島民純樸堅毅的生存能力與全面傳承的革命傳統，使得這裡人民的信念與性格呈現出獨特的單一色彩，他們並藉由這樣的色彩廣泛地渲染上色。」——《獨立新報》，一九四八年四月二十八日。

在這篇由記者夫在民所寫的報導中，他透過對濟州歷史事件的考察，詳細探討了濟州人如何團結、有組織地發起四・三武裝起義，以對抗外部的勢力。他認為武裝起義是分別從一八九八年的房星七之亂與一九〇一年的李在守之亂中，摸索出了抗爭的力量與方法。他並將四・三視為濟州島三・一運動，以及日帝強佔期的大規模示威運動，也就是海女鬥爭的延續。也就是說，每當中央政府派遣官員的壓迫超過了臨界點，濟州島居民便會起身反抗。

實際上，房星七之亂是由房星七領導大靜面中面光清里一帶數百餘名刀耕火耨的百姓，所發動的民亂。目的是為了革除中央政府派遣的濟州牧使，他所實施的嚴苛徵稅弊端。

李在守之亂則是為了抵抗部分天主教徒的橫行霸道，以及中央政府派遣的封稅官（徵收稅金的官員）的稅收掠奪，而引發的大規模民亂。民軍殺害了兩百五十多名天主教徒。對此，中央政府緊急派遣了一百多名兵力與宮內府（李氏王朝後期主管宮中事務的部門）顧問官美國人桑斯（William Franklin Sands）至濟州島，還出動了兩艘法國軍艦與日本軍艦等，使事件帶有國際事件的性質。而這一切都被視為對外來壓迫的抵抗。另外，報導還提及了日本帝國強佔時期，作為社會主義思想家而聲名大噪的金明植，以及提到濟州島出身的學生在首爾的中學被拒絕入學等，可見學生運動的主導勢力中有很多濟州島出身的學生們。

李在守之亂發生在四・三武裝起義爆發的四十七年前。四・三當時，濟州島人當中還有人親身經歷或目睹了房星七之亂、李在守之亂，以及日本帝國強佔時期的各種抗日運動。

《大韓日報》記者李志雄的觀點也與夫在民的認知類似。他提到當濟州島人面對外來勢力時，島民們就會透過革命性的反抗來阻止，這也表現在日本帝國強佔時期對日帝的反抗上。還有當和平遭到蹂躪時，他們也會展現無所畏懼的抗爭力量。

「在三十九年前的大韓帝國末期，當天主教這一宗教從法國傳到世界各地去時，儘管他們在濟州島也想奠定某種基礎來扶植勢力，但濟州島出身的人物李在守，他以英雄之姿，動員全島民眾，展開了反對外來勢力的抗爭，這場島民抗爭力最強、充滿民族愛的革命性血戰，最終順利地擊垮了外來勢力，濟州島民對倭政的反抗意志，在各個方面也表露無遺，大部分的島民透過論辯證明，此座島嶼的精神，代表倭政下不該存在思想犯，島民在歷史上不可避免地對政府抱持著反感（朝鮮時代大多數人被流放於此），我們不能忘記他們在自由被束縛，和平遭受蹂躪時，那無所畏懼、一躍而起的特性。」——《大韓日報》，一九四八年六月三日。

在同年七月，前往濟州島當地進行採訪的《湖南新聞》記者金相化，在他的報導中，也有類似夫在民所報導的內容。

「李氏朝鮮末葉的李在守之亂留下了革命先驅般的教訓，這次起義無疑是島民針對官府壓迫的強烈反抗。而早在幾百年前的歷史上，濟州島民就曾因牧官的過度壓迫，導致島民以房星七為首領，堅定地奮起反抗，以追求行政上的改革。另外還有日本帝國時期的三．一獨立運動抗爭、著名的海女暴動事件，此外還有很多學生運動事件等，都廣泛地在無數青年中傳播了愛國心與進步思想。」——《湖南新聞》，一九四八年七月二十一日。

四．三武裝起義當時，中壯年的人們對於一九三〇年代濟州人反抗日本帝國統治的記憶仍舊十分深刻。一九三〇年代是濟州島抗日運動的全盛時期，包括了東亞通航工會運動（一九三〇年），該運動打出了「我們要搭我們自己的船！」的旗幟，讓客輪航行於濟州與大阪之間的航線上。此外，還有農業學校學生發起的「同盟罷課事件」（一九三一年），以及以舊左邑細花里為中心，由濟州東部地區海女們所發起的海女鬥爭（一九三二年）等，濟州人對抗日本帝國殖民統治的組織性抗爭，十分活躍。

一九四七年曾擔任濟州島民戰幹部的高昌武，在四．一九革命後，曾投書媒體，在談論要求查明四．三真相的內容中，強調了濟州島抵抗的歷史傳統：

「濟州島民在李氏朝鮮時代，因牧使握有先斬後奏的特權，所以飽受牧使的蠻橫所苦，而在日本帝國統治時期，也受盡一手掌握郡守、警察署長與檢察官職權的島司，橫行霸道的壓迫，因此當濟州島民處於官方命令就必須無條件服從的絕望之下，以及必須做出生死決斷的困境中時，他們奮不顧身猛進的個性，以及『二律背反』的心性，就會展現出來。在方哥之亂、李在守之亂與日本帝國時期的海女事件等事例中，都已充分了證明這一點。」——《朝鮮日報》，一九六〇年七月十六日。

濟州人的反抗行動，承繼自濟州島固有的抵抗歷史傳統。

島嶼共同體，它所具有的特殊意義

講一則二〇一七年十二月發生在日本東京的故事。筆者曾採訪過一名在日韓僑第二代，當年他為了躲避四·三而偷渡到日本，此後，終其一生他都沒能再踏上故土一步，一生思念故鄉，直到闔上了雙眼。

「您認為大韓民國給您的感覺是親近的嗎？還是認為濟州島的順位會優於大韓民國這個國家呢？」

「怎麼說呢？與其說我是韓國人，不如說我是濟州島人，感覺可能更為恰當。」

他毫不猶豫地回答了。我又繼續問道：

「是不是因為您有很強烈的島嶼共同體認同呢？」

「是的。可能是因為從小就有（由父親故鄉出身的在日韓僑所組成的）同鄉親睦會，所以即使沒去過濟州島，我也是在濟州島人、濟州島出身的群體意識下長大的。」

在日本社會，濟州島出身的在日韓僑與故鄉人們共組親睦會，定期聚會，同時探問故鄉的消息。不管是在日本帝國強佔時期，為謀生而前往日本，之後便一直留在異鄉，或者是為了躲避四・三而偷渡到日本的濟州人，他們在日本這個國家裡，建立了屬於自己的社群生活。他們對於「濟州島」的熱愛與關心，讓他們總是將「濟州島」擺放在比「大韓民國」更優先的位置。對於在四・三當時被迫離開故鄉的他們來說，父母、兄弟與朋友們在濟州島相繼離世，讓他們對故鄉深感厭惡，直到在陌生土地上站穩腳步為止，他們經歷了許多艱難與困苦的歲月。然而，即便如此，每當聽到故鄉人們努力拚命想在廢墟故土上重建生活的消息時，他們又總是樂意捐出好不容易攢下的金錢。從柑橘樹苗寄送運動到濟州島上無數的水利與電力基礎建設、村莊道路鋪設等，這一切都多虧了他們對於故鄉的關懷。

與此同時，媒體還注意到在先天的地理位置上就獨立於「陸地」的濟州島，其共同體所面臨的環境與所形成的團結力量。強烈的凝聚力與生命力形塑了濟州島人在抵抗外部壓迫時的意志。在此引用前面《獨立新報》報導中的其他內容，以說明這一點：

「經過漫長的歲月，這座隔離於本土之外的巨大孤島，由具強韌生命力與勇敢性格的濟州島民，建立起孤立卻又緊密團結在一起的生活環境，（中略）在這裡，特權階級與反叛分子難以專橫跋扈，全體島民十分團結，他們受到相對具啟蒙進步思想的影響，這是一個從過去就具有強烈革命傳統的地區，這樣的一個地方，島民們正當且自然的傾向，被貼上了『赤匪』或『左翼』的標籤，濟州島所發生的事例證明了這一切。」——《獨立新報》，一九四八年四月二十九日。

該報導指出，濟州島沒有特權階級，凝聚力強，受到進步思想的影響，以及具有革命的歷史傳統，因此被烙上了「赤匪島嶼」的印記。《湖南新聞》的記者金相化同樣也注意到了島嶼共同體的凝聚力與生活環境。

「這座島嶼的強大凝聚力絕非偶然，這源自於他們擁有同樣的自然生活環境、人心、生活習俗與感情，一些從外地來的人士，他們無視這些因素的處事方式，還有某某青年團體成員的處事方式，使島民陷入了不滿的框架之中。即便是曾實施過無情鎮壓的日本帝國，後來也不得不對島民採取和緩的政策。因此，在施政上唯有確實掌握島民面對生活環境所產生的強大抗爭能力，才是現階段唯一的解決對策。另外，某當局者也表示，某某私設團體成員們不純正的政治謀略，使得無知純樸的良民也被烙上了『赤匪』的印記。」——《湖南新聞》，一九四八年七月二十一日。

他指出，唯有掌握這島嶼共同體的抗爭能力與生存環境，才能阻止紛亂擴散並得以收拾殘局。《京鄉新聞》記者李璇求在導致濟州島全境癱瘓的三・一〇官民大罷工後，前往了濟州島進行採訪，他對濟州島共同體的特性與凝聚力做了這樣的描述：

「俗稱有三十萬人口的濟州島民們，除了擁有濟州島特有的地方色彩之外，他們在彼此之間還建立了如家人般的親密情誼，我們可以從幾句話的交談中，發現他們對於鄉土所擁有的熱烈之愛。他們以島嶼為中心，與包括大海在內的各種惡劣環境條件對抗，在沉默中共同對抗外來侵擄，以偉大的生命力守護著孤島，對他們而言，這種充滿地方色彩的特性，反而是理所當然的。因此，他們在脫離殖民統治之後，並不像『陸地』上的那幫聰明人那樣，瞭解那膚淺的分裂，他們只是為了濟州島的幸福而努力。他們依據善良的兄長與賢明兒子的引導，讓所有人都凝聚於相同的理念之下。在他們當中，並不存在所謂的特權階級。」——《京鄉新聞》，一九四七年四月二日。

媒體一致認為，濟州社會的特徵是沒有貧富差距，也沒有特權階級的。記者李志雄表示：「自古以來，濟州島的所有權是均等的，沒有財富上的差距，也沒有權力的濫用，這是這座島在政治、經濟兩方面的特色」，「環境造就了島民兇猛的品性，若再加上地理上所形塑出的，極其濃厚的愛族愛鄉精神的話，就會發揮出超乎想像的威力」（《大韓日報》，一九四八年六月三日）。記者李志雄是如此分析濟州島人對抗壓迫時的爆發力與凝聚力：

「面臨壓迫時便會反撲，這是宇宙運行的道理，當強者以暴力鎮壓濟州市井小民，善良的人們也因私人間的恩怨，被誣陷為共產主義（破壞主義）者，人們對於這種處事方式十分反感，甚至超越了過去因惡質賣國賊的煽動，而被當成對倭政政策不響應、不配合的『不逞鮮人』（指不聽從指示的朝鮮人），乃至於被當成『惡質思想犯』，因而受到懲罰的感受。因此，島民內心的不安，對官吏的反感，乃至於恐懼，已到了無法平復的地步。島民認知到自己受到共產賣國奴的陰謀所利用，出於保護自己的動機，所以展現了強烈的凝聚力與激烈性格的戰鬥力，形成了反抗官方的態勢。」——《大韓日報》，一九四八年六月四日。

這樣的認知不僅存在於媒體人之間，就連被派到濟州島進行審判的首爾檢察官等相關人士，也持有類似的看法。當時被派遣到濟州的首爾地方檢察廳檢察官朴根榮，他在返回首爾後這樣表示：

「濟州島與『陸地』相隔遙遠，生活條件也極為惡劣，因此這個地方具有強大的凝聚力，排他性極強。在八月十五日脫離殖民統治之後，此地所有由政府任命的警察，非但全都是外地人，而且這些人對於語言風俗全然不同的濟州島人，包含他們的民情，毫無認知，仍舊以他們在『陸地』裡的那套行事風格對待當地人，因而導致了警察與民眾的對立。」——《首爾新聞》，一九四八年六月十五日。

一九四七年的三·一事件與三·一〇官民大罷工，以及一九四八年的四·三武裝起義中，都可以看到濟州人這種強烈的凝聚力。

四・三，正名與定名

四・三的正名問題從二〇〇八年四・三第六十週年開始逐漸被提及，到了七十週年之際，正式被搬上了檯面。濟州四・三第七十週年泛國民委員會在二〇一八年四・三第七十週年之際，喊出了「為四・三定義，為歷史正名」的口號，正名問題自此成為大家關注的議題。然而，事實上從四・三發生初期開始，正名問題就不斷地被提出來。事件發生後約四十多年的期間，「暴動論」一直都是韓國社會對四・三的主流論述，但隨著「對抗性記憶」的發展與擴大再生產，以及依據觀點與立場差異的不同，四・三實際上有著各式各樣的名稱。

現在，四・三的正名已經成為了時代的課題，但是討論進展緩慢，因為正名不是一件短時間內就能決定的事情。從內部來看，四・三本身存在著長期性與複雜性，從外部來看，韓半島又存在著南北韓分裂的現實。然而，即便這種正名運動需要花費很長的時間，即便當年武裝隊的確有過失之處，但我們也不能掩飾這段懷著正義理念去抗爭的歷史。對此，徐仲錫教授是這樣強調著四・三的「抗爭」面向：

「僅用『四・三事件』這個名稱，是無法完全理解四・三的。過去由於政治因素，很難去突顯四・三的抗爭面向，且眾人亦有以四・三特別法上的解釋方式大致帶過的意向。很難說曾經為了正名而積極做出什麼樣的努力。」

社會學家金榮範教授則在二〇一九年正式提出了四·三正名的議題。

「所謂『正名』，從古典上的用法來看，是個動詞，意味著『辨正名義』。『辨正』指的是辨明是非、改正謬誤，所以『正名』也就意味著『改正錯誤名稱』『糾正謬誤名字』，而結果就會是『正確之名』（『正名』）。這裡的『正名』就作為名詞使用。而賦予名字的行為是『定名』，先賦予名字，才有更正名字的『正名』，因此，在語意學的層面上來看，『正名』是『定名』的下位概念，但若從價值論的角度上來看，它則位於更高層次的位階。」

根據金榮範教授的說法，「東學農民革命」曾被稱為「東學亂」，後來又被稱做「東學農民運動」、「東學農民戰爭」、「甲午農民戰爭」、「一八九四年農民革命運動」、「東學農民革命運動」、「東學農民革命」等，這些名稱反映了史觀上的差異。隨後，在競合之中，與整體社會的共識之下，最終才確立了今日的正式名稱。

「東學農民革命」這個名稱，更像是符合時代精神的定名，而非真正的正名。金榮範教授指出：「從『東學亂』到『東學農民革命』，歷經近一百年的時間，才達成了社會共識，也是經歷了這段時間後，最終才得以正名。」

一九〇一年的「李在守之亂」，在名稱上也有著相似的軌跡。鮮少有像該事件一樣，有著如此多樣的名稱。該事件曾被稱為「李在守之亂」、「李在守亂」、「辛丑年亂離」、「辛丑民亂」、「辛丑教亂」、「辛丑抗爭」、「濟州民亂」等。在該事件一百週年的二〇〇一年，由公民社會主導的「一九〇一年濟州抗爭紀念事業會」，透過紀念活動等，將其命名為「一九〇一年濟州抗爭」，雖然天主教與紀念事業會共同發表了和解宣言，但在過了一百二十年之後，仍難言其已經完成正名。

四．三的正名運動並非強制規定「四．三抗爭」才是「正確答案」的運動。正名是一段需要經過極為艱難的辯論，進而形成整體社會共識的過程。因此，四．三的正名唯有在經過長時間的研究、反思、形成共識，達成社會一致的意見時才有可能真正實現。在那之前，比起名稱，也許更重要的，是好好記住事件帶給我們的意義。

結語

濟州四·三澈底摧毀了共同體的根基。四·三之後，濟州島被國家刻意冷落。在五·一六軍事政變後，到濟州擔任道知事的金榮寬，就曾提及中央政府刻意地疏離濟州島。當他前往濟州島赴任時曾經指出：「自從發生四·三事件後，十多年來濟州島一直被政府排除於國家施政規劃之外。」此外，他還表示：

「四·三事件的部分責任是源自於行政的拙劣，這種說法獲得大家的認同。（中略）面對如此巨大的傷害，一味相信怨恨會在一朝一夕之間消失，可能反而是一種過於理想化的想法。」

四·三的悲劇性在於它造成了跨世代的家庭解體，導致父母、兄弟姊妹與自己遭受了人身與物質上的損害。面對這些傷害之際，人們卻無法發出強而有力的抗議，只能讓自己在無聲之中生存下去。事件之後，至今仍有人背負著心理創傷，生活於事件當下的陰影當中。而強迫倖存者保持沉默，則是另一種形式的殺戮。

*

納粹死亡集中營「特雷布林卡」（Treblinka）的指揮官施坦格爾（Franz Stangl），在特雷布林卡將受難者稱為「貨物（cargo）」，將他們視為非人的存在。越南戰爭當時，西貢軍官們認為農民是一種低級物種（subspecies），並稱「不是奪走了人類的生命，而是滅絕了叛逆的動物」。

四·三時期，在軍警與極右勢力的眼中，濟州人被視為赤匪或暴徒。這種「非人化」的認知，削弱了道德對於殺戮的抑制力。

四·三深深影響了倖存者的人生軌跡。為了擺脫四·三的陰影，他們的生活就是不斷地與四·三展開生存鬥爭，然而，四·三並沒有放過他們。儘管長時間保持了沉默，但倖存者們仍在強加於自己身上的連坐法中受挫，深受著心理創傷的折磨。

事件發生後，經歷了四十多年的打壓與禁忌，四·三的真相調查與回復名譽，才終於取得一些進展。一九八七年，在韓國社會興起了民主化運動浪潮之後，四·三的真相調查與回復名譽運動也就此展開。公民社會挺身而出，學生與家屬們也陸續加入。金大中總統執政的一九九九年十二月，國會在朝野協商之下，通過了《四·三特別法》。文在寅總統上任後，全面修正了《四·三特別法》，修正內容不僅納入了四·三真相的追加調查，也含括了補償問題，這也是平反四·三過程中的最大難關之一。四·三之際，曾於「不法軍法會議」上遭判刑入獄的人們獲得了無罪宣告，另根據《四·三特別法》，自二〇二二年起政府也開始發放補償金予受難者。這是一段既漫長又曲折的旅程。

*

如今還要做些什麼呢？真相都已經大白了嗎？獲得了補償，也回復了一定程度的名譽，難道就意味著一切都結束了嗎？我們若就此安於現狀，難道不會在不知不覺間，逐漸遺忘四．三帶給我們的教訓嗎？

真相的查明仍是一項重要的課題。政府的報告書在結論部分做了這樣的敘述：

「從造成集體人員傷亡的指揮體系來看，我們首先必須追究第九團團長與第二團團長的責任，因為他們向山腰村落發動了『焦土化』掃蕩等強硬的鎮壓行動。從一九四八年十月到一九四九年三月，在這兩名團長的指揮作戰之下，六個月內所造成的受難者人數，就佔了全部受難者的百分之八十以上。而要負起最大責任的人，無疑就是李承晚總統。」

「在四．三事件的爆發與鎮壓過程中，美軍政府與駐韓美軍顧問團也難辭其咎。」

政府報告中論及了加害者的責任，同時也提出當時掌握最終決定權的總統與美國，應負起四．三時期人員傷亡的責任。這是一個相當重大的進展。但是濟州島各地所發生的集體屠殺與反人道犯罪行為的加害者，迄今仍舊蒙著一層神祕的面紗。我們有必要就事件的原因，發掘出更多的史料檔案，並進行縝密的分析。因為查明真正的原因與四．三的正名問題息息相關。

金奉鉉原本在濟州島的中學教授歷史，同時也進行左翼的活動，他在武裝起義爆發之前逃到了日本。一九七八年他在日本出版了《濟州島血的歷史——四．三武裝鬥爭的記錄》，從書中我們可以看出他對四．三的認識。他在書的序言中是這樣子寫的：

「在當時，有關這悲慘事件的所有報導全都遭到禁止，外部特派員也不被允許接近現場，所以外界大部分都不知道這事件的存在，而它也就這樣結束了。這場殺戮完全展露出殘暴的本性，讓人聯想到二戰期間納粹德國所犯下的『奥斯威辛』屠殺事件、日軍的『南京大屠殺』、戰後在台灣發生的『二二八』屠殺，以及震驚世界的南越『美萊村』屠殺事件。實際上，它在戰後不久便發生於這座島嶼上。」

他試圖從中國的南京大屠殺、台灣的二二八事件、越南的美萊村屠殺事件來定位四・三。他同時還如此說明了四・三武裝起義的原因：

「濟州島人民對於四・三武裝起義的評價，因立場不同而存在著各種差異。然而，整體而言，當人類歷史走向反抗異族統治或權力壓迫的時刻，在決定祖國與民族命運的瞬間，不論這一刻是幸還是不幸，渴望民族獨立的愛國人民起身抵抗壓迫，是理所當然的。」

天主教的姜禹一主教則對於四・三，發表了這樣的看法：

「若僅單純地將四・三看作是韓國現代史的一隅中所發生的暫時性悲劇，並討論事件相關的是是非非，揭示社會的責任等，光是這樣做是不夠的。即便有人說因為事件發生在久遠之前，所以我們無法對該負責任之人，進行司法審判與處罰，然而為了真正治癒與解決過去的傷痛，我們不該隱瞞真相，必須揭露出正確的事實，並且查明原因、過程與責任歸屬，否則的話，傷痛是無法從根本上治癒的。」

深入查明事件發生的原因，保存有關加害者責任歸屬的紀錄，這才是我們今後所要面對的重要課題。

*

在過去超過四十多年的時間裡，四·三一直是不能談論的禁忌，而且備受打壓。而重新審視這段歷史的工作是由媒體與公民社會等民間領域率先啟動的，像是濟州四·三研究所就透過口述歷史訪談等工作，著手展開四·三的真相調查與回復名譽運動；而地方媒體持續進行四·三的相關採訪報導，則有助於喚起大眾對於四·三的關心，促使更多人瞭解四·三的價值。

在這樣的脈絡發展之下，隨著二〇〇八年十月十六日濟州四·三和平基金會的設立，政府建立起將四·三的價值與精神傳承給下一代的制度框架。政府為促進和平發展與推廣人權理念，依據《四·三特別法》的規定，設立了基金會，由基金會負責經營管理濟州四·三史料館及和平公園，並執行四·三委員會決議之追加真相調查，同時辦理其他促進受難者及其遺屬生活穩定與福利增進等必要工作項目。

若參照基金會的章程與施行細則上更具體的規定，基金會亦負責濟州四·三和平公園及濟州四·三和平紀念館的營運和管理、追加真相調查、追悼紀念及撫慰遺屬的工作、文化、學術與教育工作、國內外和平交流業務、行政機關的委任及委託工作，以及其他符合相關目的的任務等。

在這樣的宗旨之下，基金會與教育機構、文化藝術團體、四・三相關團體建立起相互合作的關係，共同推展各項工作。例如，為了將四・三的精神，提升為和平與人權的價值，推廣傳承，基金會不僅辦理了全國大學生與教師的研習活動、大學生志工服務、公民講座，也支援了各種文化藝術活動的辦理。此外，基金會還積極與國內外歷史相關機構，聯合辦理教育推廣活動，推展和平交流工作，同時，依據二〇二一年修正的《四・三特別法》，基金會也負責執行追加真相調查的工作。

為了讓青年世代瞭解四・三的史實真相，從中汲取教訓，如何教導未來世代認識四・三，亦是一項重要的工作。每年四月，濟州道教育廳會指定其中的一個星期為「四・三教育週」，並進行相關的教育活動。四・三和平人權教育的目的，是為了將四・三從過去的歷史昇華為真切的現在與充滿希望的未來。

*

有許多檔案揭示著四・三的歷史，訴說著真相。這些檔案包含了證明四・三時期「不法軍法會議」的「受刑人名冊」、李承晚政府一九四八年十一月十七日發布的戒嚴令文件、第二團相冊中濟州島遭「焦土化」掃蕩的樣貌與執行軍事行動的照片、從監獄寄出的明信片、美國直接或間接介入的各種文件與照片等，透過這些檔案的梳理，我們就得以追溯出四・三的真相。濟州道議會的四・三受害申請書、隸屬國務總理室的四・三委員會所執行的四・三受難者審議、決議紀錄等，這些檔案資料都展現了查明真相與回復名譽運動的歷史。查明真相與回復名譽是在濟州社會的共同努力下才得以逐步實現，而在這個過程中，也得到了許多國內外團體的協助與支持。這整個過程也形塑了韓國在解決歷史問題上的處理模式。

從這層意義上來說，四・三檔案本身就是歷史。在冷戰體制與南北韓分裂的巨大浪潮中，重新建造因國家暴力而遭摧毀的土地，在真相、和解與共生的熔爐中團結在一起，這樣的案例，在世界上是很罕見的。若能將四・三相關檔案列入聯合國教科文組織的世界記憶遺產中，將有助於讓四・三更加確立為任何人都無法否認的歷史事實，也更能將其定位為大韓民國與世界歷史中不可分割的一部分。這也是在一九四七年四月報紙上所提及，以及二〇〇五年政府將濟州島指定為「和平之島」的理論與實質性基礎。而濟州道政府與濟州四・三和平基金會亦於二〇二三年二月二十日成立了「四・三檔案登錄聯合國教科文組織世界記憶遺產推動委員會」。

在一九八七年的六月抗爭以後，被視為禁忌的歷史門閂逐漸被拉開，然而，仍有許多問題需要解決。迄今為止，受難者還沒有從加害者那裡聽到任何道歉。我們應該如何看待這些加害者呢？有人主張，應該透過對加害者的處罰，以防止此類犯罪行為再次發生。然而，濟州人並沒有要求處罰加害者，而是提出了和解與共生。他們選擇放下痛苦的記憶，率先伸出了和解之手。

處罰加害者究竟能獲得多少實際的效益呢？濟州島的人們知道，與其因此引發社會的衝突與對立，倒不如好好地保存加害者們所留下的紀錄證據，才是讓後代子孫從歷史中汲取教訓、謀求和解與共生的途徑。這樣的和解與共生模式，也才是解決韓國社會中所存在的眾多分歧，包括南北韓衝突與韓國內部矛盾的出路。

＊

還有一個重要課題。部分的人們因為被當作是主導武裝起義的勢力，所以被排除於四・三受難者認定範圍之外，這些受難者及其家屬們仍在四・三的陰影下被迫沉默。我們該如何看待這些人呢？對於這些人如果沒有更多的包容，我們要如何實現真正的和解與共生呢？

另外，我們也需要查明與追究美國的責任。美國直接或間接地參與了整個四・三的過程，目前也出土了許多足以證明美國介入干預的檔案。為了韓美關係的健全發展，我們不能忽視美國的干預問題，應該持續釐清美國的責任。

有些事情不能置之不理。四・三真相的揭露，不該僅限於事件本身，還應該含括政府在事件發生後，數十年來的打壓行為。此外，我們仍需要積極推動未完成的真相調查與回復名譽運動等工作。藉由這些工作，來促使人們重視人權的普世價值。

有人說，四・三的未來應該朝著和平與人權、和解與共生的方向前進。揭露過去慘痛歷史的真相，透過解決問題的過程相互治癒、和解，以此作為提升和平與人權意識的契機。當整個濟州社會都具有這樣的意識，並能夠藉此團結所有人時，濟州島才能朝著「和平與人權之島」的方向前進，而這也是我們必須記住四・三的原因。

附錄　大韓民國總統關於四·三的致詞稿全文

盧武鉉總統二〇〇三年十月三十一日演說全文

尊敬的各位濟州島民、濟州四·三事件的遺屬，以及各位國民們，

五十五年前，在和平的濟州島上，發生了四·三事件，這是韓國現代史上巨大悲劇之一。濟州島民在國際冷戰與民族分裂所招致的歷史巨輪下，遭受到了嚴重的人命傷亡與財產損失。

在到訪濟州島之前，我聽取了由各界人士所組成的委員會進行報告，這是他們根據《四·三事件真相查明及受難者名譽回復相關特別法》的規定，進行了為期兩年多的調查結果。委員會建議政府應為這一事件所造成的無辜犧牲道歉，並回復受難者的名譽，積極推展追悼紀念的工作。

我認為現在應該對於脫離殖民統治後，政府於成立過程中所發生的這一不幸事件，做出歷史性的節點，之後再繼續往前邁進。

以一九四七年三月一日為起點，延續至一九四八年四月三日在濟州島發生了南朝鮮勞動黨與濟州道黨的武裝起義，一直到一九五四年九月二十一日為止仍持續著武力衝突與鎮壓，在此一過程當中，造成了許多人無辜受難。

我作為負責國家事務的總統，接受了委員會的建議，在此為過去國家公權力所造成的錯誤，向遺屬與濟州島民們誠摯地表達道歉與慰問之意。我們在此追悼無辜受難的英靈，祈願他們能夠安息。

政府將依照委員會的建議事項，積極協助建立四・三和平公園，並迅速回復受難者的名譽。

尊敬的各位國民們，

查明過去事件的真相，並回復無辜受難者的名譽，不光只是為了受難者和遺屬們。其意義在於我們珍惜那些為大韓民國建國做出貢獻的人們的忠誠，同時，在查明歷史真相之際，也反省過去的錯誤，以此實現真正的和解，攜手承諾更加燦爛的未來。

現在，我們應該更進一步汲取四・三事件的寶貴教訓，推廣「和平與人權」的人類普世價值。透過和解與合作，結束在這片土地上所有的對立與分歧，開創韓半島的和平，乃至東北亞與世界和平的道路。

濟州島民們，您們在曾為歷史錯誤所造成的廢墟上，徒手重建了如此美麗的和平之島濟州。在此，謹向濟州島民們表示由衷的敬意。

現在，濟州島將屹立成為人權的象徵與和平之島。為了實現這個目標，我將會與全國人民一起攜手同行。謝謝。

盧武鉉總統二〇〇六年四・三第五十八週年追悼詞全文

尊敬的各位國民、濟州島民與四・三遺屬們，

我們今天聚集在這裡，共同悼念五十八年前，在分裂與冷戰所引發的不幸歷史中，無辜受難的英靈們。首先，我懷著深切的哀悼之意，追悼四・三的英靈，祈願他們能夠安息。在此，我要向長久以來，將無法言喻的冤屈隱藏於心，忍受著苦痛的受難者家屬們，表達我真心的慰問之意。同時，對於政府在武力衝突與鎮壓過程中，違法行使國家公權力的錯誤，再次向濟州島民們表示歉意。

各位濟州島民與遺屬們，

兩年半前，我在聽取了四・三事件真相調查報告後，以總統的身分向人民道歉。至今，我仍然記得那時各位回報的掌聲與眼淚，也知道這一切意味著什麼，我一直將它銘記於心。這段期間，政府在回復受難者名譽與追悼紀念工作等方面投注了很多心力。上個月也追加認定了二千八百多人為四・三事件的受難者，還有積極協助支援這個地方，也就是四・三和平公園的建設。我們將持續推動遺址與遺骸挖掘的工作。現在四・三事件委員會所建議的政府道歉、回復名譽與追悼紀念工作等，已分別取得了許多的進展。雖然目前仍有一些未臻完善的地方，但我認為我們應該凝聚國民的共識，先從可以改變的部分逐步解決。四・三事件提醒著人們和平與人權的重要性，今後，我們也將努力宣導，竭盡全力確保無辜受難者的犧牲不會白費。

不管是引以為傲的歷史，還是羞愧的歷史，都應該如實地被揭露與整理。尤其是國家公權力所犯下的錯誤，必須澈底解決處理，不容忽視怠慢。國家公權力不管在任何情況下，都應該要先合乎法規才能執行，對於不法行為的責任，要特別嚴肅看待。另外，在提及寬恕與和解之前，應該要先治癒那些無辜承受苦痛的人們的傷痕、回復他們的名譽。這是國家應盡的基本責任。唯有如此，才能確保國民對國家公權力的信賴，也才能談及共生與團結。

有些人仍然認為整理過去歷史的工作，是前進未來的絆腳石。事實上並非如此。由於過去的歷史沒有得到妥善的處理，所以我們才無法跨越衝突的障礙。這不是要懲罰誰，奪取什麼。事實就應該清楚地被揭露出來，消除冤屈的污名與心中的怨恨，同時下定決心確保這樣的事情永遠不會再次發生。唯有如此，才能透過真正的寬恕與和解，走向團結的道路。當我們一步一步整理過去的歷史時，這個節點就會成為邁向未來的墊腳石。

各位濟州島民們，

濟州島是大韓民國的寶貝。不僅是我國國民，全世界都熱愛這座和平之島、繁榮之島，而這座島嶼正蓬勃地發展當中。我深信濟州島一定能夠做得到。島民們在曾因歷史錯誤所造成的廢墟上，重建了美麗的島嶼，並展現出比任何地方都要來得更好的自治能力。島民們藉由自我的決心，取得了超出中央政府期待的顯著成就。既然大家已帶頭前進，政府也將全力支持、大力推動。

讓我們齊心協力，共同打造富饒、充滿活力的濟州島。透過這座和平之島，讓韓國、東北亞，乃至於全世界都能實現和平。今天我在這裡參與此次的追悼儀式，見證了巨大的痛苦與憤怒，可以隨著時間的流逝，成為值得反省與回顧的歷史。看著在歷史廣場上所進行的表演，期待幾十年後，這將成為濟州島的一種新文化，並變成我們所有國民的一個重要象徵，那不是憤怒、不信任與憎惡，而是愛、信任與和解。讓我們共同努力，在此，再次向四·三英靈們表達追悼之意，願他們得以永遠的安息。

文在寅總統二〇一八年四·三第七十週年追悼詞全文

各位四·三的倖存受難者、遺屬與各位濟州島民們，

一堵石牆、一朵凋零的山茶花，在承載著痛苦歲月的濟州島上，大家七十年來持續探問：「這片土地上還有春天嗎？」今天，我想告訴大家，濟州的春天來了。悲劇漫長，悲傷深切，深到僅是清風掠過，淚水就湧上眼眶，然而，像油菜花一樣盛開的濟州之春，終將綻放。

正因為大家沒有忘記四·三，還有許多人與大家共同承擔苦痛，今天我們才能跨越沉默的歲月，齊聚在一起。我作為總統，要向倖存受難者、遺屬與濟州島民們，向這些竭盡全力告訴我們四·三的痛恨、痛苦與真相的人們，致以深切的慰問與感謝之意。

尊敬的各位濟州島民們、各位國民們，

七十年前，在濟州這個地方，無辜良民被以意識形態之名殺害。他們不懂什麼叫做意識形態，他們生活在沒有小偷、沒有乞丐、不用鎖門的地方，過著幸福的生活，然而這些無罪的良民，卻不

明所以地遭到殺害。一九四八年十一月十七日，濟州島發布了戒嚴令，以山腰村落為中心，展開了「焦土化」掃蕩作戰，如果家中有任何一人不在，就會被當成「脫逃者家屬」，並以此為由遭到殺害。當時百分之九十五以上的山腰村落被燒毀消失，甚至有些村莊的居民全部遭到殺害。

據估計，從一九四七年至一九五四年為止，共有三萬人死亡，佔了當時濟州總人口的十分之一。由意識形態所劃分的生死界線，並不限於屠殺現場。儘管一下子失去了所有的家人，但為了不被稱為「暴徒家屬」，人們只能選擇忍氣吞聲。這樣的痛苦還因連坐法延續到下個世代。面對子女想成為軍人、公務員，以及為國家服務的熱情，濟州的父母們只能親手將其澆熄。四・三帶來的痛苦，存在於濟州島上的每一個角落，濟州成為了一個為了生存，而不得不抹去記憶的島嶼。

然而，在有苦難言的歲月裡，深藏於濟州島民內心的真相並未消失。為了讓四・三的歷史獲得平反，令人感動落淚的努力，未曾停歇。一九六〇年四月二十七日，在觀德亭廣場，濟州青年學生們站了起來，對抗強迫「忘記吧！安靜地待著！」的不義政權。濟州一千五百位中學生與高中生們，共同譴責了「三・一五不當選舉」，並高喊著四・三的真相。那年四月的春天沒過多久，要求平反的聲音就被五・一六軍事政變給壓了下來，但是傳遞真相的勇氣從未消失。

無數的四・三團體一直不斷地在喚起人們對於四・三的記憶。濟州四・三研究所、濟州四・三道民結盟與濟州民藝總等許多團體，都致力於守護四・三的記憶。

當記憶四・三還是禁忌，談論這段歷史本身恐招來危險的時期，有人把四・三的苦痛刻畫於他們的作品中，試著從遺忘中喚起我們的記憶。在維新獨裁統治最巔峰的一九七八年，小說家玄基榮發表了《順伊三寸》，此外，還有作家金石範的《烏鴉之死》與《火山島》，詩人李山河的長篇敘事詩《漢拏山》，畫家姜堯培花了三年的時間完成五十幅「四・三系列」的《山茶花凋零》畫冊，由曹成奉導演執導首部講述四・三的紀錄片電影《赤色獵殺》、五滅導演的電影《芝瑟》、林興順導演的《悲念》與金東萬導演執導的《多郎休洞窟的悲歌》、已故金京律導演的《無盡的歲月》，歌手安致煥的《無法入眠的南島》等。藝術家們付出的努力，有時換來的是逮捕與監禁，但這些努力告訴我們，四・三不會只是過去的一個不幸事件，更是我們生活當下的故事。最終，我們會意識到記憶與揭露四・三的真相，是開啟民主、和平與人權之路的過程。

多虧這些長久以來與濟州島民站在一起，記住四・三苦痛並傳揚的人們，四・三才得以甦醒。對於由國家暴力所導致的所有苦痛，與人們所付出的努力，作為總統，我要再次表達深切的歉意，同時也要表示誠摯的感謝。

各位四・三的倖存受難者、遺屬與各位國民們，

民主的勝利開闢了通往真相的道路。二〇〇〇年，金大中政府制定了《四・三真相調查特別法》，成立了四・三委員會。盧武鉉總統則以國家元首的身分，首次承認了國家對於四・三的責任，他也參加了慰靈祭，向受難者、遺屬與濟州島民們致以深切的歉意。

今天，我承諾將在這一基礎上，堅定不移地朝著澈底解決四・三問題的目標前進。對於查明四・三真相與回復受難者名譽的努力，絕不允許再有中斷或走回頭路的情況發生。與此同時，我要宣布四・三的真相是非常明確的歷史事實，任何勢力都無法否定這一點。

我們將澈底查明國家公權力所施加的暴力真相，為受難者平反冤屈，回復名譽。為此，我們也

將持續進行遺骸挖掘的工作，不留下任何遺憾。為了治癒遺屬與倖存受難者們的創傷與痛苦，政府將盡全力，採取一切措施，同時也會積極與國會研議有關補／賠償、設立國家心理創傷中心等需要透過立法制定的事項。澈底解決四．三問題，才是濟州島民與所有國民們都期望的和解與團結、和平與人權的堅定基礎。

各位濟州島民，各位國民們，

現在，濟州正在跨越所有的苦痛，未來將成為充滿和平與生命力的土地。

今天，在四．三英靈面前，我們再次確認和平與共生不會只是理念，而是唯有立基於真相的基礎之上，才能站穩腳步的事實。雖然曾經的左右極端對立釀成了殘酷的歷史悲劇，但四．三受難者與濟州島民們卻已超越了意識形態所造成的不信任和仇恨。已故的吳昌基先生在四．三當時遭到軍警槍擊受傷，但在韓戰爆發後，自願從軍，成為了「海軍陸戰隊第三梯」的成員，並參與了仁川登陸作戰。已故的金泰生先生，他在失去妻子、父母、岳母與小姨子後，寫下了愛國的血書，加入國軍。在四．三中被誣陷為「赤匪」的青年們，冒著生命的危險，保衛了祖國。所謂的意識形態，只不過是為了將屠殺行為正當合法化的藉口而已。

濟州島民們以和解與寬恕戰勝了意識形態所造成的悲劇。在濟州下貴里，人們在同一個地方設立了護國英靈碑與四．三受難者慰靈碑，形成了一個共同的紀念場所。他們立碑是基於「因為都是受難者，所以相互原諒彼此」的出發點。在二〇一三年，曾經關係最為對立的四．三遺族會與濟州警友會亦宣布無條件和解。

濟州島民們所伸出的和解之手，現在應該成為全國人民的資產。今天，我想在這裡，向全國人民呼籲。現在還有人對四・三的真相視而不見，也還有些人以陳舊的意識形態扭曲地看待四・三。大韓民國至今仍充斥著由陳舊意識形態所形成的仇恨與敵對言論。現在我們要能夠正視慘痛的歷史。正視不幸的歷史，不只是國與國之間需要做的事情，我們自己也應該要能夠正視四・三。我們應該要擺脫將思想侷限於陳舊意識形態的框架當中。此後的大韓民國，應該是由正義的保守派與正義的進步派，以「正義」相互競爭的國家；同時，也必須進入一個公正的保守派與公正的進步派都被「公正」評價的時代。如果不合乎正義，也不公正，無論是保守派，還是進步派，不管手中揮舞著什麼旗幟，都無法成為國民服務的標誌。

讓我們共同努力，掃除意識形態所投射的敵對陰影，綻放人類的尊嚴。那就是今天濟州的山岳，講給我們聽的故事。

各位四・三倖存受難者、遺屬與各位國民們，

查明四・三真相是超越地域，反省不幸的過去，找回人類普世價值的工作。而回復四・三的名譽，是我們未來走向和解與共生、和平與人權的方向。

濟州即便深受傷痛，但在過去的七十年裡，仍一直高喊著和平與人權的價值。現在，這些價值將延續至韓半島的和平與共存，成為傳遞給全人類的和平訊息。四・三所期待的長久和平與人權絕對不會沉睡。這也是作為總統的我所肩負的歷史責任。希望今天的追悼儀式能為四・三英靈與受難者帶來安慰，並成為我們國民迎接新歷史的起點。

各位，

「濟州的春天已經來了。」

謝謝大家。

文在寅總統二〇二〇年四・三第七十二週年追悼詞全文

各位四・三倖存受難者、遺屬與各位濟州島民們，

四・三是濟州的深切傷悲。不僅是濟州島獨有的傷悲，也是大韓民國現代史上的巨大傷痛。濟州夢想著跨越殖民統治的藩籬，實現真正的獨立，渴望跨越分裂，實現和平與統一。濟州島民只想著守護民族的自尊，穩健振興重新收復的國家。但是，只因比任何人都先抱持著夢想，濟州就面臨到了可怕的死亡，渴望建立統一政府的迫切要求，竟落入意識形態的陷阱中，造成了民族的分裂。

如果我們現在也夢想著和平與統一，想要和解與團結，那我們就應該共同理解濟州的悲傷。我們必須回到濟州四・三的原點，要一一揭露，在那一天、那些屠殺的現場，有什麼事情被捏造，又是什麼給我們套上了枷鎖，還有什麼讓濟州面臨到了死亡。只有這樣重新審視現代史，濟州的傷痛才能真正得到治癒，我們也才能擺脫過去七十二年來一直困擾著我們的反目與衝突。

希望這曾為了和平如同山茶花般而凋零的濟州，能夠重生為實現和平的濟州。深刻銘記受難者留下的人權、和解與團結的價值，祈願那些因國家暴力與意識形態而受難的四・三英靈們能夠安息，也向那些克服痛苦歲月，開拓今日濟州新局的遺屬與濟州島民們，致上最深的感謝與敬意。

各位國民，各位濟州島民們，

在現今為了對抗「新冠肺炎」的嚴峻與艱難時期，我們再次迎接了四・三的到來。我們深切感受到「團結與合作」的力量，也可以確認這種力量讓我們變得有多麼強大。四・三即便受到扭曲，被冷落，但仍不斷地開啟和解與治癒之路。二〇一三年，四・三受難者遺族會與濟州警友會宣布和解，他們每年往返於忠魂墓園與四・三公園，共同舉辦參拜活動。去年，軍警站在四・三英靈面前，正式向無辜受難的濟州島民與遺屬們致上歉意，並承諾將共同參與四・三的回復名譽與傷口治癒。

遺屬們與濟州島民們也攜手走向和解與共生。在「新型肺炎」的疫情中，和解與共生的精神也將島民們的心團結在一起。

濟州發起「我們的社區由我們來守護」運動，透過四十三個行政區域，六十個團體，在二萬七千多個公共設施中展開防疫運動。新村婦女會與志願服務中心製作口罩，分發給鄰里與社區，「正直生活運動協議會」與「道聯合青年會」親自製作攜帶式手部消毒液，發送給濟州島的居民們使用。

濟州島民們也跨越地區的藩籬，分擔著全國的苦痛。不僅向大邱、慶北地區捐款及捐贈了口罩等物資，濟州島居民自律的防疫工作，儼然已成為官民合作的模範，值得首爾、京畿、仁川、羅州、釜山與蔚山等其他地方政府學習借鏡。在這個艱困的時期，謹向帶頭展現團結與合作力量的濟州島民們，致上深深的感謝。

「解決四・三」絕對不是政治與意識形態的問題。這是一個對他人的苦痛感同身受，尊重他人，同時極具常識與人性態度的問題。根據國際上所確立的普世標準，我們應當處理並治癒過去踐踏生命與蹂躪人權的錯誤與傷痛，走向「正義與和解」的道路。

作為總統，我承諾將竭盡所能，使濟州四・三如繁花盛開般，成為和解與共生、和平與人權的普世價值。

各位國民，各位濟州島民們，

真相是寬恕與和解的基礎。真相亦具有力量，足以治癒意識形態敵對所造成的傷口。今年三月，在《濟州四・三事件真相調查報告書》發行十六年後，又出版了《追加真相報告書》第一冊。報告記錄了集體屠殺事件、受刑人失蹤、「事先拘禁」、受難者遺骸挖掘的結果等，並逐村整理了受害的情況。同時，還揭露了教育界與學生的受難情況，並正確調查了軍人、警察與右翼團體的受害情形。在此，謹向致力於查明真相的濟州四・三和平基金會與相關人士，為您們的辛勞，致上真誠的感謝。

在今年施行的高中歷史教科書中，有關四・三的描述變得更多、更詳實，也將四・三明確定義為「因國家公權力所造成的平民傷亡」，並講述政府在鎮壓過程中使用了國家暴力的手段。這當中不僅包含了濟州島民們為查明真相所付出的努力，還蘊含著和解與共生的精神，可謂意義深遠。

濟州現在並不孤單。四・三的真相與悲傷，為和解與共生所做的努力，將會被傳遞給新的世代，永遠不會被遺忘。四・三就像指南針一樣，將引領著未來一代，走向注重人權與生命、和平與團結的美好世界。國家的責任就是在真相的基礎上，撫慰四・三受難者與遺屬的痛苦，回復他們的生活與名譽。真相唯有仰賴正義，才能真正實現和解與共生。真相不僅要體現歷史正義，還要落實法律正義，這是國家必須要履行的職責。而對於國民因國家不當行為而受難的救濟，是問及國家存在意義的根本問題。

欲澈底解決四・三的問題仍需仰賴《四・三特別法》修正案，修正內容包括了賠償與補償問題在內，但是該修正案現在還停留在國會中。濟州四・三僅在一些個別的訴訟案件中獲得了部分賠償，或者僅停留於政府所提供的醫療與生活補助，法律上的補／賠償仍然未能實現。作為總統，我對於緩慢的進度，內心感到十分沉重。

然而，四・三正朝著法律正義一步一步前進。去年，有十八位四・三倖存受刑人，主張四・三的軍事審判不當，後來於再審審判與刑事補償審判中都獲得了勝訴。當時，從濟州地方法院二〇一號法庭上，響起了「我們現在是無罪之人」的歡呼聲。今日同樣也出席追悼儀式的法務部長秋美愛，她在擔任國會議員的時候，於國家紀錄院裡所找到的受刑人名冊，證明了四・三受刑人的無罪事實。

在過去的一年裡，這些倖存受刑人中的玄昌用、金庚仁、金順和、宋錫珍等長輩雖已離世，但國家還沒有對最重要的倖存受難者和遺屬們，盡到國家應盡的道義與責任。不僅是倖存受難者，包括第一代的遺屬們也都已超過了七十歲，而還記得當時情況的目擊者亦年事已高，在這樣的情況下，已經沒有任何時間再拖延了。

馬丁・路德・金恩牧師曾說：「遲來的正義非正義。」從脫離殖民統治到分裂，再到戰爭的過程中，我們面臨了許多需要去解決與克服的傷痛歷史，雖然存在著許多困難，但是我們仍將繼續努力，確保在受難者與遺屬們還健在的時候，能夠實現實質性的賠償與補償，作為基本的正義。

我也希望政界與國會能對《四·三特別法》的修正給予特別的關心與支持。除了立法所做的努力之外，對於力所能及的事情，政府也會迅速地執行。政府在二〇一八年重啟中斷許久的四·三受難者與遺屬追加申報工作。「濟州四·三事件真相查明暨受難者名譽回復委員會」在「第六次申報期間」，針對追加申報的受難者與遺屬進行審議，重新認定了九十名受難者與七千六百零六名遺屬。特別是在目睹父親受難的場面後，一直因「創傷後壓力症候群」而飽受痛苦的宋貞順，她成為四·三受難者中，首位被認定為「創傷後壓力症候群」的受難者，這樣的認定具有重大的意義。未來，政府將持續提供追加申報的機會，以確保沒有任何一位受難者會遭到遺漏，而為了將受難者的遺骸送回家人的懷抱，政府也將繼續支持受難者遺骸挖掘與基因鑑定的工作。從今年四月開始，「四·三心理創傷中心」也已啟動試營運，期望能夠撫慰倖存受難者與遺屬們的傷痕與痛苦。政府將積極支援濟州島民們，協助他們擺脫心靈上的束縛和枷鎖。我們也將做好準備，等相關法律制定完成後，便會將其升格為國家心理創傷中心。

各位四·三的倖存受難者、遺屬與各位國民們，

四·三既是過去，也是我們的未來。我們為了民族和解與和平所做的努力，就是從四·三那天開始的。過去濟州的夢想，就是我們現在的夢想。儘管過去像山茶花凋零一樣，悲傷不斷，但正因為經歷了這些悲傷，所以才創造了今天。我不會呼籲「讓我們忘掉悲傷吧。」我要說的是「讓我們在悲傷中，共同開創濟州曾經夢想的明天吧。」政府將與濟州島民、遺屬與國民們一起，朝著和解與共生、和平與人權，一步一步地朝前邁進。四·三開創的真相、正義與和解的故事，將成為我們

後代子孫，在悲傷中重拾希望的感動歷史。謝謝大家。

文在寅總統二〇二一年四・三第七十三週年追悼詞全文

尊敬的各位國民、四・三倖存受難者、遺屬與各位濟州島民們，

七十三週年的四・三受難者追悼日，濟州全境都下著春雨。今天站在這裡，真心希望倖存受難者與遺屬們的痛苦能隨著雨水沖刷而去。國防部長與警察廳長也一同參與了今天的追悼儀式。這是有史以來第一次，由兩個單位的長官共同參加了政府所主辦的追悼儀式。雖然參與本身是理所當然應該做的事情，但作為第一步，它還是具有特別的意義。希望受難者、遺屬與濟州島民們以包容與和解的心，接受軍警真誠的道歉之意。國家要更加深刻地反省與檢討國家暴力的歷史，希望藉此能稍微撫慰遺屬們的痛苦。在此與國民們一起祈願四・三的英靈們能得到安息。

今天，很開心能在這邊向大家報告《四・三特別法》已通過修正。這次修法包括了追加真相查明、受難者名譽回復，以及為國家暴力受難者提供援助的措施。隨著特別法的修正，如今四・三終於找回了自己的樣貌。當濟州島民們所經歷的可怕死亡，與被多重羅織誣陷的壓迫全被揭露時，夢想成為一個美好國家的濟州四・三，才能找回真正的歷史定位。這次修正的特別法，就是為建造四・三這座歷史之屋而繪製的藍圖。

雖然還有很長的路要走，但政府承諾將依據四・三英靈、倖存受難者、遺屬與國民願望所構建的藍圖，仔細梳理並務實履行。

各位國民，各位濟州島民們，

在四．三中，內蘊著兩種層面的歷史意義。一方面，它因國家暴力蹂躪國民的生命與人權，而成為現代史上最大的悲劇；另一方面，它也引領著我們朝向和平人權的修復與共生。

只因夢想自主獨立、反對分裂，就讓當時國家公權力給濟州島民扣上「赤匪」、「暴動」、「叛亂」的罪名，無情地施以鎮壓，並將他們推向死亡，還將「受害者」羅織為「加害者」，軍部獨裁政權更運用連坐法予以打壓，讓受害者甚至無法發聲。

然而，四．三並沒有受對立與痛苦所束縛。倖存的濟州島民們互相扶持，彼此照顧，努力用自己的力量找回春天。以和解的精神解決了衝突，朝著和平與人權不斷前進。包含家用品等一切全都失去的人們，在鄰里的幫助下獲得工作，賺取報酬維持生計，也才有辦法請木工建造新房子。失去父母的孩子就由親戚或鄰居撫養長大，砍柴、耕田、祭祀、婚禮與建校等大事，都是由村裡的人們齊心協力進行的。去了「陸地」的人，甚至是去到異國他鄉的人，也都寄送物品與金錢來幫助家鄉的人們。他們以共生的精神相互扶持，終於喚醒了四．三的真相。

時隔半個世紀，四．三終於解除了禁忌。當年金大中政府能夠奠定查明真相與回復名譽的基礎，是因為有人持續不斷地鼓起勇氣作證與行動。二〇〇三年盧武鉉政府確定了官方層級的真相調查報告書，作為總統首次就過去國家公權力的錯誤，向遺屬與濟州島民們正式道歉，還有現今政府能夠再進一步查明四．三的真相，這些全都是因為濟州島民與各位國民們，長時間堅定不移地與大家共同一步一步朝前邁進的關係。

此次《四．三特別法》的修正也多虧了許多人的努力，大家共同攜手合作，才得以讓四．三獲得應有的歷史定位。包括濟州道、濟州道議會、濟州道教育廳在內的一百二十四個機關與團體，還有包含宗教界、學生、政黨在內等不同領域的濟州島民們，大家齊心協力一起推動了「爭取四・三特別法修正的共同行動」。「全國市道知事協議會」、「全國市道議會議長團協議會」、「全國市道教育監協議會」紛紛發聲支持特別法的修正，全國各地的市道議會也個別通過了「要求決議案」，大家盡一己之力，來實現濟州島民的願望。國會也不分朝野，齊心協力。朝野共同協商通過《四・三特別法》的修正案，這是第二十一屆國會的最大成果之一。藉此機會，我要向致力於特別法修正的各界人士，致以深深的感謝與敬意。

各位國民，各位濟州島民們，

此次特別法的修正，為一九四八年與一九四九年當時遭軍法會議判刑的二千五百三十位受刑人，開啟了全面性再審以回復名譽的道路。在二〇一九年與去年的兩次重新審判中，已經有二十五位還在世的軍法會議受刑人獲判無罪，他們終於擺脫了七十年來強加於自己身上的枷鎖。上個月十六日，有三百三十三位失蹤受刑人與兩位還在世的一般審判受刑人，在再審審判中獲判無罪。他們在當年經歷了致命性的審訊與刑求後，只經過點名式的審判，就被烙上罪人印記，七十多年過去了，當年的少年們在成為年過九旬的老爺爺之後，才終於迎來了「無罪」兩個字。

然而，還有二千一百六十二位失去家人、名譽與尊嚴，被奪走故鄉與夢想的人們，正等待著特別再審的進行。政府將透過逐一查明真相、回復名譽，提供賠償與補償的方式，盡最大的努力來履行國家的責任，以返還他們被國家暴力所奪走的東西。

雖然現在不管用任何東西都無法化解過去的悲傷，但政府仍將全力以赴進行追加真相調查，後續也會採取相關的措施來回復受刑人的名譽。在賠償與補償方面，政府也將竭盡全力制定公正合理的標準。

現在還有很多遺屬因為找不到失蹤的家人而焦急不已。包括幾天前在加時里所挖出的三具遺骸在內，至今為止所找回的四百零八具遺骸中，還有二百七十五具尚未確認身分。政府在協助遺骸挖掘工作的同時，也提供基因鑑定，一定要將逝者們送回家人的懷抱中。

從去年五月開始試營運的「四．三心理創傷中心」，僅在九個月的時間內，就有一萬兩千多人去過心理創傷中心。看到受難長輩與遺屬們再次回憶起不願想起的那天，並藉此化解過去必須獨自承受的瘡疤，雖然有點晚，但仍是一件極具意義的工作。我們由衷感謝濟州四．三和平基金會與四．三心理創傷中心等相關人士，感謝您們致力於治癒與撫慰受創者的心靈。政府將在相關法律制定後，將其升格為國家心理創傷中心，並持續協助大家好好地療癒傷痛。

尊敬的各位國民、四．三倖存受難者、遺屬與各位濟州島民們，

四．三和平公園內的紀念館裡，依然放置著沒有名字的白碑。雖然濟州島已經迎來了第七十三個春天，但四．三要抵達的目標仍舊遙遠。雖然不知道空白的石碑上會刻上什麼樣的名字，但可以確定的是，已揭露的真相將成為我們邁向團結的動力，回復的名譽將引領我們走向更長遠的和諧與共生、和平與人權。

最後，讓我們緊緊握住彼此的手，直到真正的春天降臨至濟州島為止。

謝謝大家。

文在寅總統二〇二二年四・三第七十四週年電文全文

七十四週年的濟州四・三，今年的春天也如期而至。

濟州雖然深受傷害，但我們試圖去理解傷痛，在記憶痛苦的同時，也努力把痛苦昇華為和平與人權。在此，我要再次向幻化為油菜花綻放的受難者們、克服悲傷重新站起來的遺屬與濟州島民們，致上哀悼與崇敬之意。

不久之前，法院進行了首次四・三受刑人的「依職權再審」與「特別再審」。這是《四・三特別法》全面修正後所執行的再審審判。檢察官請求宣判所有被告無罪，法官在朗讀了一份對四・三傷痛感同身受的特別判決書後，七十三位受刑人的冤獄終於獲得平反，遺屬們則報以熱烈的掌聲，回應法庭的判決。

傷口漸癒之際，濟州的春天也逐漸綻放。歷時甚長。立基於金大中政府制定《四・三特別法》、盧武鉉政府公布真相調查報告，並由總統親自道歉，今日的政府才得以推動《四・三特別法》全面修正，並給予補償。

然而，最重要的還是濟州島民們懇切真摯的心，這才是能夠查明真相的力量，而深深包容軍警的寬恕之心，更造就了今日的春天。

現在，我們透過《四・三特別法》的修正，又朝澈底查明真相與回復名譽向前邁進了一步。二〇一八年，時隔八年，我們重新啟動了遺骸挖掘的工作，並找到了十一具的遺骸，而從今年三月開始，也展開了四．三的追加真相調查工作。

從下半年開始，政府將對受難者進行合理的補償。另外，我也以肅穆之心，期望透過此次的「多郎休洞窟」特展，讓三十年前沒有舉辦任何喪禮，骨灰被撒在海上的「多郎休洞窟」英靈們，能夠藉此獲得慰藉。

「願逝者安息，生者攜手前行。」

二〇二〇年，我在濟州下貴里英慕園看到的字句依舊歷歷在目。從未看過如此強烈的悼念與和解。我相信，現今尚未完成的課題，將透過生者的包容與團結合作獲得解決。期待在下一任的政府中，這份努力能夠延續。

整整五年，我一直與濟州四．三站在一起，這對我來說意義重大。無論何時，我都不會忘記濟州的春天。

濟州四·三主要年表

一九四五年九月八日·美國第二十四軍抵達仁川。

一九四五年九月九日·美國第二十四軍霍奇中將與朝鮮總督阿部信行參與受降儀式。

一九四五年九月二十八日·美軍受降小組與駐濟州島日軍舉行受降儀式。

一九四五年十一月九日·美國第五十九軍政中隊登陸濟州島。

——

一九四六年八月一日·實行濟州道制。

一九四六年十月二十一日·美聯社從紐約發出的新聞，報導濟州島可能成為西太平洋地區的「直布羅陀」。

一九四六年十月二十九日·南朝鮮過渡政府立法議員選舉，濟州島文道培、金時鐸當選。

一九四六年十一月十六日·國防警備隊第九團於摹瑟浦創立。

一九四六年十二月十四日·文道培、金時鐸在首爾民戰會館發布拒絕擔任立法議員的聲明。

——

一九四七年二月十日·濟州島第五十九軍政中隊司令部前（觀德亭）的廣場上，青年學生發起示威。

一九四七年二月二十三日・濟州島民主主義民族戰線（民戰）成立。
一九四七年三月一日・濟州島三・一事件發生。警方開槍造成六人死亡，數人受傷。
一九四七年三月八日・美軍政府調查團（團長卡斯蒂爾上校）進入濟州島調查三・一事件。
一九四七年三月十日・以濟州道廳為首，爆發官民大罷工。
一九四七年三月十三日・美軍政府三・一事件真相調查團離開濟州島。
一九四七年三月十四日・警務部長趙炳玉為調查官民大罷工而進入濟州島，發布公告，並命令逮捕主導罷工者。
一九四七年三月十五日・全南警察一百二十二名、全北警察一百名等二百二十二名警察進入濟州島。
一九四七年三月十六日・設立濟州警察監察廳特別搜查科（科長李虎）。審訊罷工相關人員。
一九四七年三月二十日・警務部長趙炳玉發表談話：「在一區（濟州）警察署前的開槍行為是正當防衛。」
一九四七年四月二日・巴羅斯（Russell D. Barros）中校任濟州道民政長官。史陶特少校則留任為副手。
一九四七年四月十日・任命韓國獨立黨農林部長出身的柳海辰為濟州道知事。
一九四七年六月六日・在舊左面終達里取締集會的三名警察遭到青年毆打，引發六・六事件。
一九四七年七月十八日・前濟州道知事朴景勳被推舉為濟州島民戰議長。
一九四七年八月八日・在安德面東廣里，官員們為鼓勵大麥收購而拜訪村落，遭到集體暴力毆打。

一九四七年九月七日・西北青年團（以下簡稱西青）暴力毆打濟州道糧食事務所所長朴泰勳。

一九四七年九月八日・西青前往濟州中學校長玄景昊（前濟州島民戰議長）住宅，攻擊其妻子。

一九四七年十月十五日・巴羅斯中校向美軍政廳司法部副顧問官表示：「朴景勳前知事是中庸派，是最優秀的人物之一。」

一九四七年十一月三日・迪安少將，就任為第三任軍政長官。

一九四七年十一月五日・聯合國蘇聯代表葛羅米柯在聯合國大會上主張說，美國希望將濟州島建設為軍事基地。

一九四七年十一月十二日・美軍政廳特別監察室（監察官尼爾森中校）與柳海辰知事展開特別監察。調查持續到一九四八年二月二十八日為止。

一九四七年十一月十四日・聯合國大會通過了美國所提議的「依韓半島人口比例實施總選舉」方案。

一九四七年十一月十八日・西青向濟州ＣＩＣ（美軍防諜隊）表示，濟州島是「朝鮮的小莫斯科」，並將予以證明。

一九四七年十一月二十一日・濟州道民政長官巴羅斯中校，向特別監察室提交了備忘錄，內容提及「朴前知事不是共產主義者，是非常親美的人士」。

一九四七年十一月二十二日・美軍政廳特別監察室監察官尼爾森中校，建議撤換柳海辰知事。

一九四七年十一月二十六日・軍政長官迪安少將訪問濟州島（二十六至二十八日），會見了柳海辰知事，強調建設獨立國家時團隊合作的必要性，柳知事則承諾會全力配合。

一九四七年十二月三日・副軍政長官向首席顧問官室傳達了備忘錄，內容提及更換道知事不是件簡單的事情。濟州道民政長官巴羅斯中校離開濟州島，曼斯菲爾德中校上任。

一九四七年十二月七日・濟州ＣＩＣ（美軍防諜隊）報告說：「社會緊張局勢持續升溫，如果不採取措施壓制濟州島的情況，可能導致群眾攻擊警察。」

——

一九四八年一月八日・聯合國朝鮮臨時委員團抵達首爾。

一九四八年一月中旬・南勞黨濟州島委員會組織部聯絡員被警察逮捕並招供。組織體系曝光。

一九四八年一月二十三日・美軍情報報告書中寫道：「濟州島左派並非反美主義者，這一事實意味深長。最近的恐怖襲擊其實是由右翼煽動的。」

一九四八年二月一日・任命副團長金益烈少校作為第九團團長李致業中校的後繼人選。

一九四八年二月十二日・濟州ＣＩＣ（美軍防諜隊）與警察一起突襲濟州島南勞黨總部，沒收傳單與各種文件。

一九四八年二月二十六日・聯合國會議中採納了美國所提的方案，即先就「聯合國朝委」可以接觸的地區實施單獨選舉。

一九四八年三月六日・在朝天支署接受調查的朝天中學學生金用哲遭刑求致死。

一九四八年三月十一日・美軍政廳特別監察官尼爾森中校向迪安少將提交特別監察報告書，內容包含「撤換柳海辰知事」與「拘留所太過於擁擠」等四項建議。

一九四八年三月十四日，在摹瑟浦支署接受調查的大靜面永樂里青年梁銀河遭刑求致死。

一九四八年三月中旬，南勞黨濟州島委員會決定採取武裝抗爭。

一九四八年三月二十三日，迪安少將針對尼爾森中校所提出的四項建議中，除「撤換柳海辰知事」外，其餘均同意接受。

一九四八年三月二十八日，李承晚向訪韓的美國陸軍部次長德雷珀表示，可將濟州島提供給美國作為美軍基地使用。

一九四八年四月三日，武裝起義爆發。南勞黨濟州島委員會打出「若鎮壓，就抗爭」的口號，並發動約三百五十多名武裝隊員，針對十二個支署、右翼團體的辦公室及住宅進行攻擊。

一九四八年四月五日，美軍政府公布濟州道道令，阻斷濟州海上交通，並動員美軍艦艇封鎖海岸。美軍政府緊急派遣一百名全羅南道警察前往濟州，並在濟州警察監察廳內設立濟州緊急警備司令部（司令官為警務部公安局長金正浩）。

一九四八年四月九日，聯合國朝鮮臨時委員會監察第一班，訪問濟州島（九至十日）。

一九四八年四月十四日，選舉登記結果顯示，濟州島登記率為百分之六十四點九，是全國最低的紀錄（全國平均為百分之九十一點七）。

一九四八年四月十五日，迪安少將出席聯合國朝鮮臨時委員會，聆聽委員們對濟州島刑求致死事件與警察毆打行為的擔憂。

一九四八年四月十六日，迪安少將口頭命令海岸警備隊與國防警備隊進行濟州島聯合作戰。依據警務部長趙炳玉的特別命令，警務部宣傳室室長金大奉被派遣到濟州島進行宣慰活動。

一九四八年四月十七日・駐韓美軍司令官霍奇中將指示美軍第六師師長要全力支援濟州道軍政中隊曼斯菲爾德中校。統衛部長顧問官普萊斯上校指示警備隊第三旅顧問官雷烏斯上尉，派遣警備隊一團兵力前往濟州島，並聽從曼斯菲爾德中校的指揮。

一九四八年四月十八日・迪安長官命令曼斯菲爾德中校行使警備隊作戰指揮權，並與武裝隊領導人進行交涉。

一九四八年四月十九日・警備隊聯合作戰開始，駐釜山國防警備隊第五團第二營啟程前往鎮海。

一九四八年四月二十日・第五團第二營與第三旅顧問官雷烏斯上尉一起抵達濟州島。霍奇中將向第六師師長沃德少將發送電文，指示「將第六師所屬的兩架聯絡機派往濟州島進行偵察，並批准與濟州道軍政中隊的直接通訊，同時要求只要美軍沒有受到攻擊，就不要介入」。

一九四八年四月二十四日・《華盛頓郵報》、《紐約時報》等媒體報導「濟州島動亂事態嚴重」。

一九四八年四月二十七日・美國第二十四軍司令部作戰參謀部修威中校進入濟州島。與第六師第二十團團長布朗上校、警備隊第五團顧問官雷烏斯上尉、曼斯菲爾德中校等舉行了對策會議。執行作戰命令第一號。利用美軍聯絡機，視察警備隊第五團所執行的村莊掃蕩作戰。雷烏斯上尉乘坐車輛直接進入村莊。

一九四八年四月二十八日・在執行作戰命令第二號的過程中，修威中校乘坐聯絡機進行空中偵察。《紐約先驅論壇報》特派記者艾倫・雷蒙德與《時代》攝影記者卡爾・邁登斯為採訪而來到濟州。

一九四八年四月二十九日・迪安少將與第六師長沃德少將視察濟州，美軍眷屬撤離濟州島。警備隊第五團與第九團於濟州與摹瑟浦的老路岳地區進行掃蕩作戰（作戰命令第三號）。

一九四八年四月三十日・第九團團長金益烈與濟州島人民游擊隊司令官金達三進行和平協商。但因美軍政府下達鎮壓命令，協商最終以失敗收場。

一九四八年五月一日・吾羅里縱火事件發生。《星條旗報》報導，將濟州島事件視為引發美蘇緊張的事件。

一九四八年五月三日・《紐約時報》報導，濟州島武裝隊提出「沒收警察武器」、「處罰警察與西青」等五項投降條件。

一九四八年五月五日・迪安少將、民政長官安在鴻、警務部長趙炳玉與警備隊司令官宋虎聲一起訪問濟州島，並召開了對策會議。免去金益烈中校第九團團長的職務，並任命朴珍景中校為新任團長。史佩爾（T.J. Speer）上尉、泰勒（Herbert W. Tylor）上尉、伯恩海塞爾（Charles K. Bernheisel）中尉，來到濟州島以監視濟州島選舉。《華盛頓新聞》報導，聲稱史達林正在濟州島展開游擊戰。

一九四八年五月六日・迪安少將在記者會上主張「濟州島動亂有北韓軍隊間諜介入」。

一九四八年五月七日・聯合國朝鮮臨時委員會監視第八班進入濟州島（七至十一日）。

一九四八年五月十日・實施五・一〇選舉。濟州島的投票率為百分之六十二點八，為全國最低的投票率。北濟州郡甲、乙兩個選區因未過半數，被判選舉無效。

一九四八年五月十一日・政治顧問官雅各斯（Jacobs）呈給國務院的報告寫道：「濟州島從四

月三日開始，實際上已經發展成為游擊戰。」

一九四八年五月十二日・駐韓美軍司令官霍奇中將發表聲明稱「民主前所未有的勝利」。美國緊急派遣驅逐艦克雷格號至濟州島沿岸。

一九四八年五月十五日・為監視選舉而被派遣至濟州島的史佩爾上尉、泰勒上尉、伯恩海塞爾中尉返回首爾。第十一團從水原移動至濟州島（團長是第九團團長朴珍景）。第九團與第十一團合併。

一九四八年五月中旬・第六師第二十團團長布朗上校被任命為濟州島最高指揮官。

一九四八年五月十八日・首都警察廳警監崔欄洙所率領的特別搜查隊被派遣到濟州島。

一九四八年五月十九日・國會選舉委員長盧鎮卨向迪安長官建議濟州道北濟州甲、乙選區無效。

一九四八年五月二十日・羅伯茲准將接替普萊斯上校，成為統衛部顧問官。美國驅逐艦克雷格號停靠於濟州邑沿岸。四十一名警備隊員從摹瑟浦部隊叛逃。

一九四八年五月二十一日・美軍政府宣布南濟州郡選區由吳龍國當選為國會議員。

一九四八年五月二十二日・叛逃的四十一名警備隊員中，有二十人在大靜附近遭到逮捕。

一九四八年五月二十六日・迪安少將發布北濟州甲、乙兩個選區的選舉無效，同時六月二十三日將重新實施選舉。

一九四八年五月二十七日・濟州緊急警備司令官崔天（警察）與布朗上校會談後，宣布廢除夏糧徵集。

一九四八年五月二十八日・柳海辰道知事遭撤職，改由濟州出身的林官浩接任。警務部長趙炳玉前往濟州島視察治安狀況。

一九四八年六月二日・布朗上校散發呼籲投降歸順的傳單，同時召開記者會保證將在六月二十三日重新實施選舉。

一九四八年六月五日・濟州ＣＩＣ（美軍防諜隊）梅里特（Henry C. Merritt）隊長在濟州警察監察廳遭稽察科刑警金明成以手槍狙擊。

一九四八年六月八日・韓國國內媒體報導，布朗上校稱：「我對追究原因沒有興趣。我的使命就是鎮壓。」

一九四八年六月十日・迪安少將發布第二十二號行政命令，無限期延期濟州島的重新選舉。

一九四八年六月十一日・羅伯茲准將接替普萊斯上校擔任統衛部長顧問官。濟州警察監察廳廳長崔天，因監督不力等原因遭停職。

一九四八年六月十四日・第十一團長朴珍景上校晉升。

一九四八年六月十五日・副軍政長官庫爾特（John B. Coulter）為確認濟州島情況而抵達濟州島。統衛部顧問官羅伯茲准將為參加朴珍景上校的晉升儀式而來到濟州島。

一九四八年六月十七日・濟州警察監察廳廳長由濟州出身的金鳳昊接任。

一九四八年六月十八日・第十一團團長朴珍景上校被殺。迪安少將、羅伯茲准將與二名槍炮研究者等一起進入濟州島，收拾遺體，當日返回首爾。

一九四八年六月二十日・布朗上校要求派遣警備隊新任軍官。

一九四八年六月二十一日・羅伯茲准將向布朗上校通報，任命崔慶祿為第十一團團長、宋堯讚為副團長。

一九四八年六月二十二日・布朗上校與濟州島新聞記者團視察治安情況並召開記者會。在首爾警備隊總司令部舉行第十一團前團長朴珍景的喪禮。

一九四八年七月一日・廢除道內旅行證明制度、解除禁止下海捕撈的規定。

一九四八年七月二日・政治顧問官雅各斯將副軍政部長庫爾特訪問濟州島的報告，以最速件送交國務院，嚴格要求將此份報告作為「密件」處理，即便是國務院內部也僅限特定範圍發送。

一九四八年七月五日・廢除木浦—濟州之間的定期航運旅行證明制度。

一九四八年七月十五日・解散第九團與第十一團，並進行重組（團長宋堯讚少校、副團長徐鍾喆上尉）。

一九四八年七月二十日・李承晚在國會被選為首任大韓民國總統。

一九四八年七月二十四日・第十一團從濟州島移動至京畿道水原。

一九四八年七月三十日・統衛部顧問官室的參謀備忘錄上記載：「情報參謀部相關人士將於八月三日前往濟州島觀看處決。」駐韓美軍司令部情報參謀部席柯爾（Secore）上尉、里德（Reed）上尉、雅各達（Jagoda）上尉抵達濟州島。

一九四八年八月三日・里德上尉等美軍軍官、第九團團長、濟州新聞記者團，下午三時共同於濟州邑郊外觀看三名警備隊員執行槍決。

一九四八年八月十三日・恢復濟州島旅行證明制度。

一九四八年八月十四日・召開高等軍法會議，處理朴珍景上校暗殺事件。文相吉等四人被判處槍決等刑罰。

一九四八年八月十五日・宣布大韓民國政府成立。

一九四八年八月二十三日・駐韓美國使節團特別代表穆喬抵達韓國。

一九四八年八月二十四日・李承晚與霍奇簽訂《大韓民國總統與駐韓美軍司令簽署關於過渡期間實施臨時軍事安全之行政協定》。

一九四八年八月二十六日・成立以羅伯茲准將為團長的臨時軍事顧問團（PMAG）。

一九四八年八月二十七日・駐韓美軍司令官霍奇卸任，庫爾特將軍被任命為駐韓美軍司令官兼美國第二十四軍團團長。

一九四八年九月九日・朝鮮民主主義人民共和國宣布成立。

一九四八年九月十五日・駐韓美軍開始撤退。

一九四八年九月二十三日・刺殺朴珍景上校的文相吉、孫善鎬遭到槍決。其餘相關人員獲得減刑。

一九四八年九月二十九日・羅伯茲准將致函予國務總理李範奭，指出警備隊作戰控制權歸駐韓美軍司令官所有。

一九四八年十月一日・警察與武裝隊在南原面漢南里交火。警察一人死亡，一人受傷，居民一人死亡。

一九四八年十月二日・警備隊總參謀長丁一權與海岸警備隊參謀長金英哲赴濟州視察（二至五

日）。首都警察廳、第八轄區警察廳、支援警察隊被調派到濟州島。

一九四八年十月五日・濟州警察監察廳廳長由平安南道出身的洪淳鳳接替濟州出身的金鳳昊。

一九四八年十月六日・第五十九軍政中隊諾雷爾少校向羅伯茲准將要求「立即將無線電、武器、彈藥裝載至船上」。

一九四八年十月八日・諾雷爾少校通報，偵察機在城山浦前方五英里的海域上，發現了一艘潛艇。

一九四八年十月十日・美軍偵察飛行員艾瑞克森中尉開始透過濟州島的偵察飛行向第九團提供情報。

一九四八年十月十一日・美軍情報報告書中寫道：「西青會於濟州島支援警察與警備隊是由部分美軍軍官所推薦的。」設立濟州道緊急警備司令部（司令官金相謙上校）。

一九四八年十月十七日・第九團團長宋堯讚發布命令：「距離海岸線五公里以上的地區禁止通行。」

一九四八年十月十八日・命令駐屯於全羅南道麗水的第十四團，調派一個營的兵力前往濟州島。駐韓美軍司令官庫爾特要求羅伯茲准將提交資料，以便將濟州島作戰任務提交給陸軍部，寫入官方的《駐韓美軍政史》中。

一九四八年十月十九日・「麗順事件」爆發。濟州道警備司令官金相謙上校因第十四團的抗命事件而遭罷免，改由宋堯讚兼任濟州道緊急警備司令官。

一九四八年十月二十八日・羅伯茲准將向參謀總長蔡秉德發送電文，阻止參與「麗順事件」的士兵進入濟州島。

一九四八年十一月一日・臨時軍事顧問團報告提及，有五位平民的屍體被沖到了濟州邑的海岸邊。

一九四八年十一月三日・駐韓美國使節團大使穆喬向國務院發送電文：「對於濟州島共產主義分子的殲滅任務，（韓國）政府的無能所帶來的緊張局勢依舊存在。」

一九四八年十一月十七日・濟州島地區宣布戒嚴。

一九四八年十一月十九日・美國航空偵察隊在濟州邑山川壇觀察到四棟起火的房屋與十多名警備隊員。濟州警察監察廳改編為濟州道警察局。

一九四八年十一月二十八日・武裝隊襲擊南原面南原里與為美里，屠殺居民，縱火焚燒房屋。

一九四八年十二月三日・第一次戒嚴高等軍法會議開庭。從十二月三日到二十七日，前後共進行十二次的審判，宣判八百七十一位濟州島民有罪。武裝隊襲擊舊左面細花里，屠殺居民，縱火焚燒房屋。

一九四八年十二月六日・臨時軍事顧問團富勒（Harley E. Fuller）中校報告：「計劃將駐屯於濟州島的第九團調往本土，改由第二團駐屯於此。」第九團團長宋堯讚向霍奇中將表示感謝說：「在美軍飛行員的幫助之下，完成了鎮壓行動。」

一九四八年十二月八日・聯合國蘇聯代表馬利克（Yakov Malik）在聯合國大會政治委員會上，提及濟州島五・一〇選舉，並對南韓選舉的正當性提出質疑。

一九四八年十二月十二日・聯合國大會承認大韓民國政府。

一九四八年十二月十六日・第二團先遣部隊進入濟州島。

一九四八年十二月十七日・穆喬緊急向國務院發送文件，指出：「濟州島動亂改善前景堪憂，雙方的襲擊與殺戮仍繼續進行。」

一九四八年十二月十八日・羅伯茲准將向李範奭國務總理發送書函，稱許第九團團長宋堯讚的鎮壓行動。軍、警、民聯合討伐隊，讓躲藏於「多郎休洞窟」的十一名居民集體窒息而死。討伐隊於十八日至十九日集體殺害了被監禁於表善國校內的一百五十餘名兔山里居民與女性等。

一九四八年十二月十九日・第九團先遣部隊抵達大田，準備前往濟州。大同青年團、西北青年會等團體合併為大韓青年團。二百五十名西青團員進入濟州島。其中二十五人成為警察，其餘二百二十五人則變成軍人。

一九四八年十二月二十一日・參謀總長蔡秉德回應羅伯茲准將，表示將計畫獎勵宋堯讚的行動。討伐隊在濟州邑朴城內集體殺害向咸德里營本部自首的一百五十名朝天面居民。

一九四八年十二月二十二日・被疏散到表善面加時里的居民中，有七十六名「脫逃者家屬」遭討伐隊集體殺害。

一九四八年十二月二十九日・第二團（團長咸炳善）取代第九團，駐屯於濟州島。

一九四八年十二月三十一日・濟州島解除戒嚴令。

——

一九四九年一月一日・武裝隊襲擊駐屯於濟州邑梧登里的第二團第三營，雙方交戰。武裝隊十餘人死亡，軍方亦有七名官兵死亡。

一九四九年一月三日・外都支署警察與特工隊員偽裝成武裝隊員，在濟州邑都坪里槍殺了七十餘人。

一九四九年一月四日・第二團團長咸炳善要求繼續實行戒嚴令。討伐隊槍殺濟州邑禾北里坤乙洞居民，縱火焚燒房屋。

一九四九年一月七日・駐韓美國使節團呈給國務院的報告書中指稱：「在過去的一兩個月裡，對濟州島共產分子的鎮壓行動，取得了令人滿意的進展。」

一九四九年一月九日・《華盛頓郵報》、《紐約時報》等報紙引用美國UP通訊社的報導，宣稱「蘇聯潛艇發出攻擊濟州的信號」。

一九四九年一月十二日・蘇聯俄塔社批評美國UP通訊社有關濟州島沿岸出現蘇聯潛艇的報導為假新聞。武裝隊襲擊了駐屯於南原面衣貴里的第二團第二中隊，但最終敗退。軍方殺害了在戰鬥結束後被收容於衣貴國校內的八十多名居民。

一九四九年一月十三日・武裝隊襲擊表善面城邑里，屠殺了三十八名居民並縱火。

一九四九年一月十五日・美國第二十四軍，離開韓國，在日本解編。臨時軍事顧問團長羅伯茲兼任駐韓美軍司令。

一九四九年一月十七日・北村里屠殺事件爆發。第二團第三營屠殺二百七十人並縱火。

一九四九年一月十八日・從北村里疏散到咸德里的居民中，有二十九人遭第二團軍人殺害。設置第三區警察署（摹瑟浦）與第四區警察署（城山浦）。

一九四九年一月二十一日・總統李承晚在國務會議上指示以「殘酷手段」進行鎮壓。

一九四九年一月二十四日・國務會議決議增派一個營的兵力至濟州島。穆喬與美國海軍相關人士協商派遣艦艇前往濟州島。

一九四九年一月二十五日・美國海軍艦艇停靠濟州島三小時。

一九四九年一月二十八日・總統李承晚在國務會議上表示：「濟州島事件因美國海軍的停靠而取得了好的結果」，另指示：「既已增派一個營與一千名警力，請儘速完成任務。」

一九四九年一月三十一日・陸軍本部派遣游擊部隊第六旅所屬的游擊營至濟州島。

一九四九年二月四日・武裝隊在舊左面金寧里附近襲擊第二團的兵力，奪取一百五十支步槍，擊斃十五名軍人和一名警察。陸海空軍對濟州邑奉蓋地區（奉蓋、龍崗、回泉里）進行聯合討伐作戰，槍殺數百餘名居民。

一九四九年二月十日・臨時軍事顧問團補給顧問官伍斯特斯（P. C. Woosters）中校向羅伯茲准將提交第二團視察報告書。內容指出：「軍警對人民的高壓態度，成為人民參與暴徒活動的原因，而未經審判就殺害人民，此舉激怒了他們。另外，還發生缺乏紀律的士兵濫用權力的情形。」

一九四九年二月十二日・觀音寺遭第二團軍人燒毀。

一九四九年二月十五日・濟州島的斯威尼（Austin Sweeny）神父寄信給首爾的卡羅爾（George Carroll）神父，內容提及：「（濟州島）居民們過著如牲畜般的生活，平均每天只能吃得到一顆地瓜，以此延續生命。」

一九四九年二月十九日・警察特別部隊（司令官金泰日警務官）五百零五人被調派到濟州島。

一九四九年二月二十日・四名臨時軍事顧問團員在道頭里目擊七十六位居民遭民保團員屠殺的

場面。

一九四九年二月二十三日・警察署名稱變更（第一區警察署→濟州警察署，第二區警察署→西歸浦警察署，第三區警察署→摹瑟浦警察署，第四區警察署→城山浦警察署）。

一九四九年三月二日・濟州島地區戰鬥司令部（司令官劉載興上校，參謀長咸炳善第二團）成立。

一九四九年三月十日・總理李範奭與內務部長申性模視察濟州島。駐韓美國使節團參事官莊萊德寫信給羅伯茲准將，內容提及：「濟州島現處於非常嚴重的情況，必須採取積極的措施來解決這種情況。」

一九四九年三月十一日・羅伯茲准將回覆給駐韓美國使節團參事官莊萊德，內容提及：「已發送書函予韓國總統與國務總理，強烈要求執行有關濟州島游擊隊與軍事作戰等事宜。並使其在濟州島內設立及運作ＣＩＡ。」

一九四九年三月二十一日・公布將於一九四九年五月十日在濟州島進行重新選舉。

一九四九年三月二十八日・駐韓美國使節團代理大使莊萊德向美國國務院發送電文。內容提及：「（在濟州島等地）有必要透過持續且長期的作戰，澈底根除這些勢力。」

一九四九年四月四日・穆喬和莊萊德拜會總統李承晚表示：「大韓民國應該清除濟州島與全羅南道的游擊勢力，並訓練鎮壓部隊，以確保其在南韓的立基穩固。」

一九四九年四月五日・成立海軍陸戰隊。

一九四九年四月七日・依據總統之特別命令，國防部長申性模和社會部長李允榮前往濟州島。

一九四九年四月九日・穆喬向國務院報告：「濟州島被蘇聯選定為替韓國製造混亂，實施恐怖攻擊的主要舞台，這一點可從受管控的廣播中明顯地感覺出來。蘇聯的特務毫無困難地滲透到濟州島內是明確的事實。另不斷有報告指出，蘇聯船隻與潛艇出現在濟州島附近海域。」總統李承晚和夫人一起訪問濟州島。濟州島重新選舉的選民及候選人登記截止。

一九四九年四月十四日・國防部長申性模視察濟州島後返回首爾。穆喬向國務院發送航空郵件，內容表示：「濟州島的作戰行動，目前看來已經進入了掃蕩階段。」

一九四九年四月十六日・羅伯茲准將與國防部長申性模達成協議，決定將部分韓國軍隊撤離濟州島。

一九四九年四月十八日・聯合國韓國臨時委員團小委員會進入濟州島（十八至二十日）。

一九四九年五月四日・美軍情報報告書中寫道：「儘管不斷有傳聞說在濟州島沿岸目擊到不明潛艇，但沒有直接證據。」駐韓美國大使館官員為確認濟州島動亂情況及利用濟州島的可能性，前往濟州島（四至六日）。任命金容河接替林官浩，擔任濟州道知事。

一九四九年五月八日・聯合國韓國臨時委員團至濟州島觀看選舉情況（八至十四日）。

一九四九年五月十日・濟州島實施五・一〇重新選舉。由洪淳寧、梁秉直當選。

一九四九年五月十一日・濟州島地區戰鬥司令官劉載興向聯合國韓國委員團報告，從三月二十五日至四月十二日共抓到三千六百名俘虜。

一九四九年五月十五日・羅伯茲准將向國防部長申性模建議由西青組成的第二團第三營撤出濟州島。第三營與戰鬥司令部一起撤出濟州。羅伯茲准將亦建議隸屬警察的西青也應撤出濟州。

一九四九年五月十八日・駐韓美國使節團參事官莊萊德認為咸炳善的討伐作戰是「殘酷的作戰」。警察特別部隊（司令官金泰日警務官）返回首爾。

一九四九年五月二十五日・游擊營從第二團解除編制後撤出。

一九四九年五月二十六日・濟州道知事金容河為瞭解飛往濟州的航班情況，拜會了駐韓美國大使館，與莊萊德對話時提及了軍警與西青的橫行霸道。

一九四九年六月一日・第二團團長咸炳善晉升為上校。

一九四九年六月五日・保導聯盟成立。

一九四九年六月七日・濟州島人民游擊隊司令官李德九遭警察擊斃。

一九四九年六月十六日・駐韓美國使節團參事官莊萊德、加德納（John P. Gardiner）與金容河知事對談。金知事提及第二團的高壓態度與西青獨斷、殘酷的態度。穆喬則表示，道知事誇大了韓國軍方的不當行為。

一九四九年六月二十一日・曾擔任南朝鮮過渡政府首席顧問官的強森（Edgar J. Johnson），在美國眾議院外交委員會對韓援助計畫相關聽證會上提及：「韓國軍隊的第一個考驗是濟州島事件。」

一九四九年六月二十三日・召開第二次高等軍法會議。從「受刑人名冊」上可見，從六月二十三日起到七月七日止，前後舉行了十次軍法會議，共宣判一千六百五十九位濟州島民有罪。

一九四九年六月二十五日・第二團在濟州島全境舉行「澈底掃蕩共匪紀念慶祝大會」（二十五至二十六日）。

一九四九年六月二十九日・駐韓美軍撤離完畢。美軍事顧問團還留下五百人。

一九四九年七月一日・成立駐韓美軍軍事顧問團（KMAG）。

一九四九年七月七日・第二團第二營撤回仁川（僅留第一營在濟州島）。

一九四九年七月十五日・獨立第一營（部隊長金龍周少校）從水原移動到濟州島。

一九四九年七月二十八日・羅伯茲准將寄給第二軍司令官馬林斯（C. L. Mullins Jr.）少將的信函中提及：「叛徒們在濟州島的抵抗勢力擴散，部分原因是由於警察與軍隊中有無能的指揮官。他們與共產分子一樣無情地殺害了居民，並縱火燒毀了村莊。」

一九四九年八月七日・蔣介石要求韓國政府提供濟州島作為攻擊中國本土的空軍基地。

一九四九年八月十三日・第二團將濟州島的警備任務移交給道立第一營後，便完全撤離濟州島。

一九四九年九月十四日・木浦監獄發生越獄事件。二百八十六名越獄者遭擊斃。

一九四九年十月二日・根據李承晚的裁示，被判處死刑的二百四十九人於濟州機場遭執行槍決。

一九四九年十月十三日・穆喬向國務院表示：「濟州島的作戰行動取得了非常具破壞力的成功，對此感到非常高興。」

一九四九年十一月十四日・濟州道知事金容河因侵吞濟州漁業協會公款等原因遭到撤換。

一九四九年十一月十五日・任命國民會濟州島支部長金忠熙為濟州道知事。

一九四九年十一月十六日・軍事顧問團作戰參謀部副顧問官皮斯格朗德（Harold S. Fischgrund）上尉，為確認輿論是如何看待西青與軍隊軍官們的不法行為，與張昌國上校一起至濟州島巡察（十六至十九日）。同時，確認了軍警的不法行為。

一九四九年十一月二十四日・制定並公布戒嚴法。

一九四九年十二月二十七日・獨立第一營撤出濟州。

一九四九年十二月二十八日・海軍陸戰隊（司令官申鉉俊上校）抵達濟州島。

—

一九五〇年五月三十日・第二屆國會議員選舉。濟州道由金仁善、姜昌瑢、康慶玉當選。

一九五〇年六月下旬・濟州島實施「事先拘禁」（六月底至八月上旬）

一九五〇年六月十三日・南朝鮮過渡政府首席顧問官出身的強森在參議院撥款委員會聽證會上，就「對韓經濟援助」問題提到了南韓的情況：「消滅濟州島的游擊隊是一項艱鉅的任務，但最終成功了。在濟州島內的三萬多棟房屋中有一萬棟遭到摧毀，但現在已經回復平靜與安寧。」

一九五〇年六月二十五日・韓戰爆發。濟州島海軍陸戰隊司令官兼任濟州島地區戒嚴司令官。治安局長向濟州道警察局長發送「拘禁不純分子案」，並命令「拘禁保導聯盟及其他不純分子，在本官下達指示之前，禁止釋放。」

一九五〇年七月二十五日・武裝隊襲擊中文面河源里並縱火。

一九五〇年七月二十七日・戒嚴當局命令將那些遭到「事先拘禁」而收容在濟州邑酒精工廠的人們葬入海中。

一九五〇年七月二十九日・西歸浦警察署轄區內一百五十多名遭到「事先拘禁」的居民被丟入海中溺斃身亡。

一九五〇年八月四日・警方公文（拘禁不純分子案）指出，截至四日為止，濟州島內共有八百二十人遭到「事先拘禁」。被囚禁於濟州警察署、酒精工廠等地的數百名「事先拘禁者」被丟入海中溺斃身亡。

一九五〇年八月八日・濟州地方檢察廳廳長、法院院長等十六名具有影響力之人，因涉嫌成立「人民軍歡迎準備委員會」而遭到拘禁。

一九五〇年八月十三日・駐韓美國大使館收到來自濟州島外籍神父們的報告，內容指出濟州島上已展開了游擊行動。

一九五〇年八月十五日・駐韓美國大使館官員前往濟州島（十五至十七日）。建議指派一名具有游擊戰經驗的美國軍事顧問來協助警察，同時成立戰鬥警察營負責進行討伐與偵察行動，並從本土撤離海軍陸戰隊等。

一九五〇年八月十九日・被拘禁於濟州警察署拘留所的數百餘名「事先拘禁者」在濟州機場遭槍殺後秘密掩埋（十九至二十日）。

一九五〇年八月二十日・在摹瑟浦警察署轄區內的翰林面、大靜面、安德面等地，共有二百五十二名「事先拘禁者」在西卵峰遭到集體屠殺。

一九五〇年八月三十日・城山浦警察署長文亨淳拒絕執行槍殺轄區內「事先拘禁者」的命令，並表示：「因不當，故不執行」。

一九五〇年八月三十一日・撤離部分海軍陸戰隊兵力。

一九五〇年九月三日・釋放濟州島「人民軍歡迎準備委員會」事件的拘禁人員。

一九五〇年九月二十九日・澳大利亞報紙《巴里耶礦工報》（*The Barrier Miner*）援引前內務部長金孝錫的話報導說，穆喬與羅伯茲表示濟州島是重要的軍事戰略要地，因此壓制起義是絕對必要的。

一九五〇年十月十日・解除濟州島地區的戒嚴令。

一九五〇年十一月六日・駐濟州道經濟協助處顧問官向駐韓美國大使館報告，在濟州邑附近有六名警察與二名自衛隊員遭武裝隊殺害。

一九五〇年十一月九日・駐韓美國大使館收到駐濟州道經濟協助處顧問官告知濟州警察被殺的報告。大使館以口頭及書面形式與代理國務總理交換意見，並向警察廳廳長與內務部長傳達相關內容。

一九五〇年十一月二十日・駐韓美國大使館官員們調查韓國政府在濟州島內的游擊行動計畫。

一九五一年一月一日・《紐約時報》等媒體報導，若聯合國軍從南韓本土撤出時，濟州島可能成為臨時首都的構想方案。

一九五一年一月十八日・駐韓美國大使館向國務院發送緊急文件，文件中提及：「道知事與濟州道海軍司令官根據警察的說法，表示濟州仍然存在著游擊隊的問題。少數武裝分子使濟州島民陷於不安的狀態之中，必須永遠清除。」

一九五一年一月二十二日・陸軍第一訓練所從大邱轉移至濟州島。

一九五一年五月十日・濟州道陸軍特務隊成立。

一九五二年二月一日・濟州島內現有八十五人遭到拘禁。

一九五二年四月一日・濟州警察在治安局作戰指導班的指導之下，展開「濟州島地區殘匪殲滅作戰行動」，至四月三十日為止。

一九五二年五月十六日・陸軍情報局估計濟州島武裝隊規模約為六十五人（武裝三十人、非武裝三十五人）。

一九五二年七月三日・總統李承晚夫婦、美國第八軍司令官范佛里特（James Van Fleet）、劉載興中將等人視察濟州道陸軍第一訓練所。

一九五二年九月十六日・五名武裝隊員襲擊濟州放送局，綁架了廣播科長等三人。

一九五二年十月三十一日・武裝隊襲擊西歸浦發電所並縱火。

一九五二年十一月一日・濟州道警察局成立一〇〇戰鬥警察司令部。

一九五二年十一月四日・軍事顧問團作戰參謀部麥吉夫尼（McGivney）中校經過與相關部門的討論之後，撰寫了《濟州島的對共匪作戰》報告書。內容指出：「對付小規模共匪最好的方法，就是由受過游擊戰術訓練的少數機動部隊來執行掃蕩任務。」

一九五二年十一月六日・軍事顧問團副團長助理莫舒爾（Gaylord H. Mosure）向顧問團團長提交同一報告書。內容指稱：「鑑於最近濟州島共匪們的增加與事態的嚴重性，急需採取一切可能的手段，以立即清除所有共匪。清除計畫尤其要在一九五二年十二月一日之前執行。」

一九五二年十二月二十五日・為殲滅濟州島殘餘武裝隊勢力，分別從京畿道、忠清南道與慶尚北道各派遣一個中隊，共計三個中隊的警力前往濟州島。

一九五三年一月二十九日・陸軍特殊部隊彩虹部隊（少校朴參巖）八十六人進入濟州島。

一九五三年五月一日・彩虹部隊作戰行動結束。

一九五三年六月十五日・從京畿道、忠清南道、慶尚北道調派至濟州的警察，原隊返回。

一九五三年十一月二十日・濟州道警察局長李慶進宣布撤回道內警察駐屯所警備哨所的警察兵力。

一九五四年一月十四日・濟州道警察局長李慶進表示，武裝隊殘餘勢力只剩六名（男四名，女二名）。

一九五四年一月二十二日・濟州道社會科公布，一九五三年底災後家庭戶數一萬五千二百二十八戶中，有一萬零六百二十八戶已回到了原居住地。

一九五四年四月一日・漢拏山部分地區開放。允許進入與返回山區村落居住。

一九五四年九月二十一日・漢拏山禁止出入地區解禁。

一九五七年四月二日・警察於舊左面松堂里長基洞逮捕到了最後一名武裝隊員吳元權。

一九六〇年四月十九日・爆發四・一九革命。

一九六〇年五月・濟州大學生成立濟州四・三事件真相查明同志會。

一九六〇年五月二十七日・曾參與討伐的下摹里居民在摹瑟浦郵局前，發起控告「特攻隊員殺戮」的示威。

一九六〇年六月二日・濟州新報社收到「四・三暨韓戰當時良民屠殺真相查明申告書」（二至六日）。

一九六〇年六月三日・濟州市議會於三至五日進行良民屠殺真相調查，藉以提供資料給國會真相調查團。表善面議會於三至五日對表善里沙灘集體屠殺事件進行真相調查。

一九六〇年六月四日・成立摹瑟浦特攻隊殺戮遺族會。

一九六〇年六月六日・國會良民屠殺事件真相調查特別委員會（委員長崔天，四・三當時任濟州警察監察廳廳長）至濟州島進行現地調查。

一九六〇年六月八日・濟州道議會報告四・三良民屠殺調查結果，並決議於十日之前，正式向國會良民屠殺調查團提交陳情書。

一九六〇年六月二十一日・在京濟州學友會（代表申動植），在國會前舉行集會，聲稱政府將七萬多人羅織為「赤匪」並集體殺害，要求政府進行真相調查並追究相關人員責任，並向法務部長遞交請願書。

——

一九六一年一月二十六日・金成淑民議員為調查濟州島良民屠殺事件，對政府提出建議案。

一九六一年五月十七日・《濟州新報》專務理事申斗玶、濟州大學四・三事件真相查明同志會會員李文教、朴卿久遭到收押。

—— 一九六三年四月三日・金奉鉉、金民柱，在日本發行《濟州島人民的四・三武裝鬥爭史》。

—— 一九七八年九月・玄基榮於《創作與批評》秋季號發表以北村里屠殺事件為背景的小說《順伊三寸》。

—— 一九八七年十一月・詩人李山河發表詩集《漢拏山》，被以違反國家保安法而遭收押。

一九八七年十一月三十日・平和民主黨總統候選人金大中提出政見，承諾將解決四・三的問題。

—— 一九八八年四月三日・在首爾與日本東京舉行首次的四・三公開學術活動。

一九八八年十一月二日・國會召開第五共和國聽證會（十一月二日至十二月三十一日）。

—— 一九八九年四月三日・由濟州島內十一個民間社團所組成的「濟州四・三四月祭共同籌備委員會」，辦理了一至三日的追悼活動，包含追悼祭、演講會、促請查明真相大會，以及由漢拏山社團所執行的廣場祭典——「漢拏山」等。

——

一九九〇年七月・金明植發表了《濟州民眾抗爭》（全三卷），被以違反國家保安法而遭收押。

—

一九九二年四月二日・在濟州市舊左邑「多郎休洞窟」中，發現了十一具四・三受難者遺骸。

一九九二年十二月十一日・民主黨總統候選人金大中，於濟州的造勢活動中，提出將於國會成立四・三特別委員會、制定《四・三特別法》、查明真相與回復名譽、辦理慰靈工作與補償等四・三相關的政見。

—

一九九三年三月二十日・濟州道議會四・三特別委員會成立。

一九九三年十月二十八日・濟州道議會通過促請國會成立四・三特別委員會的請願書。濟州地區總學生會協議會（簡稱「濟總協」，議長吳怜勳）獲得一萬零七百五十名道民的簽名連署，向國會提交請求成立四・三特別委員會的請願書。

—

一九九七年四月一日・濟州四・三第五十週年紀念事業推進泛國民委員會成立。

—

一九九八年二月三日・第五十週年濟州四・三學術文化事業推進委員會在濟州市天主教會館成立。

—

一九九九年三月八日・由濟州地區二十四個民間社團共同參與的「爭取《四・三特別法》結盟

會議」開始運作。

一九九九年九月十五日・國會議員秋美愛（所屬政黨：新政治國民會議）發現並公開當時「政府檔案保存所」收藏的四・三軍法會議受刑人名冊。

一九九九年十月二十五日・禹瑾敏濟州道知事召開記者會，公布四・三慰靈公園用地確定位於濟州市奉蓋洞的消息。

一九九九年十月二十八日・由濟州地區二十四個民間團體成立「爭取《四・三特別法》結盟會」（四・三結盟會議）。

一九九九年十二月十六日・《濟州四・三事件真相查明及受難者名譽回復相關特別法》（以下簡稱《四・三特別法》），在國會朝野協商之下正式通過。

——

二〇〇〇年一月十二日・政府制定並公布《四・三特別法》。

二〇〇〇年三月十三日・濟州四・三失蹤者遺族會成立。

二〇〇〇年八月二十八日・隸屬國務總理室的濟州四・三事件真相查明及受難者名譽回復委員會正式成立（委員長為國務總理）。

——

二〇〇一年九月二十七日・憲法法庭在「取消四・三特別法決議等」審判中，制定了將「武裝隊領袖等」排除於受難者範圍之外的標準。

——

二〇〇三年十月十五日・政府最終確定了《濟州四・三事件真相調查報告書》。

二〇〇三年十月三十一日・盧武鉉總統就四・三時期國家公權力所犯的錯誤，正式公開道歉。

二〇〇五年一月二十七日・政府將濟州島指定為「世界和平之島」。

二〇〇六年四月三日・盧武鉉總統首次以總統身分參加四・三慰靈祭，並再次向濟州島民們道歉。

二〇〇七年八月・展開濟州國際機場的遺骸挖掘工作（進行到二〇〇九年九月為止）。

二〇〇七年十一月十三日・「為求真相和解之過去史整理委員會」調查濟州「事先拘禁」事件（西卵峰）真相。

二〇〇八年十月十六日・濟州四・三和平基金會成立。

二〇一〇年六月八日・「為求真相和解之過去史整理委員會」調查濟州「事先拘禁」事件（濟州市、西歸浦市）真相。

二〇一三年八月二日・濟州四・三受難者遺族會與濟州島在鄉警友會宣布無條件和解。

二〇一四年三月二十四日・政府正式指定「四・三受難者追悼日」為國家紀念日。

二〇一八年四月三日・文在寅總統出席四・三第七十週年追悼儀式，強調「四・三是無法否認的歷史事實」。

二〇一八年十月十一日・天主教濟州教區為紀念四・三第七十週年，實施玫瑰經祈禱之夜，並宣布中文教堂為「四・三紀念教堂」。

二〇二〇年四月三日・文在寅總統出席四・三第七十二週年追悼儀式，強調「過去濟州的夢想，就是我們現在的夢想」。

二〇二一年一月二十一日・四・三軍法會議的受刑人（十名）首次於再審審判中，獲無罪宣判。

二〇二一年二月二十六日・吳怜勳議員（共同民主黨）代表提案的《四・三特別法》全面修正案於國會正式通過。《四・三特別法》修正案中包含回復不法軍事審判受刑者名譽的「依職權再審」規定，以及制定為受難者進行補／賠償的法律依據等。

二〇二一年三月十六日・濟州地方法院「四・三專責審判部」宣判四・三軍法會議的三百三十五名受刑人無罪。

二〇二一年四月三日・文在寅總統出席四・三第七十三週年追悼儀式，強調「四・三是悲劇歷史，但也引領大家朝和平人權的修復與共生邁進。」

二〇二一年十一月二十二日・檢察機關成立「濟州四・三事件依職權再審勸導聯合執行小組」。

——

二〇二二年一月六日・四・三委員會追加真相調查分科委員會，選定各地區實際受害情形等六大追加真相調查主題。

二〇二二年二月十日・濟州四・三事件依職權再審聯合執行小組，首度請求針對四・三軍法會議受刑人依職權再審。

二〇二二年三月二十九日・執行四・三特別法全面修正後的首次「四・三軍法會議受刑人依職權再審」，以及「相關人士一般審判的特別再審」審判，經審判後均宣告無罪。

二〇二二年四月三日・尹錫悅總統當選人出席四・三第七十四週年追悼儀式。

二〇二二年十一月七日・舉行首度發放四・三受難者國家補償金的紀念儀式。

——

二〇二三年二月二十日・成立「四・三檔案登錄聯合國教科文組織世界記憶遺產推動委員會」。

參考文獻

論文及單行本

金奉鉉、金民柱，《濟州島人民的四・三武裝鬥爭史》，大阪：文友社，一九六三。

金榮範，《四・三意義的反覆思考與正名的問題——試論〈濟州獨立抗爭〉》，濟州四・三研究所，《四・三與歷史》第十九期，濟州：圖書出版閣，二〇一九。

濟州四・三事件真相查明及受難者名譽回復委員會，《濟州四・三事件真相調查報告書》，首爾：濟州四・三事件真相查明及受難者名譽回復委員會，二〇〇三。

濟州四・三研究所，《四・三與女性》（全五卷），濟州：圖書出版閣，二〇一九—二〇二二。

濟州四・三和平基金會，《一目了然的四・三》，濟州：濟州四・三和平基金會，二〇二一。

濟州四・三和平基金會，《濟州四・三事件追加真相調查報告書Ⅰ》，濟州：濟州四・三和平基金會，二〇一九。

濟州四・三和平基金會，《四・三與和平》第十五期，濟州：濟州四・三和平基金會，二〇一四年四月。

濟州島，《濟州島》第五期，濟州：濟州島，一九六二。

濟州民藝總，《二〇一五四・三文化藝術慶典「接化群生」資料集》，二〇一五。
濟州民藝總，《二〇二二四・三文化藝術慶典舊左煙頭望解冤共生祭資料集》，二〇二二。
為求真相和解之過去史整理委員會，《濟州「事先拘禁」事件（濟州市、西歸浦市）真相查明決定書》，二〇一〇年七月。
許湖峻，《四・三，借問美國》，首爾：圖書出版先人，二〇二一。
許湖峻，《希臘與濟州，悲劇的歷史及其後》，首爾：圖書出版先人，二〇一四。
法蘭茲・法農著，南京泰譯，《大地上的受苦者》，首爾：綠雨，二〇〇七。
金奉鉉，《濟州島血的歷史——四・三武裝鬥爭的記錄》，東京：國書刊行會，一九七八。

文件

國史編纂委員會，國內抗日運動資料京城地方法院檢查局文件。
USAMGIK, Audit New Korea Company, Cheju Pure Alcohol Plant, 8 August 1945-31 August 1946.

報紙

《大韓新聞》
《獨立新報》

《東亞日報》
《釜山新聞》
《首爾新聞》
《水產經濟新聞》
《嶺南日報》
《自由新聞》
《朝鮮日報》
《韓民族日報》
《湖南新聞》等

環繞本書的日日情景

這是韓國編輯的紀錄。一本書的發想源自哪裡，如何製作，以及出版之後如何與讀者們交流對談的紀錄。

二〇二三年十二月十四日。所有與這本書有關的故事，都是從一則簡訊開始的。我當時正負責一本預計於二〇二四年出版的書籍，在結束與書籍作者的出版會議後，我在前往稍稍喧鬧的尾牙會場路上，收到了《韓民族日報》記者李珠賢的簡訊。該簡訊請我看一下同報社李世榮部長在臉書上的貼文，內容是尋找一家出版社，希望能夠出版「濟州男子，許湖峻」的書籍。在取得作者的同意後，將全文轉貼如下：

「『濟州男子，許湖峻』

許湖峻是《韓民族日報》的地方記者，明年即將退休。這一位濟州男子，當他微笑時，在沉穩儀表下的眼角皺紋顯得很有魅力。我第一次接觸到他的文章是在二〇一八年秋天的編輯台上。當時，我並不是一般的讀者，而是剛從美國受訓回來，並擔任『全國組組長』的職務。有一天，許湖峻打電話給我這個比他自己小九歲的新手組長。

『這個企劃報導不是要刊登於報紙上，而是想要在網路平台上連載，我打算每週發布一篇。雖然這些文章還有許多不足之處，但還是想請您撥空閱讀一下。』

這是名為《濟州四．三，借問茶花》的網路連載報導。這系列的企劃是為了紀念四．三的七十週年，他採訪了四．三的倖存受難者，以二、三十張稿紙的分量來講述他們的故事。在編輯許湖峻的文章時，我發現他的文章並非只是一般的採訪報導。他的文章是透過長期研究（他甚至以四．三研究獲得了博士學位）與現場採訪所積累而成的專業成果，不僅蘊含著許湖峻獨特的勤奮精神，也呈現了每一位受訪者的深刻故事。這些報導形塑出卓越的敘事文本，甚至可以與文學作品相媲美，更重要的是，每篇文章所蘊含的故事力道非常強大。許湖峻的報導每週都會在Daum入口網站的新聞中露出，每則報導的留言至少都有七、八百則，最多還曾有一千兩百多則的紀錄。

許湖峻的文章之所以讓我覺得特別的原因，在於我父親的家族因出身濟州翰林之故，也曾陷入四．三的風暴之中，而且還受到了相當程度的影響。一九七〇年代初，因中風去世的祖父，在四．三當時曾遭到討伐隊的逮捕，被囚禁於村子的倉庫裡，逮捕理由是『與入山藏匿者關係密切』。就在他要被槍殺之前，祖母花了一大筆錢，好不容易才將他救了回來。然而，我其實是一直到長大成人之後，才從父親那裡聽到了這個故事。

擔任組長六個月後，我被調往了『政治部』，離開『全國部』時，我問許湖峻：『將你的連載報導出版成書，你覺得怎麼樣？』他親切地笑著說：

『哎呀，如果能讓報導被更多人看到，這樣也就夠了啦。』

後來，我升任為『全國部部長』，在今年四月的時候，再次見到了許湖峻。上週，他寫了一篇報導，是關於一位九十多歲的女性。這位女性曾在四·三當時接受了軍事審判並遭判處徒刑，但她後來卻將自己的受害事實隱藏了七十多年，最終她在『依職權再審』審判中獲判無罪。當初許湖峻提計畫時，原本是說要撰寫五張左右的報導。我後來回覆說如果能充分融入故事來撰寫的話，我會原封不動地將稿件放在報社官網上。五個小時之後，十五頁左右的文章上傳到了新聞上架系統中。令人讚嘆的文字，不愧是許湖峻。我向『局長團』報告後，稍微修飾了官網上的文字，便將全文刊登於報紙上。

今年十月，當漢拏山越野跑步大賽結束後，我在濟州與許湖峻見了面，再次問了他，現在是否打算將《濟州四·三，借問茶花》系列報導出版成書。他表示，四年前覺得出書有些不好意思，但過了一段時間後，其實覺得有點遺憾。他又說，希望有機會能出版這本書，但在濟州並不容易找到出版社。許湖峻將於明年九月底退休，希望在那之前能夠遇到好的出版社與編輯。」——二〇二二年十二月。

我認為時機已到。很久以前我就曾去過濟州島，也耳聞過四·三相關的故事。雖然對於經常去的旅遊勝地存在著不為人知的歷史而感到心痛，但心裡總認為這是「很久以前的事情了」，以及這是「他們的歷史」。然而，我也很快就意識到這樣的認知並不全面。此後，每當來到濟州時，似乎都會因為沒能好好認識那段時期，心裡感到有些愧疚。所以，作為編輯，我真心希望有一天能有機會透過書籍，盡一己之力，共同打造四·三成為「我們的歷史」。二〇二一年當我負責編輯崔烈先生的《從舊畫看濟州》時，面對濟州各地所遺留下的四．三痕跡，再次喚起我想要完成四．三書籍的心願。

突然收到的簡訊，好似時機成熟的信號。但我捫心自問，這真的是我可以勝任的事情嗎？想到有好幾本書都等著要在二〇二三年初出版。我決定集中精神好好地思考一天。

二〇二二年十二月十五日。「昨天您提到的書，我想要來試試看。」我回了簡訊給李珠賢記者。昨晚，在熱鬧的尾牙上，這件事一直縈繞在我的腦海裡。如果決定要出版的話，我認為應該配合在二〇二三年四月三日這一天出版。回想起從二〇一八年五月開始做出版社工作時的初衷，那時候決定無論是什麼書，都要慢慢地、好好地用心製作，也回想起過去一本書的製作，都花費了將近一年的時間。但這本書若從十二月開始執行，三月底前就要出書的話，看起來就像是件不可能的任務。但是我的內心卻總是發出「我想做」、「我應該去做」的聲音。為了擺脫猶豫不決的心境，我決定傳封簡訊來終結我的苦惱。我請作者確認是否同意由小規模的出版社「惠化一一一七」來出版。接著，我收到了作者的聯繫方式。

二〇二二年十二月十六日。我與濟州的作者進行了第一次的通話。我告訴作者，與其將五年前的稿件原封不動地出版，倒不如以迄今為止的採訪記錄為基礎，重新撰寫，這樣可能會更好一些。剛開始通話時的聲音與結束時的聲音有點不太一樣。「真的可行嗎？」作者的擔憂從電話線那頭傳了過來。但越是如此，我內心就越有想要完成目標的鬥志，這讓我開始抬頭挺胸，迎向挑戰。

二〇二二年十二月二十二日。結束通話後，我盡可能地找出作者所有與四．三相關的文章，仔細閱讀。我以此為基礎，整理出主要的規劃案及日程安排，並傳給作者。書籍也決定以《濟州四．

三事件真相查明及受難者名譽回復相關特別法》中所定義的四．三起迄日期為名。雖然有人會擔心只用數字組成的書名可能會讓人覺得有點奇怪，但我認為至少要透過這本書傳達一個重要訊息，我想讓大家知道四．三不是幾天或幾個月的事情，而是持續了超過七年的時間。我收到了作者的回覆，他說雖然對規劃案與緊湊的日程安排覺得很有壓力，但還是願意嘗試一下。而我則再次傳送了加上編輯意見的規劃案，並請作者審閱出版契約的內容。

二〇二二年十二月二十三日。完成了書籍製作的構想。考量到緊湊的日程安排，為了讓執行變得更有效率，我制定了編輯計畫書並與作者共享，還要求設計師提供書籍內文設計的樣稿。另外，我還沒收到作者有關出版契約的回覆。

二〇二三年一月十三日。我到濟州去拜會作者。在濟州市道頭峰附近剛開業不久的咖啡館裡，我請作者在我準備好帶去的出版契約上簽名，然後看了一下大幅超前預期進度的稿件。看著這些稿件，我更加渴望透過這本書讓更多人來認識四．三。之後，我們便針對日程安排與計畫，縝密地進行了討論。作者吐露著壓力，他說工作似乎比剛開始想像的要來得更為繁重，我也努力假裝沒聽到他說「壓力使人感覺像有東西卡在喉嚨裡一樣難受」。我將作者所撰寫的全部稿件與圖像資料等，通通存入隨身攜帶的筆記型電腦中。

二〇二三年一月十九日。我將從濟州拿到的稿件與圖片等交給設計師金明善，並委託她進行書籍文稿的版面設計。我也事先告知她執行上的急迫性，並叮囑她提前做好準備，以確保工作的順利進行。

二〇二三年一月二十五日。仔細閱讀從濟州寄來的稿件後，向作者提出了修正意見。除了這本書之外，我還有另外兩本書要處理，這種日子就像是要準備應考的考生一樣，每天都有許多科目要念。我的生活日常就是整天坐在書桌前，已經沒有餘裕去感受年末年初、春節連假等時節變化與社會情勢。

二〇二三年一月三十日。拿到書籍文稿的版面設計初稿。幾經修改後，請作者審閱。最終確定版型與設計方向。

二〇二三年一月三十一日。拿到了作者撰寫的所有文稿。讀了文稿的內容後，我發現作者不僅正確介紹了四・三，他更進一步將四・三視為冷戰體制的產物，以及世界歷史的一部分。而這也成為一個契機，讓編輯正視到自己過往所不瞭解的四・三意涵。而透過作者親自採訪近一百多位倖存受難者、遺屬、見證者與相關人士的稿件，我又重新感受到，四・三既是一段集體的記憶，也是一段肆虐個體生命的真切歷史，我十分感謝能有機會參與這本書的製作。

二〇二三年二月八日。仔細閱讀收到的全部文稿，然後為了縮短作業時間，我盡可能直接在電腦螢幕上進行校對工作。在校對過的稿件上，我寫下要作者確認及補充的事項，並傳給作者。從作者那裡收到經確認及補充的稿件後，我再次進行校對工作。這項工作在首爾與濟州，不分晝夜地持續了一個星期左右。

二〇二三年二月十四日。我仔細閱讀包含十三個章節與結語在內的全部文稿，在最後檢查前後文脈絡，確保沒有遺漏或錯誤後，便將文稿傳給設計師，讓她進行內文編輯作業。

二〇二三年二月十五日。上午將要放在書籍最前面的彩色相片及規劃案交給設計師。下午，從作者那裡收到要放在書後作為附錄的前任總統追悼詞及相關致詞稿全文、主要年表、參考文獻與標示四·三主要遺址的地圖資料等。在經過校對後，我將這些資料傳給了設計師。

二〇二三年二月十七日。收到作者「前言」的文稿。至此，作者六十多天以來，日以繼夜撰寫稿件的工作終於完成。我核完稿，並交由作者確認後，便傳給了設計師。還有封面資料也一併傳給了設計師。為了傳達四·三不僅是濟州的歷史、韓國的歷史，也是世界歷史的一部分，同時希望能讓外國人瞭解這本書的內容，且對韓國讀者們來說，亦是一種象徵性的舉措，因此我們決定將「前言」翻譯成英文放入書中，而最終的文稿則委由翻譯家金永範進行翻譯。

二〇二三年二月十九日。從設計師那裡拿到編輯完稿檔案。修正了幾個明顯的錯誤後，傳給作者，請他進行最終審閱與校對。校對工作開始。儘管在排版前，已經做過了好幾次的校對，但還是發現了需要修正的地方。

二〇二三年二月二十一日。拿到了「前言」的英文翻譯稿。委請「惠化一一一七」器重的作者之一，同時也是語言學家、前首爾大學教授羅伯特·福瑟（Robert J. Fouser）協助審查英文翻譯。福瑟教授也相當瞭解四·三，他欣然接受審譯的委託。編輯收到了用來決定書籍販售價格的製作成本報價單，面對漲幅驚人的製作費用，忍不住擔憂了起來。每次出版書籍時，總是得戰戰兢兢地來訂定書價，讓人不由得哀傷了起來。

二〇二三年二月二十三日。收到封面設計初稿。經與作者討論過後，確定了書名與副標題。提出有關設計的修正意見。

二〇二三年二月二十五日。作者完成了書籍內文的校對。「前言」的英文翻譯審譯工作亦完成了。在緊迫的日程中，作者剛好來到「陸地」，在金浦機場透過快遞服務，拿到了作者校正的紙本資料，節省了不少時間。併同編輯的校對結果，我負責彙整最終的校對工作。因應編輯要求新增彩色照片，作者重新拍攝了幾個地點的照片並傳送過來。從十二月中旬開始，一直到二月的最後一個週末為止，我真切地感受到我與這本書度過了整個冬季。時間來到了初春之始。

二〇二三年三月二日。確定封面及內文的所有架構與內容。與設計師進行最終的修正與檢查。至此，依照二〇二二年十二月二十二日所預定的主要日程，完成了所有工作。由於精裝本的製作耗時較長，我們只能期待一段時日後的成品出版。封面及內文版面設計：金明善，製作管理：JEIO（印刷：MINEON PRINTECH，裝訂：DAON BINDTEC，用紙：封面──雪銅一二〇磅、內文──GREEN LIGHT 一〇〇磅，彩色圖片──道林紙九十五磅，扉頁──FINEPAPER 一一〇磅），企劃兼編輯：李賢華。

二〇二三年四月三日。惠化一一一七的第十九本書《四．三，一九四七〇三〇一──一九五四〇九二一，走出漫長的沉默》出版。

二〇二三年三月三十一日。《韓民族日報》刊登了一篇報導，名為〈雖然已走出了沉默，但仍未正名的「濟州四．三」〉。另外，《韓民族日報》的「書&思考」版，特別將這本書選為封面報導。同時，網路書店「阿拉丁」也將它選為「主編推薦圖書」。推薦原因轉載如下：

「從四．三的起點到終點

殘酷的春天。衝擊歷史的聲音，毫無愧色地灑滿整個街頭的春天。在四．三第七十五週年的追悼儀式即將到來之際，混亂再次重演。如果說在這混亂之中，還存在著希望的話，那麼那個希望就是，在扭曲與詆毀史實的陰影面前，總有越來越多人，想要更進一步，明確瞭解真相的具體面貌。這是延續至今最長久的希望。

這本書是許湖峻記者過去三十年來採訪四・三時所記錄下來的真相。從一九四七年三月一日到一九五四年九月二十一日為止，這二千七百六十二天的日子裡，濟州究竟發生了什麼事？國家屠殺人民、四・三發生的時代背景、四・三在世界史中的定位、人們所經歷的故事，以及四・三在現代韓國歷史中的意義等，書籍透過微觀與宏觀的角度，聚焦於四・三的議題上，揭示了真相的整體面貌。

作者長時間對四・三進行了全面且執著的研究工作，讓人感受到他深厚的採訪功力。精鍊的文風敏銳地闡述了這場悲劇，切中核心的文筆，幫助讀者深入閱讀。全書讀起來並不費勁，讓人自然而然對四・三有全面性的瞭解。現在，唯一剩下的，就是將這充分準備好的真相，深深銘刻於各自的心中了。這是站在希望這邊的他們，所能創造出來的最大力量。——歷史主編金敬映（二〇二三年三月三十一日）」

二〇二三年四月三日。《OhmyNews》刊登了〈用《四・三，一九四七〇三〇一－一九五四〇九二一》來說明反洋菓子運動與四・三抗爭〉的報導。《異議日報》也刊登了一篇標題為〈四・三，走出漫長的沉默：為什麼這麼多人死去？為什麼這麼多人離開？〉的報導。時事週刊《時事IN》刊登了〈濟州四・三第七十五週年，「活著活著，就活下來了」〉的報導。為了撰寫這篇報導，週刊記者還特別至濟州島採訪作者。《韓國日報》則搭配其他以四・三為主題的書籍，一起作了介紹報導。在出版前後，於社群媒體上發布關於書籍出版的訊息，在「推特」上的反應尤其熱烈。網路書店「YES24」將本書選為國內圖書中的「熱門書籍」。從出版後開始，一直到四月中旬為止，包含《頭條濟州》、《國民日報》、《聯合通訊社》、《一刀不剪新聞》、《新濟州日報》、《全南每日》、《記者協會報》、《韓民族21》、《濟州之聲》與《首爾新聞》等各種新聞媒體，都對本書給予了特別關注。

二〇二三年四月十四日。作者從濟州來到了首爾，我們與堪稱本書催生者的李世榮記者，以及居中牽線的李珠賢記者，一起在麻浦的某家餐廳裡分享了出版前後的感想，直到深夜。

二〇二三年四月十五日。於濟州的「某種希望」書店中，舉辦「讀者見面會」。

二〇二三年四月十七日。為了擴大宣傳這本書，首次製作了宣傳影片，並投放於作家柳時敏與趙秀真律師共同主持的「Allileo Book's」節目中。另外也在網路書店「阿拉丁」上投放「本月推薦圖書」的廣告。

二〇二三年四月二十六日。在文在寅前總統新開設的平山書店官網首頁上，貼出了文前總統手持本書的照片。每當有人上傳到平山書店打卡的照片時，我總是會睜大眼睛，確認一下這本書的存在。

二〇二三年五月。從編輯製作本書開始，從在書裡放上金大中、盧武鉉、文在寅三位前總統的彩色照片開始便下定決心要做的事情之一，就是去一趟「金大中圖書館」。我完成了心願，並告訴他：「您做過的事情，我銘記在心，並用書記錄了下來。」

二〇二三年六月十三日。初版二刷。編輯感到放心，也藉此消除作者在聽到初版一刷的印製量後，如鯁在喉的憂慮。之後的紀錄將在三刷後追加增補。

國家圖書館出版品預行編目(CIP)資料

濟州四.三：跨越沉默,讓真相走向世界/許湖峻著；鄭乃瑋譯. -- 初版. -- [新北市]：黑體文化出版：遠足文化事業股份有限公司發行, 2025.04
面；　公分. -- (黑盒子；34)
譯自：4.3, 19470301-19540921：기나긴 침묵 밖으로
ISBN 978-626-7512-75-3(平裝)

1.CST: 歷史 2.CST: 韓國濟州島

732.272　　114002480

特別聲明：
有關本書中的言論內容，不代表本公司／出版集團的立場及意見，由作者自行承擔文責。

黑體文化　　讀者回函

黑盒子34

濟州四・三：跨越沉默，讓真相走向世界

4·3, 19470301-19540921 - 기나긴 침묵 밖으로

作者・許湖峻（허호준）｜譯者・鄭乃瑋｜責任編輯・張智琦｜封面設計・虎稿｜出版・黑體文化／遠足文化事業股份有限公司｜總編輯・龍傑娣｜發行・遠足文化事業股份有限公司（讀書共和國出版集團）｜電話：02-2218-1417｜傳真・02-2218-8057｜客服專線・0800-221-029｜讀書共和國客服信箱service@bookrep.com.tw｜官方網站・http://www.bookrep.com.tw｜法律顧問・華洋法律事務所・蘇文生律師｜印刷・中原造像股份有限公司｜排版・菩薩蠻數位文化有限公司｜初版・2025年4月｜定價・560｜ISBN・9786267512753｜EISBN・9786267512777（PDF）・9786267512760（EPUB）｜書號・2WBB0034